Fabricador de instrumentos de trabalho, de habitações, de culturas e sociedades. o Homem é também agente transformador da História. Mas qual será o lugar do Homem na História e o da História na vida do Homem?

HISTÓRIA DOS JUDEUS PORTUGUESES

TÍTULO ORIGINAL
Histoire des Juifs Portugais

© Éditions Chandeigne, Paris, 2007

TRADUÇÃO
Jorge Fernandes Campos da Costa

DESIGN DE CAPA
FBA

ILUSTRAÇÃO DE CAPA
«Festa da Exultação da Lei na Sinagoga de Livorno»,
Solomon Alexander Hart, 1850
© 2004 Photo, The Jewish Museum/Art Resource/Scala Florence

DEPÓSITO LEGAL Nº 293714/09

Biblioteca Nacional de Portugal - Catalogação na Publicação

WILKE, Carsten Lorenz, 1962
História dos judeus em Portugal. - (Lugar da história)
ISBN 978-972-44-1578-9
CDU 94(=411.16)(=1:469)

PAGINAÇÃO, IMPRESSÃO E ACABAMENTO
PAPELMUNDE
para
EDIÇÕES 70, LDA.
Outubro de 2009

Direitos reservados para Portugal por
EDIÇÕES 70

EDIÇÕES 70, Lda.
Rua Luciano Cordeiro, 123 – 1º Esqº
1069-157 Lisboa / Portugal
Telefs.: 213190240 – Fax: 213190249
e-mail: geral@edicoes70.pt

www.edicoes70.pt

Esta obra está protegida pela lei. Não pode ser reproduzida,
no todo ou em parte, qualquer que seja o modo utilizado,
incluindo fotocópia e xerocópia, sem prévia autorização do Editor.
Qualquer transgressão à lei dos Direitos de Autor será passível
de procedimento judicial.

CARSTEN L. WILKE
HISTÓRIA DOS JUDEUS
PORTUGUESES

Introdução

À frente de um bando de flagelantes, Frei Vicente Ferrer percorreu no início do século xv os bairros judaicos espanhóis para reunir a sua colheita de baptizados, à força de pregações e ameaças. Quando o monge acabou a digressão, alistado sob a égide da rainha de Castela e do rei de Aragão, solicitou acolhimento no terceiro reino ibérico. El-rei «que naquelle tempo possuya o ceptro, lhe respondeo, que elle podia entrar mas que primeiro lhe auia de mandar poer hũa coroa de ferro ardendo na cabeça»([1]).

Esta narrativa de tradição judaica portuguesa sublinha um facto sobre o qual convém desde já insistir: a história judaica de Portugal é tudo salvo um anexo da de Espanha. O seu trajecto singular, determinado pelo poder político real, iria evoluir entre dois extremos. Na época medieval, Portugal garantia aos judeus mais protecção e segurança do que qualquer outro país europeu. Porém, à conversão forçada de 1497 sucedeu um período de retracção do judaísmo para uma clandestinidade precária, de discriminação racial, de perseguição violenta e, finalmente, de dispersão da comunidade judaica por todos os cantos do mundo.

Ora, a recordação de um século de ouro foi conservada pelos expatriados e seus descendentes. A ideia de um passado comum e de uma pátria inacessível tornou-se para eles ponto de partida de uma civilização de exílio, confortada por um judaísmo reinventado. Essa consciência judeo-portuguesa específica forneceu à época moderna um dos exemplos mais acabados de um particularismo étnico no seio do povo judaico.

A especificidade desse grupo residiu largamente na sua abertura cultural. Muito antes das Luzes, esses emigrados portugueses viviam o seu judaísmo como um sistema capaz de assimilar a civilização ocidental. A sua mobilidade, a sua flexibilidade, e até mesmo a sua duplicidade religiosa permitiram-lhes assegurar as comunicações e trocas entre os campos de uma Europa em guerra, dilacerada pelo assalto dos reformadores e dos sultões. Esses portugueses prefiguravam um estado de espírito europeu, que ultrapassaria as fronteiras das nações individuais, sem por isso coincidir com as da Cristandade.

Favorecida pelas comemorações do quinto centenário da conversão forçada em 1997, a investigação histórica decidiu reatar a ligação ao rico passado judeo-português. A história da comunidade medieval foi escrita pelos historiadores de Portugal. O destino dos seus descendentes cristianizados, os «cristãos-novos», foi elucidado, de maneira ainda fragmentária, por especialistas de disciplinas muito diferentes: historiadores do Santo Ofício, economistas, filólogos, antropólogos. A sociedade judeo-portuguesa do exílio, a sua prodigiosa actividade intelectual, literária, tipográfica e artística fascinam desde há muito tempo os historiadores do judaísmo. A actual pequena comunidade israelita de Portugal foi já objecto de vários estudos sociológicos. Para o historiador, a sua singularidade reside na forma como acolheu os últimos criptojudeus e na extraordinária obra de salvamento dos judeus que fugiam à perseguição hitleriana.

Graças aos seus múltiplos pontos de interesse, o capítulo português é agora um dos mais bem estudados da história judaica. É também um dos mais mal resumidos. O olhar português tem tendência limitar-se aos acontecimentos que se desenrolaram em solo nacional; a memória judaica, em contrapartida, atém-se à «história *post-mortem*» do judaísmo português, a saber, ao período da sua dispersão, em que a comunidade deixou a sua terra de origem e se juntou ao grande conjunto do povo hebreu. O termo «judeus portugueses» passa então a ser substituído por expressões mais vagas, de entre as quais a de «sefarditas ocidentais» parece ter-se tornado favorita.

A presente síntese de vinte séculos de civilização judeo-portuguesa, destinada designadamente a um público não especializado, pretende devolver a essa história plural os seus contornos. Ela ultrapassa, por certo, as grelhas religiosas ou geográficas clássicas nas quais a investigação costuma inscrever os seus temas: pela força do baptismo colectivo, excede o judaísmo *stricto sensu*, tal como ultrapassa, pela emigração, as fronteiras do país de origem. Mas essa eclosão do grupo pode, paradoxalmente, contribuir para explicar a sua coerência. Só o drama dos cristãos-novos, da sua assimilação e do seu desenraizamento, torna compreensível a identidade contraditória de um «judeu do desterro de Portugal», reivindicada por tantos emigrados da época moderna.

I

A Comunidade Judaica Medieval

A. Antes da formação do reino

1. Lendas das origens

Durante a segunda metade do século XV, ao mesmo tempo que se concretizava a ameaça da sua expulsão, os judeus ibéricos forjaram um passado longínquo e heróico, extraído da história sagrada da Bíblia. Na sua versão mais corrente, a lenda fazia remontar a sua genealogia aos que se puseram a salvo fugindo da Judeia, após a conquista de Jerusalém pelo rei Nabucodonosor, em 587 antes da nossa era.

Os humanistas cristãos e judaicos da Renascença desdobravam-se na busca destas origens. Os primeiros israelitas teriam chegado com a diáspora das «dez tribos perdidas» da Samaria, deportadas pelos assírios em 722, ou então nos misteriosos navios de Tarshish que o rei Salomão construiu, por volta de 900, no Mar Vermelho, ou ainda nos navios dos seus vizinhos fenícios, que fundaram Lisboa por volta de 1200. De acordo com alguns, um neto de Noé, a quem o Génesis chama Tubal, chegado da Arménia a seguir ao dilúvio universal, teria acostado às margens da futura Lusitânia e fundado a cidade de Setúbal.

A esta profusão de lendas os historiadores concedem frequentemente um vago fundamento. Mas não é menos provável que os judeus da Antiguidade, voltados para o Mediterrâneo e, em particular, para a sua terra de origem, só tardiamente tenham atingido a frente atlântica da Europa, no curso de uma dispersão progressiva, cujas motivações foram descritas pelo Padre António Vieira no século XVII. Espírito lúcido, este jesuíta viu na origem da diáspora judaica causas de natureza económico-política, mais do que uma expiação divina: «o comércio, os desterros e a estreiteza da terra própria foram as três ocasiões principais por que os Judeus se saíam»([2]).

2. Na Lusitânia romana e germânica

A presença judaica na Lusitânia romana, província criada no ano 26 antes da nossa era pelo imperador Augusto, só é efectivamente atestada nos confins orientais, mais exactamente na capital provincial Emerita Augusta, a actual cidade de Mérida, situada na Estremadura espanhola. Abraão Ibn Daud, cronista do século XII, atribuiu a fundação da comunidade judaica local a um certo Baruch que, deportado pelos romanos depois da segunda destruição de Jerusalém, em 70 da nossa era, se teria evidenciado na arte da tecelagem da seda.

A lenda do tecelão Baruch, primeiro judeu lusitano, foi de certo modo confirmada pelos arqueólogos, que chamaram a atenção para a necrópole judaica de Mérida antiga. É verdade que as inscrições da época romana, sempre em língua latina, não trazem marcas inequívocas de pertença religiosa e apenas autorizam hipóteses frágeis, repousando sobre a consonância judaica de certos nomes de defuntos. Mas a existência de uma migração da Palestina para a Lusitânia é atestada pela sepultura de um certo Justinus, que vivia no século II em Mérida com a sua família, e nascera em Flavia Neapolis (a actual Nablus), na Samaria.

Fora da capital provincial, estelas antigas de judeus lusitanos foram encontradas em Villamesías (perto de Trujillo) e, há uma vintena de anos, em Mértola, a antiga Myrtilis, no Alentejo. Essa pedra é o mais antigo testemunho da presença judaica no actual território

Pedra tumular de Mértola (Alentejo).

português. Mas ela é – lá está – muito incompleta; da inscrição, orna-da por uma *menorah* gravada, não resta senão a parte inferior, com-portando uma datação em língua e calendário latinos: *die quar[ta n] onas octo[bri]s era DXX*, o que corresponde a 4 de Outubro de 482. O costume de redigir as inscrições funerárias em língua hebraica só se difundiu quatro séculos mais tarde. Assim, os dois epitáfios hebraicos encontrados em Espiche, perto de Lagos, tidos durante muito tempo como o mais antigo vestígio judaico em Portugal, não podem manifestamente datar do século VI como o pretendem os ma-nuais, pois o seu vocabulário é nitidamente característico da Alta Idade Média.

Durante a primeira década do século IV, os bispos ibéricos, reu-nidos em concílio em Elvira, perto de Granada, tentaram impedir práticas que parecem testemunhar uma boa vizinhança entre judeus e cristãos: estes últimos, clérigos e laicos, deixavam-se convidar para os festins dos judeus; um costume consistia mesmo em fazer benzer os campos por um adepto da Lei de Moisés. O concílio insurgiu--se em particular contra o facto de judeus viverem maritalmente, ou em concubinagem, com cristãs. Essa interdição sugere que a diáspo-ra judaica não ficou à margem da mistura étnica da época romana, provocada designadamente pelo tráfico e a libertação de escravos. Antes de se impor o princípio talmúdico da transmissão matriline-ar da pertença ao judaísmo, um judeu podia facilmente fazer entrar na sua comunidade uma companheira estrangeira ou, pelo menos, os seus filhos comuns. A oposição do clero a essas uniões mistas está na origem de uma rivalidade sexual, que reencontraremos fre-quentemente. Uma lenda de Mérida sobre Santa Eulália, datando da Baixa Antiguidade, revela-nos um judeu ardiloso a tentar converter à sua fé uma jovem cristã: graças a um milagre, por fim é ele que é convertido ao cristianismo. A hostilidade que esta lenda evidencia, realçada talvez por um autor medieval, não reflecte fielmente a ati-tude dos lusitanos da época face aos judeus. No século VI, o bispo Massona estatuiu expressamente sobre o facto de estes últimos não deverem ser excluídos das boas obras do hospital que ele fundara em Mérida.

Se a invasão dos visigodos, partidários da doutrina anti-trinitá-ria de Ario, permitira um certo relaxamento da pressão eclesiástica, esta foi retomada assim que a monarquia voltou ao catolicismo, com a conversão do rei Recaredo, em 587. Em 613, o rei Sisebuto esteve na origem da primeira tentativa de forçar os judeus peninsulares a escolher entre o baptismo e a emigração. Mas a desordem interna do reino visigodo e a venalidade da sua aristocracia permitiram, mesmo aos baptizados à força, a prática mais ou menos clandestina da sua antiga religião. A perseguição culminou com o 17.º concílio de To-ledo, em 694, quando os judeus e criptojudeus, que permaneceram no reino, foram colectivamente declarados culpados de conspiração com o inimigo muçulmano, reduzidos à escravatura e repartidos entre senhores cristãos, que lhes deveriam inculcar o Evangelho. É provável que estas medidas brutais tenham suscitado uma certa sim-patia dos judeus oprimidos pelos árabes.

3. No Gharb dos Árabes

Se não houve nenhuma aliança judeo-muçulmana antes da inva-são árabe, já o mesmo se não deu no curso da conquista. Quando em 711 as tropas do general Ṭāriq atravessaram o estreito, os judeus de Málaga refugiaram-se em Granada; mas, uma vez alcançados pelos invasores, entenderam-se com eles e foi-lhes confiada a guarda da ci-dade. Na sequência de Ṭāriq, Mūsā ibn Nuṣair, cujo exército era rela-tivamente pouco numeroso, empregou sistematicamente esse meio de controlo das populações cristãs. Os judeus, párias de ontem, detinham assim por um momento a administração militar dos centros urbanos da Península, incluindo os do actual Alentejo. É o que nos informa um cronista cristão, o arcebispo Rodrigo Jiménez de Rada, que menciona um contingente judaico trazido da Andaluzia por Mūsā, a fim de o estacionar na cidade de Beja, conquistada em 713.

Sob os Omíadas de Córdova (756-1031), a Lusitânia – ou antes, a província chamada *al-Gharb*, O Ocidente, nome que sobreviveu em Algarve – permanecia uma região periférica. Não possuímos infor-mações concretas sobre a vida judaica nessa província, com excepção das relativas à cidade de Mérida. José ben Isaac Ibn Abitur, talmudista e poeta nascido em Mérida no início do século x, sabia ainda que o seu trisavô administrara a justiça criminal com tanta severidade que os malfeitores lhe chamavam «Satanás», pois «podia infligir todas as quatro formas talmúdicas de execução capital, competência que nenhum tribunal judaico alguma vez tivera fora da Terra de Israel»([3]). Além disso, uma pedra tumular descoberta em Mérida dá a conhecer um certo Rabbi Jacob ben Senior, que morreu «com a idade de 63 anos, cheio de sabedoria, exercendo a arte dos médicos»([4]). A inscrição, datada da época omíada, emprega ainda um latim hispanizado. As marcas bíblicas, diferentes da Vulgata, dão testemunho de uma cultura religiosa judaica em língua romana.

Como os seus correligionários de Córdova, capital do califado, os judeus do Gharb permaneceram leais ao poder omíada durante as diferentes revoltas animadas por cristãos, *muladis* (hispano-romanos islamizados) e certos elementos do clero muçulmano. Tida por principal foco de sedição, Mérida foi duramente castigada em 875, e os seus habitantes foram expulsos, alguns para Badajoz, nova capital provincial, e outros para Córdova. É de supor que essa expulsão tenha estado igualmente na origem de uma dispersão pela província.

A existência de pequenas comunidades no actual território português parece ser atestada por Ibn Daud. Falando de uma família erudita de Mérida, os Ibn al-Bālia, descendentes do lendário fundador Baruch, esse autor faz alusão a uma epístola redigida em Sura, no Iraque, pela autoridade rabínica suprema da época, Saadia Gaon (882-942). Era endereçada às «comunidades judaicas de Córdova, Elvira, Lucena, Baena, Osuna, Sevilha e à grande cidade de Mérida, bem como a todas as que estão na sua vizinhança»([5]). Vemos que Mérida se singulariza nessa enumeração pela sua dispersão em comunidades filiais.

Que comunidades eram essas? Encontramos menção a uma presença judaica aquando da reconquista cristã das cidades de Coimbra (878), Santarém (1147), Évora (1165) e Beja (1179). A mais antiga dessas comunidades judaicas parece ser a de Santarém. Notemos que estas quatro cidades luso-islâmicas habitadas por judeus são de fundação romana e estão todas situadas no interior do país, na proximidade da fronteira com a Cristandade. Em contrapartida, nenhuma fonte testemunha uma presença judaica em Lisboa durante a época islâmica.

4. No reino de Leão

Foi muitas vezes celebrada a tolerância dos regimes ibero-muçulmanos face às populações cristãs e judaicas. Essa tolerância não era unicamente inspirada pela generosidade. Na realidade, a sobrevivência do poder muçulmano dependia do apoio dessas populações, apoio que se encontrava já bem hipotecado na segunda metade do século IX. A partir dessa época, as lutas internas do califado de Córdova e o misticismo intransigente, que então se apoderou dos seus teólogos, impeliram numerosos cristãos a emigrar. Nas Astúrias, estes reforçavam os pequenos reinos que começavam a estender-se para sul. A emigração intensificava-se com cada nova vaga islamita, culminando com a invasão dos Almóadas em 1140, que proscreveram durante algum tempo o exercício dos cultos não muçulmanos.

Expostos a essa investida da intolerância nos reinos muçulmanos, os judeus não sofriam menos a hostilidade dos cristãos do Norte, animados por um espírito de cruzada igualmente feroz. Identificando os judeus com o inimigo muçulmano, os cavaleiros massacravam-nos no decurso das suas reconquistas.

Porém, os poderes cristãos reconheceram progressivamente a utilidade económica da minoria judaica. Judeus imigrados, cujos nomes árabes indicam a sua origem andaluza, são atestados desde o começo do século X na cidade e no reino de Leão. Tratava-se, na maior parte, de artesãos que trabalhavam o ouro, a prata, o cobre, o couro e a seda, segundo as técnicas desenvolvidas nos reinos muçulmanos da Andaluzia e da África do Norte. Outros importavam produtos de luxo provenientes desses países. Preenchiam também uma importante função de mediadores nas relações diplomáticas da época.

Em 950, encontramos a primeira menção ao arrabalde judaico de Coimbra, explorando os seus habitantes vinhas e outros prédios

Comunidades judaicas em Portugal (Séculos XIV e XV),
segundo Maria José Ferro Tavares, *Los judíos en Portugal*, Madrid, 1992, p. 21.

rústicos suburbanos. Em 1018, os arquivos do capítulo de Coimbra mencionam um «Crescente Hebreo», que assina como testemunha em dois actos: trata-se do primeiro judeu do território português que conhecemos pelo seu nome (traduzido do hebraico *Tsemah*). Em 1145, uma ordenação do concelho municipal impõe regras aos mercadores, «tanto cristãos como judeus», que praticam o comércio de couros. Nessa época, quando Coimbra era a capital de Portugal, o bairro judaico situava-se em São Martinho do Bispo, do outro lado do Mondego. Num documento de 1156 menciona-se ali uma *via que vadit ad sinagogam*. Parece que a escolha dos nomes e a liturgia de Coimbra se deixaram por vezes inspirar pela civilização da minoria.

Apesar do conflito peninsular, os três grupos religiosos parecem ter desenvolvido, mesmo no quotidiano, relações de convivência. Sabemos, com efeito, que os judeus tinham o costume de convidar os seus vizinhos para o *Shabbat* e que certos cristãos se lhes juntavam de bom grado. Em 1050, o concílio de Coiança teve de relembrar que a presença nas orações de Vésperas, ao sábado, era obrigatória, «e que nenhum cristão ou cristã ouse ficar a banquetear-se em casa dos judeus»[6].

B. Sob a protecção dos reis de Portugal (1147-1492)

1. *Geografia do judaísmo português*

A partir do século XII, a geografia do judaísmo lusitano foi profundamente afectada pela política de povoamento empreendida pelos primeiros reis de Portugal independente, política à qual a maior parte das colónias judaicas medievais deve a sua existência. Em Coimbra e arredores, certos judeus cultivavam as terras do capítulo que tinham arrendado, possuindo por vezes as suas próprias aldeias, como essa *Arecheixada Iudaeorum,* que é mencionada em 1168. Os mercadores judeus cedo começaram a sulcar as montanhas. São mencionados nos privilégios (*forais*) outorgados às cidades da

Covilhã, em 1186, de Bragança, em 1187, e de Pinhel, em 1200. Os privilégios da Guarda, promulgados em 1199, no momento da criação da sede episcopal, não os mencionam ainda, mas encontra-mo-los em documentos desde o início do século XIII.

Durante o longo reinado de D. Dinis, de 1279 a 1325, os documentos das chancelarias reais mencionam pela primeira vez comunidades judaicas organizadas, principalmente nas regiões fronteiriças. A de Bragança obteve a sua carta desde o primeiro ano do reinado. Na fronteira Norte, os textos mencionam ainda as comunidades de Chaves e Rio Livre (deixará de se ouvir falar desta a partir daí) e, depois, na proximidade da fronteira, são os casos de Mogadouro, Castelo Rodrigo, Guarda, Monforte e Olivença. Numa pedra encontrada em Belmonte (Beira), que deve ter pertencido a uma sinagoga, aparece o ano judaico de [50]57=1297, sob o versículo «Deus está no Seu santuário e toda a terra guarda silêncio em face Dele» (Habakuk 2, 20): essa pedra provém talvez da Guarda, pois Belmonte não tinha sinagoga na Idade Média.

Em 1367, o número de localidades que abrigam comunidades judaicas organizadas atinge a trintena, incluindo Trancoso e Viseu, a norte, e depois, a sudeste, Portalegre, Estremoz e Serpa (mais tarde, no reinado de D. Fernando I, Elvas); enfim, entre as cidades marítimas do Sudoeste, Atouguia, Setúbal e Santiago do Cacém. No Algarve, as comunidades fazem a sua aparição em Faro, Loulé, Silves e Tavira. Em Espaldão, perto de Faro, foi descoberto um vestígio da presença de judeus no Algarve: trata-se da pedra tumular do rabino José de Tomar, falecido em 1315.

A partir de meados do século XIV, a demografia do judaísmo português sofre o impacto da imigração desencadeada pelas perseguições nos outros reinos ibéricos, com as matanças de Navarra de 1320 e 1328, pela «peste negra» de 1348 e pela guerra civil castelhana de 1366. As violências atingiram o paroxismo com os massacres, iniciados pelo clero de Sevilha, que espalharam as sevícias por Castela e Aragão no Verão de 1391. A multidão assassinou milhares de judeus, não poupando a vida senão àqueles que se deixaram baptizar. O poder real intensificou a pressão sobre os judeus que tinham conseguido aguentar-se face aos amotinados: Castela promulgou em 1412 legislação antijudaica, cujo objectivo confessado era o de fazer prosélitos por desespero.

A cada novo endurecimento da opressão em Espanha afluíam refugiados a Portugal. Um dos espanhóis acolhidos a Lisboa, o poeta hebreu Salomão Alami, escreveu em 1415, no seu *Igueret Mussar* (Epístola de Moral): «O Senhor decidiu na sua sabedoria que nenhum fugitivo seria banido da presença divina. Aqui, neste reino que nos abriga por clemência, não nos perseguiram em época nenhuma... É graças a este reino que, ameaçados pela espada polida, nos pudemos reerguer»[7]. Chegavam famílias em fuga de toda a Península. Em 1395, por exemplo, as fontes portuguesas dão conta de 150 judeus maiorquinos refugiados: receberam então um salvo-conduto para poderem regressar à sua ilha de origem.

Muitos ficavam em Portugal, e a sua chegada marcou uma viragem na história de muitas comunidades portuguesas. Em Lisboa, foi preciso alojá-los em imóveis alugados em bairros cristãos. A comunidade de Évora pediu que lhe fossem atribuídas seis ruelas suplementares para os poder acolher. Das quatro ruas que viriam a formar o bairro judaico do Porto, apenas uma foi povoada aquando da sua criação em 1386, uma segunda no início do século xv, e as duas outras depois de 1492. Pode supor-se que o número de judeus que viviam na cidade duplicou duas vezes seguidas, ao ritmo exacto das perseguições espanholas.

Graças a essa forte imigração, o número de comunidades judaicas em Portugal quase quintuplicou no século xv, para atingir um total de 139, número importante, mesmo se comparado com as 216 *aljamas* do reino de Castela. A maior parte das comunidades estava instalada ao longo da fronteira oriental; as províncias de Trás-os--Montes e da Beira abrigavam por si só metade das comunidades do reino. Essa assimetria demográfica, criada pelas políticas medievais de povoamento e reforçada pela imigração castelhana, caracterizará a geografia do judaísmo, e depois a do criptojudaísmo, em Portugal, até à época contemporânea. Claro está que os centros económicos e culturais se desenvolviam nas cidades de mais fácil acesso. Em

1478, para fazer face às despesas militares, levantou-se um imposto extraordinário sobre os bens imobiliários. Cerca de vinte por cento das receitas seriam provenientes dos judeus. As comunidades mais oneradas – depois da de Lisboa, cujo valor da colecta não foi conservado – foram as de Évora, com 264 mil e quinhentos reais, Guarda, com 160 mil, Santarém, 129 mil, e Faro, 112 mil.

Santarém, em 1496, contava quatrocentas «casas» judaicas, ou seja, mais de duas mil almas. Comunidades como as da Covilhã ou Lamego, de média dimensão, abrigavam, segundo as fontes do século xv, uma população de cerca de 400 indivíduos cada, o que correspondia para a Covilhã a cerca de cinco por cento dos habitantes da cidade. Mas as comunidades mais modestas eram numerosas, como a de Estremoz, onde, em 3400 habitantes, apenas uma centena era de judeus. Pode ter-se por exagerada a hipótese tradicional segundo a qual 50 a 75 mil judeus autóctones, entre um milhão de portugueses, viviam no final do século xv: na realidade, a proporção de cinco por cento era apenas atingida na população urbana, muito minoritária na Idade Média. A historiadora Maria José Pimenta Ferro Tavares estima um número de judeus inferior a 30 mil. O seu cálculo é efectuado a partir de uma taxa de capitação (*sisão*), de que se conhece o rendimento total para 1496: 400 mil reais. Sendo o imposto de 75 reais e meio por família, haveria, portanto, em teoria, menos de 5300 contribuintes judeus portugueses de cepa.

As estimativas variam igualmente para o número de judeus refugidos de Espanha em 1492, e submetidos a um outro regime fiscal. Tudo parece indicar que o número de judeus procurando então refúgio em Portugal ultrapassava o dos judeus já instalados no país. Essa imigração em massa marca o apogeu da política de acolhimento dos reis portugueses face aos judeus, e o prelúdio da inversão, que deveria produzir-se a partir do ano seguinte. Em todo o caso, a evolução do judaísmo em Portugal, de 1140 a 1492, mostra uma ascensão demográfica contínua, caso excepcional na Europa Ocidental. Numa época em que as condições de vida dos judeus se degradavam dramaticamente em Inglaterra, em França, no Império Germânico e em Espanha, para acabar, na maior parte dos casos, na expulsão total,

Portugal ofereceu, tal como a Polónia e certos Estados italianos, um porto de abrigo aos refugiados. Isso explica-se sem dúvida por uma política centralizadora, precoce no contexto medieval, amplificada por uma formidável expansão colonial. A coroa compreendeu muito rapidamente o benefício científico, administrativo e financeiro que poderia retirar dos judeus imigrados.

2. Reis e altos funcionários judeus

A atitude favorável dos reis portugueses face aos judeus explica-se em parte pelo ascendente de certos representantes da minoria, que aqueles tinham por costume empregar na sua administração. Trata-se, por certo, de uma ínfima elite, mas a sua influência sobre a posição geral dos judeus no reino foi considerável. Antes de abordar a história económica, jurídica, social e cultural do judaísmo português medieval, convém familiarizarmo-nos com os seus actores de primeiro plano.

A instauração da monarquia lusitana transformou subitamente a presença judaica, até aí quase imperceptível, num elemento decisivo da vida política. Para a administração fiscal dos territórios conquistados aos mouros, o primeiro rei, D. Afonso Henriques, fez apelo, desde a sua coroação, a agentes judaicos. O seu conhecimento das línguas ibero-romana e árabe, a sua cultura, a sua competência financeira, mas sobretudo a sua independência, garantia de lealdade à coroa, faziam deles os intermediários ideais. Depois da conquista de Santarém e da sua grande comunidade judaica, em 1147, D. Afonso Henriques confiou a função de almoxarife-mor do reino a um dignitário dessa cidade, Yahya Ibn Yaish. Este participou no cerco de Lisboa desse mesmo ano e morreu em 1151, durante a ofensiva militar contra Alcácer do Sal.

D. Afonso Henriques recompensou o seu financeiro judeu outorgando-lhe o título hereditário de *dom*, o domínio senhorial de uma vila recém-conquistada, Aldeia dos Negros, e, finalmente, um brasão, que, por alusão ao nome desse feudo, arvorava uma cabeça negra. Os seus descendentes, que usavam os patronímicos

Ibn Yahya (filho de Yahya) ou Negro, formaram uma verdadeira dinastia de altos funcionários reais que, durante os quatro séculos seguintes, ultrapassou em importância todas as outras linhagens judeo-portuguesas. Um neto do fundador, D. José Ibn Yahya, foi almoxarife-mor de D. Sancho I, por volta de 1200. A falta de informação relativa aos séculos XII e XIII não nos permite afirmá-lo, mas é provável que outros membros da mesma família tenham sido titulares do mesmo cargo nesse período. Sabemos, em contrapartida, que D. Urraca, esposa espanhola de D. Afonso II, que reinou de 1211 a 1223, tomou para seu almoxarife um judeu, baptizado com o nome de Rui Capão, que esteve na origem de uma linhagem nobre. Para os seus contactos diplomáticos, os reis de Portugal e de Castela empregavam frequentemente embaixadores judeus, tradição herdada da diplomacia árabe.

Em 1278, uma carta de D. Afonso III ao concelho municipal de Bragança menciona pela primeira vez o cargo de grande rabino – *arrabi-mor* –, criado para centralizar a justiça interna entre os judeus e a recepção dos seus impostos. Essa instituição existe à época em Castela e Aragão, sob o termo «rabino da corte» (*rab de la corte*), tendo estes dois reinos igualmente instituído um «grande cadi» (*alcaide-mor*), como chefe de todos os muçulmanos. A função de rabi--mor viria a adquirir em Portugal uma estabilidade sem equivalente nos reinos vizinhos. A existência de um interlocutor constante junto do rei tinha, como iremos ver, vantagens para os judeus; em contrapartida, permitia à coroa exercer um controle indirecto sobre a vida comunitária. Esse novo cargo tornou-se apanágio dos Ibn Yahya. Do primeiro titular, Guedelha, a dignidade passou ao seu filho Judá, que ocupou o posto por volta de 1295 e que, em 1307, fez edificar a Grande Sinagoga de Lisboa. Recebeu do rei dois edifícios em Beja e uma propriedade em Frielas. Pela sua morte, em 1316, Judá legou os seus títulos ao filho, chamado também ele Guedelha.

Depois de servir por longo tempo D. Afonso IV, Guedelha caiu em desgraça no reinado de D. Pedro I (1357-1367). Uma outra família judaica obteve então a mais alta dignidade do judaísmo lusitano e uma parte dos bens dos Ibn Yahya. O rei elevou ao cargo de rabi-mor o seu médico pessoal Moisés Navarro que, embora nascido em Santarém, pertencia provavelmente a uma família refugiada do reino de Navarra. Nessa época, o médico pessoal do soberano era igualmente um responsável político, com assento no conselho do rei. Navarro acumulou durante trinta anos as funções de médico real, de rabi-mor e de recebedor geral dos impostos; doações reais fizeram dele um grande proprietário de terras, à maneira dos aristocratas cristãos.

Em 1369, D. Fernando I elevou Moisés Chavirol ao cargo de almoxarife-mor. O seu sucessor, D. Judá Aben Menir, acumulou numerosos cargos na corte; além da função de rabi-mor, que exerceu de 1373 a 1383, foi tesoureiro e rendeiro-mor do reino. O monarca deu-lhe, já no fim do seu mandato, várias propriedades, tanto urbanas como rurais, e fez outro tanto em favor de D. Reina, sua esposa.

D. Judá não foi senão o mais importante no seio de uma rede vasta de financeiros judeus que, sob D. Fernando I, asseguraram a administração fiscal do conjunto do país. Uma segunda personagem importante, D. David ben Guedelha Negro, foi em 1380 rendeiro dos dízimos reais e, em 1383, rendeiro das alfândegas.

Nesse ano, D. Fernando I morreu sem deixar filho herdeiro. A sua viuva, D. Leonor, fez valer os direitos do seu genro, João I de Castela, contra o bastardo real D. João, mestre da ordem de Avis, que soube mobilizar o sentimento popular a seu favor. Como o conjunto da aristocracia, D. Judá e D. David tomaram o partido do Castelhano, enquanto os seus rivais, os Navarro, apoiavam o mestre de Avis. Os cronistas relatam que, na sequência de uma querela sobre a nomeação do grande rabino em 1384, a rainha D. Leonor passou a detestar o seu genro, ao ponto de conspirar para o assassinar. Quando o plano foi descoberto por D. David, João de Castela fez prender a sua sogra e D. Judá, e depois tentou submeter Portugal pelas armas. Batido em 1385, em Aljubarrota, pelas tropas do mestre de Avis, o Castelhano teve de se retirar, levando consigo D. David, que o havia assistido nas suas campanhas. Este tornou-se o representante supremo das comunidades judaicas castelhanas e membro do conselho privado do rei; mas morreu em Outubro do mesmo ano. A sua pedra tumular mantém-se conservada em Toledo.

O mestre de Avis, coroado D. João I, confiscou os bens de D. Judá e de D. David, mas não viu nenhum inconveniente em empregar o filho deste último, Salomão Negro, como almoxarife-mor. Este partilhou o seu cargo com Judá Navarro, que tinha herdado do seu pai, Moisés, os cargos de médico real e rabi-mor, e os transmitiu ao seu próprio filho, Moisés Navarro II, dito Moisés de Leiria.

A presença destes dignitários foi crucial, em 1391, quando os motins antijudaicos de Espanha ameaçaram estender-se a Portugal. A pedido de Moisés de Leiria, D. João I fez proclamar por todo o reino uma bula papal que proibia os seus súbditos de maltratar os judeus, de converter ao cristianismo pela ameaça e de profanar os seus cemitérios. Por esse édito, promulgado a 17 de Julho de 1392, D. João I retirou ao clero e ao povo qualquer veleidade de se deixarem contaminar pelos excessos espanhóis. Ao mesmo tempo, o rabi-mor defendia os refugiados judeo-espanhóis que entravam no país, entre os quais muitos renunciavam, em Portugal, ao baptismo que lhes havia sido imposto contra vontade.

Judá Cohen, nomeado rabi-mor em 1405, foi menos popular que o seu antecessor: teve de renunciar ao cargo sob a pressão de acusações de abuso de poder. O cargo de rabi-mor regressou uma vez mais aos Ibn Yahya, que puderam assim manter a união pessoal entre o rabinato e a medicina. Nos anos 1430, mestre Guedelha ben Salomão Negro foi médico pessoal dos reis D. João I, D. Duarte e D. Afonso V. Foi igualmente solicitado pelas suas competências na ciência dos astros e em certos saberes ocultos. Segundo um rumor da época, o fim prematuro do curto reinado de D. Duarte (1433-1438) foi causado pela recusa deste em marcar a data da sua coroação de acordo com os cálculos astrológicos do seu médico judeu.

O infante D. Henrique, «O Navegador» (1394-1460), deu um impulso decisivo às conquistas portuguesas do Ultramar. Rodeou-se de sábios e marinheiros portugueses e estrangeiros, e chamou para junto si designadamente médicos judeus, com o intuito de tirar proveito dos seus conhecimentos em ciências naturais, em astronomia e nas matemáticas. Por volta de 1420, fez vir de Maiorca um judeu especialista na produção de cartas marítimas e instrumentos de navegação, Judá ben Abraão Cresques, dito Jácome de Maiorca, que segundo certas fontes fazia parte dos convertidos à força de 1391.

D. João I e D. Duarte tiveram de reduzir o número de almoxarifes judeus, por pressão das Cortes. Em troca, criaram os postos de conselheiros oficiosos na casa real, com os títulos de alfaiate, ourives ou sapateiro da corte. Esses cargos eram, na realidade, administrativos, e mesmo militares: mestre José Arama, ourives do infante D. Henrique, tomou parte como cavaleiro nas suas campanhas africanas.

As restrições decididas por D. João I e D. Duarte foram levantadas no reinado de D. Afonso V. Este monarca, que reinou de 1438 a 1481, foi provavelmente o rei de disposição mais favorável para com os judeus, que o cognominaram de *O Bom*. D. José ben David Ibn Yahya (1425-1498) foi seu conselheiro próximo e confidente; o cronista Salomão Ibn Verga refere conversas sobre assuntos religiosos, que teriam tido lugar entre o rei cristão e o seu sábio judeu. O irmão mais novo deste, Guedelha ben David Ibn Yahya (1436-1487), era médico e astrólogo real. Mestre Nacim, embaixador em Castela, estava à frente de uma vasta rede de espionagem que D. Afonso V mantinha no reino vizinho, na véspera da sua tentativa de invasão em 1476. Por seu turno, os Reis Católicos enviariam em missão a Portugal o embaixador Vidal Astori, um ourives judeu de Valência.

Mas o reinado de D. Afonso V foi sobretudo a idade de ouro dos Abravanel, família imigrada de Sevilha no final do século precedente. Isaac Abravanel (1437-1508), tesoureiro do reino, tinha sucedido a seu pai, Judá Abravanel, nesse posto. No prefácio do seu comentário aos Primeiros Profetas, este sábio e financeiro evoca com nostalgia a protecção e prosperidade que a «ditosa Lisboa» de D. Afonso V assegurara à sua elite judaica: «A grande fortuna e beneficência, a sabedoria e o poder andavam a par, como entre os heróis de antanho.»

Sob o reinado, ademais tão brilhante, de D. Afonso V, o cargo de rabi-mor foi consideravelmente enfraquecido. Depois de ter sido ocupado por Guedelha ben Moisés, foi para o seu filho, mestre Abraão, por volta de 1460. Este havia recebido uma preparação especial para ocupar o posto, tendo mesmo beneficiado de uma bolsa real para assistir aos cursos da faculdade de medicina. A sua esposa, D. Reina, gozava dos direitos das mulheres da grande aristocracia cristã, e o seu filho Guedelha já tinha assegurada a sua sucessão no cargo. Ora, por decreto de 23 de Junho de 1463, D. Afonso V anulou as funções rabínicas de mestre Abraão: essa decisão tinha-lhe sido pedida pelo conde de Guimarães, que desejava promover na corte o seu próprio médico judeu, mestre Abbas. Parece que D. Afonso V fez reviver a função sob um outro nome, pois mestre Abraão agia doravante como «*corregidor* na Corte para os judeus» e como «contador das comunas judaicas do reino». Quando morreu, em 1471, durante a conquista de Arzila, o seu posto foi atribuído a mestre Abbas, que tomou de novo o nome de rabi-mor.

O reinado de D. Afonso V permaneceu no espírito dos judeus portugueses como um período fasto, e a morte deste monarca, em 1481, deu azo a intensas manifestações de luto, «sentindo-se a filha de Sião abandonada, como uma cabana num vinhedo» (Isaías 1, 8). Na linguagem bíblica de Abravanel, o novo rei D. João II é comparado ao faraó opressor que sucedeu ao grande amigo de José e dos filhos de Israel. D. João II, rei centralizador aspirando a um governo pessoal, despediu imediatamente os ministros e validos do seu pai, para lançar em seguida um assalto geral contra os bastiões da aristocracia cristã e judaica, reunida em volta do duque Fernando de Bragança. Amigo deste duque decapitado em Junho de 1483, Isaac Abravanel escapou às purgas graças uma cavalgada rocambolesca. Avisado à última da hora dos planos de D. João II para o aniquilar, o ex-tesoureiro-mor partiu de Lisboa antes da aurora e fugiu à frente dos esbirros do «faraó», cavalgando um dia inteiro «pelo deserto» ao longo do Tejo, para chegar à meia-noite a Segura de la Orden, em terras de Castela. Em Toledo, os Reis Católicos confiaram-lhe cargos não menos consideráveis do que os que tinha ocupado no seu Portugal natal.

Ao abolir certos privilégios de que gozavam os cortesãos judeus, D. João II respondia aos pedidos do povo, incluindo o povo judaico. Teve todo o cuidado de não ir além disso e privar os judeus

A COMUNIDADE JUDAICA MEDIEVAL

de exercer funções públicas, medida bem mais grave, que as Cortes reclamavam. No conselho e na casa real esteve sempre um judeu de Pinhel, Samuel Benazo, e os «alfaiates reais» Isaac Brachelam e Abraão Abet, tendo este último participado como cavaleiro em várias conquistas.

Os judeus estiveram envolvidos nos descobrimentos portugueses desde o início. Enviado por D. João II em Maio de 1487 para o Médio Oriente islâmico e Oceano Índico, Pêro da Covilhã usou um mapa-múndi concebido graças à colaboração de dois cristãos e do médico mestre Moisés, mais tarde convertido ao cristianismo. Durante a viagem, o explorador foi ajudado por dois judeus portugueses instalados no Cairo, Rabi Abraão de Beja e José Sapateiro de Lamego. Este último acompanhou Pêro da Covilhã na sua viagem à Índia, e o primeiro levou a Portugal mensagens que prepararam eficazmente os navegadores portugueses para as suas futuras viagens de comércio e conquista.

3. Os judeus na economia e face ao fisco

Os judeus não representavam para os reis portugueses apenas um reservatório de funcionários; eram também uma importante fonte de receitas fiscais. Neste domínio nada era deixado ao acaso. Desde 1339 que as chancelarias reais registavam escrupulosamente as propriedades e créditos de cada judeu habitando no país, por forma a fazê-lo pagar o máximo de impostos. Como no resto da Europa, os reis utilizavam os rendimentos que recebiam dos «seus» judeus pelas transacções financeiras que estes levavam a cabo, fazendo deles beneficiar os membros da casa real ou da nobreza. A recepção dos impostos dos judeus cabia ao rabi-mor ou a um alto funcionário judeu da coroa, que supervisionava numerosas autoridades comunitárias subalternas, encarregadas de receber localmente o imposto.

O imposto directo (*serviço real*), que variava com a idade, sexo e estado civil do contribuinte, era completado pela *juderega* de trinta dinheiros, recebida uniformemente por cada pessoa judia; esse imposto constituía em si mesmo uma forma de humilhação colectiva, pois que era considerado uma expiação pela venda de Cristo por Judas a troco de igual soma. Sob o nome de *sisa judenga*, as fontes mencionam ainda um terceiro imposto directo. Os impostos indirectos existiam para toda a sorte de transacções comerciais, mas também para a compra e venda de alimentos (peixe, pão, farinha, frutos, mel, azeite). Os rendimentos agrícolas estavam sujeitos ao tributo de um oitavo, no caso dos provindos do trabalho dos campos, e um décimo, sobre os relativos ao gado. A produção e a venda do vinho estavam sujeitas a taxas diversas e complexas. O abate de animais por carniceiros judeus era onerado por impostos consideráveis. E não eram só os talhos *casher*; também o rabinato, as escolas religiosas e outras instituições comunitárias deviam entregar à coroa impostos especiais.

Os judeus deviam igualmente pagar uma taxa por cada novo navio que o rei lançava ao mar. Deviam fornecer carne para os leões da colecção do rei e as paliçadas para as corridas de touros. Deviam ainda participar num certo número de corveias e no serviço militar, que lhes era particularmente penoso pelos agravos a que os sujeitavam os soldados cristãos. De um modo geral, cada vez que as Cortes instituíam um imposto extraordinário para responder a uma urgência, a parte que pesava sobre os judeus era desproporcionada.

A esses impostos em benefício da coroa é preciso acrescentar os direitos senhoriais e a dízima eclesiástica. Além disso, como os judeus não eram considerados cidadãos – *vizinhos* – da localidade que habitavam, tinham de pagar portagens, passagens e costumagens, com as elevadas tarifas que valiam para os estrangeiros.

Essa fiscalidade predatória ameaçava por vezes secar a sua fonte. Em 1316, o número de contribuintes judeus mantidos em prisão pelo não pagamento de impostos era de tal modo elevado, que D. Dinis teve de promulgar um perdão fiscal geral e limitar o montante total do serviço real dos judeus portugueses a 40 mil libras por ano. Porém, inúmeros impostos extraordinários vieram aumentar consideravelmente a carga fiscal sobre os judeus, e o seu filho, D. Afonso IV, teve, também ele, em 1342, de conceder novo perdão. A pressão fiscal foi causa de uma importante emigração, a tal ponto que, em 1354, o mesmo rei proibiu os judeus que possuíssem mais de 500 libras de deixar o reino sem a sua permissão.

Principais agentes da centralização administrativa e financeira que caracterizou a monarquia portuguesa medieval, os judeus foram também as suas principais vítimas. É claro que, se o rei queria que os judeus fossem usados como fonte de tributos em dinheiro vivo, tinha, antes, de assegurar que pudessem ganhá-lo. D. Fernando I formulou claramente essa máxima quando, em 1382, defendeu os direitos dos mercadores judeus em Tavira (Algarve): «Porque nossa mercê é de os ditos nossos judeus serem guardados e defesos por nós como cousa de nosso tesouro, e porquanto havemos mui grandes direitos e grandes tributos dos ditos vinhos que assim venderem»[8].

Isso explica por que, em contraste com a maior parte dos outros reinos europeus, Portugal tenha imposto tão poucas restrições à actividade económica dos judeus. No quadro da sua política de povoamento, os reis portugueses do século XIII tentaram mesmo obrigar os judeus a comprar e cultivar propriedades agrícolas. O interesse fiscal da coroa interditava, naturalmente, a sua inserção numa agricultura de subsistência. Os lavradores judeus trabalhavam geralmente com mão-de-obra assalariada e com o objectivo de amoedar a produção. Ao lado das vinhas e olivais, que constituíam o essencial das suas explorações, cultivavam campos, pomares e jardins. Possuíam caves de vinho, moinhos e colmeias. A criação de gado ovino é atestada para a Beira Alta e Alto Alentejo, ao passo que a cultura de bichos da seda se praticava entre os judeus da região de Bragança. Muitas dessas propriedades rurais constituíam bens de investimento para os financeiros e médicos judeus da capital; mas conhecem-se igualmente casos de judeus a administrar as terras de aristocratas cristãos. O emprego de mão-de-obra cristã por judeus não se fazia sem que se levantassem dificuldades. O maior entrave à actividade agrícola dos judeus foi a proibição geral, que lhes levantou a igreja, de empregarem mão-de--obra cristã. Exceptuando certas famílias poderosas, que tinham obtido uma isenção real, o agricultor judeu era forçosamente um pequeno produtor, que cultivava as suas terras com os membros da família e alguns empregados da sua religião.

A grande maioria da população judaica portuguesa – mais de três quartos, segundo um estudo recente – dedicava-se ao artesanato, sendo mais frequentes as profissões de alfaiate, sapateiro, ferreiro e ourives. No Portugal medieval, a repartição das actividades artesanais operava-se segundo as comunidades religiosas, com a olaria e a tapeçaria sendo de preferência o domínio dos mouros, a construção e a alimentação o dos cristãos, o vestuário e os metais o dos judeus. A aprendizagem de uma profissão fazia-se geralmente pela tradição familiar. Em virtude das leis rabínicas, uma boa parte dos alimentos consumidos na comunidade judaica devia ser preparada por correligionários, entre os quais, alguns, designadamente os açougueiros, trabalhavam também para clientela cristã. Enquanto estas profissões estavam estritamente reservadas aos membros das guildas no resto da Europa, os protestos da concorrência cristã não tiveram praticamente nenhum sucesso em Portugal, onde a coroa nem sequer tocava no direito que tinham os artesãos judeus de vender os seus produtos nos bairros cristãos. Por vezes, os artesãos das duas religiões evitavam rivalidades, fixando de comum acordo os níveis de qualidade e de preços.

De facto, os artesãos judeus, tal como os agricultores, encarregavam-se as mais das vezes da venda dos próprios produtos. Outros judeus dedicavam-se exclusivamente ao comércio, sendo a maior parte destes últimos mercadores ambulantes que vendiam nas feiras, ou asseguravam as trocas de produtos entre a cidade e o campo. Deslocavam-se com almocreves, ou a pé, como bufarinheiros. No decurso dos seus trajectos pelos campos, eram as vítimas eleitas dos salteadores e assassinos, sendo a sua actividade mal protegida pelas autoridades. Estas tentavam mesmo, pelo contrário, reprimi-la, pois consideravam-na fonte de contrabando, receptação, fraude fiscal e monetária. Esta última acusação visava nomeadamente o comércio fortemente deficitário com Castela. Com frequência, as compras de panos castelhanos só podiam ser pagas em espécies que os mercadores exportavam, a despeito das interdições em vigor.

Os mercadores sedentários ocupavam o topo da pirâmide social judaica. Em certas cidades de média dimensão, como Elvas ou Porto, apenas um judeu tinha conseguido estabelecer, num local situado na praça principal, uma loja de panos, telas, especiarias e outras mercadorias do Ultramar. Em Lisboa e Évora, estes comerciantes eram bastante mais numerosos; havia grandes importadores-exportadores, que mantinham relações com os seus correligionários do Magrebe e Oriente e, em menor escala, com as praças comerciais europeias. «Oito senhores» judeus lisboetas são nomeados num poema do *Cancioneiro Geral*: identificam-se os Latam, Fayam, Abravanel, Palaçano e Galite, depois um Samuel, um Salomão e um José. No final do século xv, formavam, com mercadores italianos e flamengos, sociedades e verdadeiras companhias coloniais para explorar os negócios mais lucrativos. Algumas destas actividades eram herança da Idade Média, como a importação de telas flamengas, bretãs e inglesas, e a exportação, para a Europa, de frutos secos, mel, vinho e azeite. Outros ramos de comércio apareceram com a expansão marítima, como a exportação do açúcar da Madeira, o aprovisionamento das praças portuguesas em África e o comércio do ouro e de escravos da Guiné. Estas actividades coloniais faziam-se no quadro de monopólios reais ou, então, contornando-os clandestinamente. Carecendo de conhecimento específico e de capital, os mercadores portugueses cristãos permaneciam à margem deste negócio; e os seus protestos contra a concorrência judaica e italiana foram tão acerbos quanto infrutíferos. A coroa, beneficiando copiosamente de taxas e direitos aduaneiros, defendia os seus mercadores judeus, mesmo contra a Espanha e nos sultanatos marroquinos, para que fossem poupados aos corsários.

Como complemento dos seus ganhos, os judeus emprestavam a juros. Essa prática era, como se sabe, muito controversa na Idade Média. Em Portugal, a querela sobre a usura parece ter-se acalmado a partir da segunda metade do século xiv, o que traduziu sem dúvida uma aceitação crescente dos negócios de crédito ou, então, uma moderação da fiscalidade e, por consequência, das taxas de juro. Regressados à gestão das finanças públicas sob D. Afonso V, os mercadores judeus de Lisboa criaram, com cristãos, sociedades mistas para administrar os rendimentos da casa real, dos mosteiros e das ordens militares. Por seis milhões de reais, Judá Toledano arrendou o imposto sobre as telas em todo o reino. Quando D. Afonso V teve de lançar um empréstimo de 12 milhões de reais, mais de metade da soma foi entregue por judeus. A participação de Guedelha Palaçano elevou-se a 1,95 milhões de reais e a de Isaac Abravanel a 1,68 milhões, ao passo que a do maior arrendatário de fundos cristão, o príncipe D. João, só atingiu 1,25 milhões de reais. Tornado rei, D. João II adoptou uma política ligeiramente mais restritiva, pois retirou aos judeus a administração das rendas eclesiásticas.

A actividade de mediadores e corretores na vida comercial era uma especialidade dos judeus. De forma menos esperada, o dramaturgo Gil Vicente, na *Farsa de Inês Pereira*, apresenta como tipicamente judaica a negociação de casamentos ao serviço de clientes cristãos. Tudo isso parece mostrar que existiam relações de confiança entre as comunidades. Não devemos esquecer, porém, que os assuntos de finanças e crédito podiam ser fonte de conflitos e violências. A coroa teve de autorizar o porte de armas aos banqueiros judeus, bem como conceder a permissão de se fazerem escoltar por cristãos, para que pudessem proteger-se dos seus devedores.

A medicina foi uma das profissões cultas mais frequentemente exercida por judeus: na maior parte das cidades portuguesas do século xv, os médicos judeus eram mais numerosos que os médicos cristãos. Certos práticos judeus tinham estudado numa universidade cristã, com uma autorização especial, mas a grande maioria tinha aprendido a arte sob a direcção de um confrade mais idoso. Os candidatos tinham, em seguida, de passar num exame perante médicos reais, frequentemente também eles judeus; quando eram admitidos, deviam prestar juramento sobre a Torá de que exerceriam a sua profissão com fidelidade e tratariam todos os pacientes com cuidado igual, fossem judeus, cristãos ou muçulmanos. Os judeus tinham, com frequência, estudado em tradução hebraica os textos de Avicena, sobre os quais se fundava então o *curriculum* universitário; mas podia acontecer que um médico judeu fosse autorizado a exercer sem ser «letrado», por causa da sua habilidade prática em conseguir curas e preparar medicamentos. Vários médicos judeus eram empregados pelas comunidades para cuidar dos seus correligionários pobres.

O perfil social da comunidade judeo-portuguesa era, em suma, muito diversificado, caracterizado pela oposição entre, por um lado, a oligarquia restrita e poderosa dos médicos, financeiros e grandes mercadores e, por outro, a massa de agricultores, artesãos e pequenos comerciantes, aos quais é preciso acrescentar um grande número de indigentes vivendo da assistência comunitária. Apesar de uma ideia feita bem enraizada, a comunidade judaica não constituía, portanto, o protótipo medieval de uma «classe média», inserida entre a aristocracia e o campesinato. A sua diversidade interna mostra que se tratava de uma minoria tão dissimétrica quanto a sociedade maioritária. Distinguia-se, antes de tudo, pela sua confissão religiosa e pelo estatuto jurídico particular que daí decorria.

4. Progressos e fracassos da segregação social

Os interesses económicos e administrativos do poder civil foram, durante muito tempo, um obstáculo às veleidades da Igreja, que desejava uma legislação antijudaica e defendia a segregação. Tomando a ofensiva, os canonistas formularam no século XII um requisitório de medidas humilhantes e vexatórias às quais todos os judeus que viviam entre cristãos deveriam, a partir daí, estar sujeitos. Os cardeais convocados em 1178-1179 para o III concílio de Latrão estabeleceram que os judeus deveriam viver em bairros separados e não empregar mão-de-obra cristã; também proibiram que o seu testemunho fosse aceite num processo contra um cristão. Em 1215, o IV concílio de Latrão limitou as taxas de juro e excluiu os judeus de qualquer função pública. De acordo com o cânone 68 do mesmo concílio, decisão pesada de consequências psicológicas, os judeus eram obrigados a trazer um sinal distintivo cosido ao vestuário. O objectivo declarado dessa medida discriminatória era o de impedir que um homem e uma mulher de religiões diferentes tivessem relações sexuais «por erro», ou fingindo ignorar a condição do seu parceiro. Em 1267, o concílio de Viena estabeleceu a pena de morte contra qualquer judeu que se tivesse deixado envolver nessa forma de aproximação inter-comunitária.

Os soberanos cristãos responderam com zelo muito desigual às exigências romanas, tendo as mais fortes resistências vindo da Península Ibérica, com a sua tradicional coexistência das três religiões. Em 1179, a Santa Sé só reconheceu a independência de Portugal, na condição do jovem reino se comprometer a homologar todo o programa antijudaico do concílio. Ora, decorreu um século até que as disposições canónicas integrassem a legislação do reino, e um outro século antes que essas leis fossem aplicadas; durante toda a época medieval, as isenções fizeram perder a essas leis parte do seu rigor. Essa distância entre legislação e prática, que tornava o quotidiano mais suportável para os contemporâneos, pode ser enganadora para o historiador, que não dispõe senão de fontes escritas.

Contemporâneo do concílio de 1215, D. Afonso II proibiu os judeus de ocuparem cargos públicos e empregarem cristãos; ratificou igualmente os decretos de Coimbra (1211), que promoviam o proselitismo cristão pela força e pelo interesse: os pais judeus deixavam de poder opor-se a que os seus filhos menores se fizessem baptizar; o convertido tinha direito a uma parte desproporcionada da herança familiar; e este, mesmo que baptizado na infância, não podia, sob pena de morte, voltar atrás na decisão. Mas o rei não parece ter dado aplicação real às suas próprias leis antijudaicas: é uma das razões pelas quais morreu excomungado pelo papa. Os seus sucessores, porque persistiam em proteger os seus judeus, incorreram igualmente na ira romana. Na bula *De Judaeis et Sarracenis*, o papa Gregório IX denunciou as liberdades de que beneficiavam os não cristãos no reinado de D. Sancho II (1223--1245). Com efeito, enquanto S. Luís fazia queimar o Talmud em Paris, o monarca português ignorava sobranceiramente os apelos do pontífice, que o exortava a fazer o mesmo; Gregório IX, furioso, declarou-o «indigno da sua coroa». Em 1289, o rei D. Dinis fez orelhas moucas aos insistentes protestos do papa Nicolau IV, e foi ao ponto de punir por rebelião os prelados portugueses que haviam introduzido leis antijudaicas por iniciativa própria.

Um século e meio depois do IV concílio de Latrão, as Cortes do reino, reunidas em Elvas em 1361, obrigaram D. Pedro I a dar força de lei às exigências essenciais da Igreja: a separação dos bairros e o porte de insígnia distintiva. O rei ultrapassou mesmo o rigor do direito canónico, quando emitiu em 1366 uma lei draconiana contra as relações íntimas entre judeus e cristãs, relações propícias, segundo ele, ao «engano e artreirice do diaboo». A pena capital devia aplicar-se a todo o judeu que deixasse entrar em sua casa uma cristã, a toda cristã que fosse sem companhia ao bairro judeu, a todo o cristão que, como alcoviteiro, propusesse o seu domicílio a um judeu para um encontro galante. De todas essas leis, apenas a obrigação de porte da insígnia parece ter sido realmente aplicada, mas a partir do reinado seguinte (D. Fernando I), numerosas excepções esvaziaram-na de parte do seu alcance. No tempo de D. João I, a lei foi largamente contornada; porém, num documento, esse monarca relembra a forma da insígnia: «signaaes vermelhos de seis pernas cada huu»([9]).

O longo reinado de D. João I, entre 1385 e 1433, marcou uma viragem decisiva. A lei da separação, já existente, foi finalmente posta em prática, com a interdição feita aos judeus de residir ou hospedar-se fora do bairro reservado. No Porto, uma colina desabitada, a noroeste da nova cerca, o Campo do Olival, foi atribuída em 1386 aos judeus que viviam dispersos na cidade e nos arrabaldes. Em 1395, cedendo a instâncias da municipalidade lisboeta, o rei proibiu os judeus da capital de viver noutro lugar que não os seus dois bairros tradicionais. No mesmo ano, os judeus de Coimbra confirmavam que viviam agora «em sua cerca apartada, e sob a chave e guarda del-rei»([10]): num bairro construído de raiz, a oeste do Mosteiro de Santa Cruz. Por um édito emitido em Braga, a 3 de Setembro de 1400, D. João I tornava a segregação obrigatória em todo o reino, e parece que a medida foi, desta vez, seguida de efeito.

Ao tomar tais medidas, D. João I seguia o exemplo do papa, que tinha encerrado os judeus de Avinhão (1342), e do imperador, que havia feito o mesmo aos de Praga (1349). Mas é preciso assinalar que Portugal respeitou os estatutos canónicos antes de Castela, onde as leis antijudaicas de Ayllón, emitidas em 1412 por instigação de Vicente Ferrer, ordenaram a transferência dos judeus, «no prazo de oito dias», para bairros fechados. Foi numa época bem mais tardia que a separação foi imposta às grandes comunidades de Francoforte (1462), Veneza (1516) e Roma (1555). Se Portugal tem, pois, a triste honra de se contar entre os inventores da reclusão desumana, conhecida mais tarde pela noção de «ghetto» (esse topónimo veneziano só se tornou nome genérico em 1562), as condições eram ainda muito distintas da opressão que haveria de caracterizar as *juderías* espanholas e as ruas judaicas do Norte. Estas últimas eram, com efeito, colocadas sistematicamente no lugar mais marginal e insalubre da cidade; os seus habitantes, forçados a um regime de vestuário miserável, foram excluídos de todos os ofícios honrosos, limitando-se a sua actividade, muito ou pouco, à usura.

Na maior parte das cidades portuguesas a segregação não se traduziu por uma deslocalização, mas pelo isolamento para o exterior dos bairros habitados por judeus, situados normalmente na proximidade das portas e das vias de comunicação. A Judiaria Grande de Lisboa conservava a sua localização a alguns passos da Rua Nova e do Terreiro do Paço, lugar mais importante das trocas metropolitanas. O bairro judaico de Évora, situado à volta da porta meridional, a Porta da Palmeira, englobava secções de duas artérias que conduziam ao centro da cidade, a Rua do Tinhoso (actual Rua da Moeda) e a Rua dos Mercadores. Aliás, a importância económica dos judeus redefiniu por vezes o tecido urbano: pensamos nomeadamente no desenvolvimento do bairro do Olival (actual bairro da Vitória) no Porto. Essa colina de acesso difícil tornou-se, dois séculos depois, num bairro cobiçado, que um dos seus filhos, o célebre Uriel da Costa, viria a designar no século XVII como «o melhor lugar da cidade».

Num contexto de liberdade económica, a separação residencial dos judeus não era forçosamente vivida como uma marginalização. Durante muito tempo, as disposições de fechamento hermético previstas pelas leis não foram aplicadas. As ordenações do rei D. Duarte informam-nos que a judiaria de Lamego continuava sem portas em

Uma rua do antigo bairro judaico de Évora. ICEP, Lisboa.

1436. Na Guarda, o encerramento nocturno do gueto era, ainda em 1465, ineficaz. Na Covilhã, o gueto não teve portas antes de 1468. Em Lagos, Estremoz e noutros lugares, mesmo em Lisboa, muitos judeus viveram entre cristãos ao longo de todo o século xv, pretextando falta de espaço no bairro judeu.

Em Portugal, o vasto esforço de reclusão e marcação da população minoritária não procurava neutralizar um concorrente incómodo, mas levantar obstáculos a um tipo de comércio diferente do económico: relações de vizinhança, amizade, intimidade e, preocupação suprema, relações sexuais que um homem judeu pudesse manter com uma mulher cristã. A legislação portuguesa desenvolveu uma casuística meticulosa destinada a impedir e a penalizar este tipo de encontros, sem por isso pôr em causa o recurso das cristãs aos serviços dos vendedores, alfaiates e médicos judeus, aceites como normais.

Severamente reprimidas pelos tribunais reais, essas relações íntimas não deixaram de ser menos frequentes, o que é testemunhado pela literatura. Num poema de Luís Henriques, o sujeito da elocução queixa-se da sua amante Catarina, que o abandonou por um alfaiate judeu. O poeta entremeia expressões hebraicas na descrição que faz das visitas clandestinas da jovem cristã ao gueto. Assim, imagina como Catarina, sentada à mesa ao lado do seu novo amor, já aprendeu hebraico o suficiente para recitar, com os seus hóspedes, a bênção do pão. Por fim, o alfaiate do poema torna-se um prosélito pouco sincero do cristianismo ([11]).

Compreende-se que a transgressão dos limites comunitários pelo amor inquietava tanto os rabinos como as autoridades cristãs. O medo de uma sedução emanando do Outro era de algum modo recíproco. Abraão Saba, pregador em Guimarães durante a última década do século xv, advertia a sua audiência contra os encantos das jovens cristãs que, pavoneando-se às portas do gueto, «se põem de emboscada na mira de almas inocentes»([12]). Inversamente, as queixas das cortes de 1481 evocam uma imagem erotizada do homem judeu: «Vemos os judeus em cavalos e muares ricamente ajaezados, com lobas, capuzes finos e gibões de seda; trazem espadas douradas, toucas em rebuço, jaezes e guarnimentos de modo que é impossível serem conhecidos. Entram assim nas igrejas e escarnecem do Santo Sacramento e misturam-se com as cristãs em grave pecado contra a santa fé católica. Desta tão grande dissolução nascem ainda outros erros e culpas disformes e danosas ao corpo e à alma»([13]).

Este retrato espantoso do judeu medieval, feito galhardo sedutor, dá a impressão de que em Portugal as tensões entre as comunidades eram função da aproximação inquietante dos dois grupos, mais do que do seu antagonismo sócio-cultural. O postulado teológico da abjecção dos judeus manifesta-se, é certo, nos preconceitos difusos evocados na poesia da época, mesmo num clássico como Gil Vicente, onde o judeu é tratado por «cão», assassino de Cristo, obstinado na sua descrença, malevolente, sodomita, usureiro, cobarde, traidor... Mas o clero português não conseguiu transformar essa antipatia numa ideologia religiosa tão potente como no resto da Europa. Os escritos antijudaicos são raros e reproduzem fielmente modelos espanhóis; a lista das obras originais limita-se ao *Speculum Hebraeorum* (Espelho dos Judeus) de Frei João de Alcobaça, uma reacção à disputa de Barcelona de 1263; e ao *Adjutorium Fidei* (Auxiliar da Fé) de mestre António, médico real convertido em 1486, que se apresenta como uma imitação sofrivelmente edulcorada da polémica de um espanhol, o apóstata Jerónimo de Santa Fé. Encontram-se, é verdade, lendas sobre a profanação de hóstias misturadas com narrativas relativas à fundação de igrejas – assim é em Coimbra, Estremoz ou Santarém –, mas essas lendas, de propaganda típica, não parecem ter estado ligadas a perseguições. Quanto à acusação de assassínio ritual, está praticamente ausente de Portugal. De acordo com Salomão Ibn Verga, depois do sucesso fatal dos processos de Trento em Itália (1475) e La Guardia em Castela (1490), uma fraude semelhante teria sido tentada em Portugal, colocando-se numa casa judaica o cadáver de uma criança de mama. O golpe terá falhado graças à presença de espírito de uma mulher judia, que fingiu que a criança morta era dela. Depois desse incidente, D. Manuel I terá proibido os seus tribunais de receber qualquer acusação de assassínio ritual.

Antes da conversão forçada dos judeus em 1497, Portugal não conheceu o cenário medieval dos frades mendicantes galvanizando, com discursos inflamados, as multidões excitadas, partidas ao assalto dos guetos. Por vezes, as pregações da Semana Santa provocaram jactos de pedras contra as casas de judeus. As exacções físicas mais sérias foram relativamente raras; respondiam à cupidez e ao rancor social, mais do que à incitação religiosa. Uma primeira tentativa de assalto à Judiaria Grande de Lisboa produziu-se durante a guerra civil de 1383, mas fracassou. Um incidente mais grave deu-se em Dezembro de 1449. Vários jovens tinham sido condenados pela justiça a penas corporais, por terem maltratado judeus no mercado do peixe; o povo, querendo vingar-se, invadiu então a parte sul do gueto, pilhou casas e matou vários judeus. A repressão foi severa: os instigadores da sublevação foram publicamente açoitados, exilados ou executados. A acção imediata e enérgica do poder real, que tomou precauções sérias desde os primeiros sinais de tensão social, explica, sem dúvida, a raridade das violências. No reinado de D. Afonso V, as comunidades judaicas do Noroeste de Portugal denunciaram o risco de levantamentos provocados pelas pregações do apóstata mestre Paulo, que excitava as autoridades locais contra os judeus. O apóstata, chamado a Lisboa, foi ao que parece forçado a acabar com a agitação. No decurso dos Verões de 1484 e 1490, temiam-se levantamentos antijudaicos em Lisboa, mas a montagem de um dispositivo policial às portas do gueto bastou para manter a calma.

Tirando partido da noite, bandos constituídos por cristãos procuravam por vezes introduzir-se no gueto, para aí arrombar casas ou violar mulheres. Se a cidade da Guarda exige, em 1465, o encerramento do bairro durante a noite, não o faz evocando apenas a repressão dos «pecados» entre membros das duas comunidades, mas também «certos prejuízos infligidos aos judeus durante a noite, pois que os seus bairros não são fechados». Os muros forneciam uma barragem à violência. Facto revelador, os judeus do Porto embelezaram a sua prisão: as portas em ferro que encerravam o seu gueto eram, segundo uma descrição medieval, «altas, maciças, lavradas e enriquecidas com preciosos emblemas e alegorias hebraicas»[14].

A segregação era portanto vivida de forma ambivalente: por um lado, constituía uma humilhação; por outro, era garante de um espaço protegido, no qual se podiam desenvolver a vida comunitária autónoma e as manifestações de identidade cultural.

5. Autonomia jurídica e organização comunitária

De acordo com o sistema da personalidade dos direitos, os reis de Portugal, como os seus antecessores muçulmanos, reconheciam que a legislação particular dos judeus estava compreendida na Torá e no Talmud, e que lhes competia regularem entre si os seus assuntos internos. A coroa respeitava essa ordem autónoma e apoiava-se nas instituições comunitárias para levantar impostos.

O português medieval designa por um termo técnico, «comuna», tanto a comunidade local dos cristãos sob o domínio do Crescente, quanto a dos muçulmanos (ou judeus) sob a Cruz. O termo traduz a expressão árabe *al-jâme'a*, que designa as assembleias religiosas, mesquitas, igrejas ou sinagogas, e que sobreviveu igualmente no castelhano *aljama*, termo reservado às comunidades judaicas e mouriscas.

Em Portugal, a primeira comuna a receber direitos de autonomia foi, em 1170, a dos muçulmanos de Lisboa. Supôs-se que esses direitos valessem igualmente para a comuna dos judeus da cidade, mais numerosa, que apenas será privilegiada explicitamente um século mais tarde, sob o reinado de D. Afonso III. O mesmo estatuto será aplicado, durante os dois séculos seguintes, às numerosas comunidades fundadas na província.

Na sua organização, a comuna constitui uma síntese entre os antigos costumes judaicos de gestão comunitária e elementos derivados dos concelhos (municipalidades autónomas) de tradição portuguesa. Cada comunidade era administrada por três «vereadores» (conselheiros) e dois «procuradores» (síndicos), eleitos anualmente; em Lisboa, os vereadores eram em número de oito. A sua principal função era a repartição dos impostos e a manutenção da disciplina religiosa e moral, por sanções que compreendiam penas pecuniárias e corporais, a excomunhão temporária e a expulsão da cidade. Os magistrados eram assistidos por um corpo de representantes chamados «homens bons». Estas autoridades locais eram, de facto, controladas pelos judeus da corte. Respondendo às reivindicações de grupos menos afortunados, o conselho judaico de Lisboa teve de admitir, a partir de 1430, representantes de corpos de mesteirais (alfaiates, ferreiros, ourives).

Mesmo quando os contratos entre judeus fossem concluídos na presença de um magistrado cristão, as comunas tinham os seus próprios tabeliães. O uso do hebraico para os actos notariais foi proibido por D. João I, mas restabelecido por D. Afonso V. Os rabinos estavam autorizados a arbitrar os litígios no seio da comunidade. A sua competência estendia-se a qualquer queixa contra um judeu, mesmo que deposta por um cristão. A acusação de um judeu perante um tribunal cristão era proibida, pois o tribunal competente era sempre o da defesa. Prova do bom funcionamento da justiça judaica é o facto de certas ordenações reais proibirem cristãos de levarem os seus litígios internos aos tribunais rabínicos.

Desde D. Dinis, estas instâncias jurídicas estavam organizadas em forma hierárquica de três níveis. Cada comuna tinha o seu «arrabi menor» (sub-rabino), nomeado pelo rei, que julgava em primeira instância; mas os dois rabinos de Lisboa eram eleitos de três em três anos pela comunidade. Para além da possibilidade de se fazerem executar as decisões rabínicas por intermédio de bailios, existia, como no resto da diáspora judaica, o banimento (*herem* em hebraico), a saber, a exclusão graduada do contraventor da vida comunitária e social, até que o excomungado obtemperasse às ordenações dos dirigentes ou ao veredicto dos rabinos.

A segunda instância era representada por um tribunal regional que, presidido por um ouvidor, estava situado nas capitais de cada uma das sete comarcas do reino. De acordo com um documento datado de 1412, estes tribunais provinciais tinham sede no Porto, para a comarca de Entre-Douro-e-Minho, em Torre de Moncorvo, para Trás-os-Montes, em Viseu e na Covilhã, para as duas partes da Beira, em Santarém, para a Estremadura, em Évora, para o Alentejo, e em Faro, para o Algarve.

Sinagoga de Tomar.

A terceira instância era o arrabiado-mor, cujo titular assumia a dignidade e tinha, desde 1382, as insígnias de um funcionário real: o seu selo trazia as armas do reino e a inscrição «Scello do Arrabi-mor de Portugal». O seu cargo era definido por analogia com o de um corregidor (bailio) da corte; exercia a jurisdição civil e criminal na companhia de um ouvidor, tendo ao seu serviço um chanceler, um escrivão e um porteiro (oficial de diligências). O rabi-mor era obrigado a visitar as sete comarcas pelo menos uma vez por ano; julgava os recursos dos processos civis de instância superior, bem como as queixas dos particulares contra os rabinos e os dirigentes das suas comunas. Arbitrava igualmente as numerosas querelas entre comunidades a respeito da justa divisão do fardo fiscal.

Se a comuna designa o conjunto organizado dos judeus vivendo numa localidade determinada, a judiaria é o bairro judeu na sua realidade topográfica. Os dois termos eram (e são) frequentemente usados como sinónimos. Porém, a comuna de Lisboa compreendia três judiarias intramuros; e a do Porto incluía os bairros judaicos dos arrabaldes, ou mesmo os de uma vila próxima como Azurara.

A infra-estrutura dos bairros judaicos tinha por centro a sinagoga (*esnoga*, no português medieval) que servia não apenas de templo, mas também de lugar de assembleia, de sala de tribunal, de casa de estudo e sala de aula. Era aí que o rabino ou «doutor» julgava os processos e pregava, ao sábado, perante os fiéis reunidos. A Grande Sinagoga de Lisboa, construída em 1307, terá sido o edifício judaico mais impressionante do Portugal medieval. Transformada depois de 1497 na Igreja da Conceição, manteve-se até ao Terramoto de 1755. Era uma construção de três naves, erguida sobre duas filas de colunas. Os primeiros bancos, alugados pela elite da comunidade, eram forrados a seda. Em 1494, o viajante Jerónimo Münzer mostra-se bastante admirado com o monumento: «Na sinagoga há um pátio coberto por uma videira enorme, cujo tronco tem de circunferência quatro palmos. Que lindo é o recinto, com uma cátedra que há para pregar, como nas mesquitas! Dentro da sinagoga estavam acesos 10 grandes lampadários com 50 ou 60 lâmpadas cada um, não falando ainda de outras. As mulheres tinham uma sinagoga separada, na qual havia também muitas lâmpadas acesas»[15].

Foram encontradas inscrições votivas dessa sinagoga, bem como da de Monchique, subúrbio do Porto, da qual alguns elementos arquitectónicos, pertencendo à época charneira entre o românico e o gótico, são ainda visíveis nos muros do convento da Madre de Deus no Porto, que foi erguido em seu lugar. Actualmente não existe em Portugal senão uma sinagoga medieval claramente identificada e integralmente conservada: a de Tomar, que foi usada durante vários séculos como capela de um convento beneditino. Ela é notável pelas proporções quase quadráticas da sua sala (9,50x8,20x7 metros), pela tonalidade árabe que as quatro colunas esbeltas dão à arquitectura gótica, e pelos grandes jarros incrustados nas paredes a fim de melhorar a acústica. Em certas outras cidades que conservaram o antigo bairro judaico, os arqueólogos esforçaram-se por identificar o imóvel que terá servido de sinagoga, por meio de conjecturas mais ou menos arriscadas [16]. Quatro dessas sinagogas foram assinaladas graças à presença do elemento arquitectónico mais típico de uma sala de oração judaica: a arca esculpida na parede oriental. É designadamente o caso de um imóvel do bairro judaico de Castelo de Vide que, com a sua provável sala de oração no primeiro andar, se tornou museu.

A maior parte dos guetos comportava outros edifícios públicos: o açougue com o seu matadouro, o hospital, a escola e o banho, cuja construção era tão necessária tendo em vista as abluções rituais, quanto em resultado da proibição feita aos judeus de usarem os banhos municipais. Escavações feitas na vizinhança da sinagoga de Tomar revelaram restos de um banho aparentemente equipado com aquecimento. As leis de segregação emitidas desde D. João I obrigavam os judeus a ter as suas próprias estalagens, albergues e tabernas; as comunidades de Lisboa e Évora tinham igualmente, à semelhança das municipalidades medievais, casas de passe. D. João I deu aos judeus permissão de se alojarem num albergue cristão, se chegassem a uma cidade já à noite, depois do fecho do gueto; e autorizou-os igualmente a frequentar as tabernas cristãs, se a sua comunidade fosse demasiado pequena para manter uma.

A actividade de beneficência era, em grande parte, tarefa de confrarias que se ocupavam da assistência aos pobres, da dotação das órfãs e do resgate dos cativos. O seu capital, fruto de donativos, era aplicado em bens imobiliários no próprio gueto. A grande confraria de Lisboa, presidida pelo rabino Jacob Galite, não hesitou em empenhar todos os seus bens fundiários quando foi necessário resgatar os 250 judeus de Arzila que, entre os milhares de habitantes dessa cidade africana, conquistada em 1471, foram vendidos como escravos nos mercados portugueses.

Depois do édito de expulsão de 1496, o rabino José Ya'abets fará o elogio da piedade e beneficência exemplares dos judeus de Lisboa. Ora, para o escritor satírico que foi Salomão Alami, a sua solidariedade deixava muito a desejar. Os judeus ricos, escreveu ele, despendiam fortunas para levar uma vida de luxo, mas mostravam-se avaros, tratando-se de ajudar os seus irmãos necessitados; pior, tentavam obter isenções fiscais e desembaraçar-se do fardo das imposições, com elas carregando os menos afortunados. Entre os diferentes clãs dessa aristocracia judaica, havia incessantes rivalidades e querelas, que acabavam frequentemente nos tribunais. Alami vai ao ponto de elogiar os cristãos, louvando o seu esforço em favor do serviço divino, da educação religiosa dos seus filhos e da assistência social ([17]).

Apesar de evidentes exageros, Alami mostra bem que a família permanecia o principal vector de organização social. Pode explicar-se, pela mesma razão, o aparecimento de nomes de família entre os judeus ibéricos da Idade Média. Esse fenómeno onomástico só se propagará bem mais tarde no resto do mundo judaico. Os nomes próprios, transmitidos normalmente de avô a neto, exprimiam igualmente a continuidade da linhagem. Enquanto os homens usavam nomes próprios hebraicos, as mulheres traziam frequentemente nomes antigos ibero-romanos, como Amada, Benvinda ou Velida, significando «amada», Aviziboa ou Oraboa, significando «sorte», Solouro, por «ouro», ou ainda nomes árabes, como Jamila, «bela».

Como em todas as elites medievais, os casamentos eram arranjados segundo o nível social, os laços tradicionais, as políticas patrimoniais e as leis religiosas. Assinalemos, porém, que a educação religiosa das crianças não relevava apenas da responsabilidade dos pais; pelo contrário, as comunas mantinham com tal regularidade as escolas para crianças, que os reis portugueses podiam tomá-las por alvo de um imposto comunitário. Essas escolas terão gerado entre os judeus uma taxa excepcional de alfabetização; contudo, as comunas portuguesas parecem ter tido falta de instituições para o ensino rabínico superior. A de Lisboa possuía, além de uma escola para crianças na Rua do Poio, um *bet ha-midrash* (casa de estudo) na Rua do Poço da Fotea; as duas instituições apresentavam-se de maneira idêntica, ocupando a sala do primeiro andar nos prédios em que se localizavam. No reinado de D. Afonso V, Guedelha Palaçano legou um grande imóvel de dois andares, construído sobre uma superfície de mais de 200 metros quadrados, compreendendo doze divisões e dois pátios, frente à Grande Sinagoga. Na província, apenas em Évora se conhecem instituições semelhantes, onde existiam duas pequenas salas de estudo.

A proximidade dos centros espanhóis pode explicar a relativa fraqueza da infra-estrutura cultural. Jovens portugueses figuravam entre os discípulos do rabino Isaac Campanton, morto em 1463, que dirigiu, em Zamora, a *yeshiva* (academia talmúdica) mais importante da Península; antes de 1492, os portugueses eram particularmente numerosos na grande *yeshiva* de Toledo, como o atesta o seu chefe Isaac ben José Caro. Formados em Castela, os docentes judeus portugueses utilizavam provavelmente a língua e as tradições judeo--castelhanas consagradas quando traduziam o hebraico nas aulas: é essa uma das razões do trilinguismo que iria caracterizar a cultura religiosa dos judeus portugueses na época moderna.

6. A criação literária e artística

Entre os quatro melhores discípulos de Campanton, três morreram em Portugal: Isaac Aboab, o português José Hayyun e Simão Meimi, de Segóvia. Hayyun tornou-se rabino e pregador da comuna lisboeta antes de 1441, e era-o ainda em 1476. Um dito contemporâneo comparava a sua competência rabínica à dos *amoraím*, antigos autores do Talmud. Atribuía-se-lhe igualmente uma reputação de *ba'al ness*, quer dizer, de detentor de poderes sobrenaturais: a pedido do rei, Hayyun teria uma vez provocado chuva em tempo de seca.

Hayyun formou vários discípulos de renome, entre os quais o seu filho Moisés Hayyun, que lhe sucedeu no cargo. Este último, ao emigrar para Constantinopla, salvou muitos manuscritos da autoria do seu pai. Desses textos consagrados aos estudos bíblicos, talmúdicos, filológicos e éticos, subsistem cerca de novecentas páginas manuscritas, parcialmente acessíveis numa recente edição ([18]), que oferecem uma amostra da produção rabínica lisboeta.

O que distingue Hayyun e a maior parte dos outros sábios judeo-portugueses de quem se conserva o rasto é o alto grau de interpenetração dos saberes religioso e profanos. Assim, David ben Yomtov Ibn Bilia (cerca de 1320) consagra tratados eruditos à dogmática teológica, à moral, à lógica, à astrologia e às virtudes medicinais da pele de serpente. Este último escrito interessou tanto os cristãos que o fizeram traduzir para latim. Inversamente, um judeu português anónimo fez uma tradução hebraica da *Crónica Geral de Espanha* (cerca de 1400).

O autor mais célebre saído do judaísmo português medieval, Isaac Abravanel (1437-1508), singulariza-se igualmente pelo sincretismo entre a cultura rabínica e vastos conhecimentos científicos profanos, em particular históricos e políticos. Da sua obra, apenas dois opúsculos de juventude, consagrados respectivamente à doutrina da profecia e a questões da física, foram inteiramente redigidos em Lisboa. Mas nem por isso se pode ignorar que dois dos seus mais importantes trabalhos bíblicos estão intimamente ligados ao contexto português. No prefácio do seu comentário ao Deuteronómio, o autor afirma ter escrito uma primeira versão em Lisboa, cerca de 1475, cujo manuscrito se teria perdido aquando do saque da sua casa. Reencontrou em 1495, na ilha de Corfu, nas mãos de um outro exilado português, uma cópia dessa obra de juventude, sobre a qual voltou a trabalhar, para terminar a nova versão em 4 de Fevereiro de 1496. Além disso, durante o Inverno de 1483-1484, imediatamen-

בְּרֵאשִׁית בָּרָא אֱלֹהִים אֵת הַשָּׁמַיִם וְאֵת הָאָרֶץ: וְהָאָרֶץ הָיְתָה תֹהוּ וָבֹהוּ וְחֹשֶׁךְ עַל פְּנֵי תְהוֹם וְרוּחַ אֱלֹהִים מְרַחֶפֶת עַל פְּנֵי הַמָּיִם: וַיֹּאמֶר אֱלֹהִים יְהִי אוֹר וַיְהִי אוֹר: וַיַּרְא אֱלֹהִים אֶת הָאוֹר כִּי טוֹב וַיַּבְדֵּל אֱלֹהִים בֵּין הָאוֹר וּבֵין הַחֹשֶׁךְ: וַיִּקְרָא אֱלֹהִים לָאוֹר יוֹם וְלַחֹשֶׁךְ קָרָא לָיְלָה וַיְהִי עֶרֶב וַיְהִי בֹקֶר יוֹם אֶחָד:

וַיֹּאמֶר אֱלֹהִים יְהִי רָקִיעַ בְּתוֹךְ הַמָּיִם וִיהִי מַבְדִּיל בֵּין מַיִם לָמָיִם: וַיַּעַשׂ אֱלֹהִים אֶת הָרָקִיעַ וַיַּבְדֵּל בֵּין הַמַּיִם אֲשֶׁר מִתַּחַת לָרָקִיעַ וּבֵין הַמַּיִם אֲשֶׁר מֵעַל לָרָקִיעַ וַיְהִי כֵן: וַיִּקְרָא אֱלֹהִים לָרָקִיעַ שָׁמָיִם וַיְהִי עֶרֶב וַיְהִי בֹקֶר יוֹם שֵׁנִי:

וַיֹּאמֶר אֱלֹהִים יִקָּווּ הַמַּיִם מִתַּחַת הַשָּׁמַיִם אֶל מָקוֹם אֶחָד וְתֵרָאֶה הַיַּבָּשָׁה וַיְהִי כֵן: וַיִּקְרָא אֱלֹהִים לַיַּבָּשָׁה אֶרֶץ וּלְמִקְוֵה הַמַּיִם קָרָא יַמִּים וַיַּרְא אֱלֹהִים כִּי טוֹב: וַיֹּאמֶר אֱלֹהִים תַּדְשֵׁא הָאָרֶץ דֶּשֶׁא עֵשֶׂב מַזְרִיעַ זֶרַע עֵץ פְּרִי עֹשֶׂה פְּרִי לְמִינוֹ אֲשֶׁר זַרְעוֹ בוֹ עַל הָאָרֶץ וַיְהִי כֵן: וַתּוֹצֵא הָאָרֶץ דֶּשֶׁא עֵשֶׂב מַזְרִיעַ זֶרַע לְמִינֵהוּ וְעֵץ עֹשֶׂה פְּרִי אֲשֶׁר זַרְעוֹ בוֹ לְמִינֵהוּ וַיַּרְא אֱלֹהִים כִּי טוֹב: וַיְהִי עֶרֶב וַיְהִי בֹקֶר יוֹם שְׁלִישִׁי:

וַיֹּאמֶר אֱלֹהִים יְהִי מְאֹרֹת בִּרְקִיעַ הַשָּׁמַיִם לְהַבְדִּיל בֵּין הַיּוֹם וּבֵין הַלָּיְלָה וְהָיוּ לְאֹתֹת וּלְמוֹעֲדִים וּלְיָמִים וְשָׁנִים: וְהָיוּ לִמְאוֹרֹת בִּרְקִיעַ הַשָּׁמַיִם לְהָאִיר עַל הָאָרֶץ וַיְהִי כֵן: וַיַּעַשׂ אֱלֹהִים אֶת שְׁנֵי הַמְּאֹרֹת הַגְּדֹלִים אֶת הַמָּאוֹר הַגָּדֹל לְמֶמְשֶׁלֶת הַיּוֹם וְאֶת הַמָּאוֹר הַקָּטֹן לְמֶמְשֶׁלֶת הַלַּיְלָה וְאֵת הַכּוֹכָבִים: וַיִּתֵּן אֹתָם אֱלֹהִים בִּרְקִיעַ הַשָּׁמָיִם לְהָאִיר עַל הָאָרֶץ: וְלִמְשֹׁל בַּיּוֹם וּבַלַּיְלָה וּלְהַבְדִּיל בֵּין הָאוֹר וּבֵין הַחֹשֶׁךְ וַיַּרְא אֱלֹהִים כִּי טוֹב: וַיְהִי עֶרֶב וַיְהִי בֹקֶר יוֹם רְבִיעִי:

וַיֹּאמֶר אֱלֹהִים יִשְׁרְצוּ הַמַּיִם שֶׁרֶץ נֶפֶשׁ חַיָּה וְעוֹף יְעוֹפֵף עַל הָאָרֶץ עַל פְּנֵי רְקִיעַ הַשָּׁמָיִם: וַיִּבְרָא אֱלֹהִים אֶת הַתַּנִּינִם הַגְּדֹלִים וְאֵת כָּל נֶפֶשׁ הַחַיָּה הָרֹמֶשֶׂת אֲשֶׁר שָׁרְצוּ הַמַּיִם לְמִינֵהֶם וְאֵת כָּל עוֹף כָּנָף לְמִינֵהוּ וַיַּרְא אֱלֹהִים כִּי טוֹב: וַיְבָרֶךְ אֹתָם אֱלֹהִים לֵאמֹר פְּרוּ וּרְבוּ וּמִלְאוּ אֶת הַמַּיִם בַּיַּמִּים וְהָעוֹף יִרֶב בָּאָרֶץ: וַיְהִי עֶרֶב וַיְהִי בֹקֶר יוֹם הַמִישִׁי:

וַיֹּאמֶר אֱלֹהִים תּוֹצֵא הָאָרֶץ נֶפֶשׁ חַיָּה לְמִינָהּ בְּהֵמָה וָרֶמֶשׂ וְחַיְתוֹ אֶרֶץ לְמִינָהּ וַיְהִי כֵן: וַיַּעַשׂ אֱלֹהִים אֶת חַיַּת הָאָרֶץ לְמִינָהּ וְאֶת הַבְּהֵמָה לְמִינָהּ וְאֵת כָּל רֶמֶשׂ הָאֲדָמָה לְמִינֵהוּ וַיַּרְא אֱלֹהִים כִּי טוֹב: וַיֹּאמֶר אֱלֹהִים נַעֲשֶׂה אָדָם בְּצַלְמֵנוּ כִּדְמוּתֵנוּ וְיִרְדּוּ בִדְגַת הַיָּם

O «Pentatêuco de Faro», primeiro livro impresso em Portugal (1487).
British Library.

te depois da sua fuga para Castela, Abravanel, desejando agradecer a Deus por o ter salvado, escreveu um comentário sobre os livros bíblicos de Josué, Juízes e Samuel. Escolheu na história israelita exemplos para ilustrar questões fundamentais do poder e do governo, inspirando-se em observações, experiências, leituras e reflexões que fizera em abundância, no decurso da sua actividade política em Portugal. Primeiro autor judeu a subscrever as ideias de Aristóteles sobre o governo colectivo, Abravanel consagra alguns capítulos dos seus comentários ao Deuteronómio e Samuel a uma crítica do regime monárquico. Muito original para a sua época, a sua obra está profundamente marcada pela sua indignação a respeito da repressão exercida por D. João II contra o partido do duque de Bragança.

O número importante de comentadores bíblicos, que os refugiados de Espanha vão ainda aumentar, pode fazer pensar que o direito rabínico teve em Portugal uma posição menos forte ou, em todo o caso, menos exclusiva que noutros lugares do judaísmo medieval. Um provérbio judaico referido pelo emigrado Immanuel Aboab, no início do século XVII, exprime essa ideia: «A lei em Castela, a poesia e a caligrafia em Portugal»([19]). Não se poderia encontrar expressão mais feliz. No exercício da sua jurisdição, os rabinos lusitanos tiveram de emitir um grande número de sentenças e de pareceres jurídicos, mas nenhum está referido nas recolhas conservadas, o que nos priva de uma fonte importante de informações sobre a vida comunitária judaica.

Em contrapartida, conhecemos obras poéticas. Judá ben David Ibn Yahya, filho do rendeiro de D. Fernando I refugiado em Toledo, voltou no momento dos massacres castelhanos de 1391 e compôs elegias hebraicas sobre a destruição das comunidades judaicas do país vizinho. Trata-se muito provavelmente do mesmo autor que conhecemos sob o nome de Judá Negro, astrólogo e, segundo um cronista medieval, «grande trovador» em língua portuguesa, que exerceu a sua arte na corte da famosa rainha e mecenas de origem britânica, Filipa de Lencastre, morta em 1415. Parece, portanto, que se deve fazer remontar ao início do século XV a dupla cultura literária que constituirá o traço mais notável da civilização dos judeus portugueses. Apreendêmo-la no quadro vivo que Salomão Alami esboçou do público durante um serviço na sinagoga: o povo cavaqueia e graceja, os espíritos ilustres passam entre si livros profanos que trouxeram das suas bibliotecas, e o próprio chantre «interrompe os hinos sagrados, intercalando canções de amor, sensuais e zombeteiras, à maneira dos cristãos e muçulmanos, na esperança de atrair assim a simpatia dos espíritos infantis e dos jovens gaiatos»[20].

Ainda que o diga Alami, os judeus não macaqueavam forçosamente os cristãos quando cantavam em português: cultivavam provavelmente a seu modo a arte do divertimento. Facto significativo, uma lei real teve de proibir os cristãos de convidarem cantores, dançarinos e actores judeus para os seus casamentos e romarias [21]. David ben José Negro, de que se conservam as poesias hebraicas de teor sagrado, e outros judeus participavam também nas trocas cortesãs de poesias galantes. Algumas das suas obras foram reunidas nos cancioneiros da época: os poetas judeus, identificáveis como tal pelo nome, não professam aí nenhum outro culto, senão o da poesia e do amor; não especificam também a sua pertença religiosa às damas bem-amadas. A recordação desses cenáculos influenciou certamente os *Dialoghi d'amore* (Diálogos de amor), célebre tratado do amor divino e humano do médico Judá Abravanel (c. 1460-1534), filho do grande exegeta. O autor, conhecido entre o público cristão como Leão Hebreu, deixara Lisboa aos vinte anos; frequentou depois os meios cortesãos de Toledo e Nápoles, onde escreveu em 1502 o seu diálogo, tido por uma das obras-primas do platonismo da Renascença.

O refinamento estético dos judeus lusitanos transparece também em vários manuscritos hebraicos, sendo o mais antigo datado de Lisboa, 1278. Trata-se de cópias de textos bíblicos ou talmúdicos, datando na sua maior parte dos séculos XIV e XV, que se conhecem integralmente ou em forma fragmentária, tendo certos deles sido encontrados dentro de encadernações de livros cristãos. Um rolo da Torá escrito em 1410, em Lisboa, está conservado na Biblioteca de Berna. A essa actividade juntava-se a da iluminura, arte à qual Abraão ben Judá Ibn Hayim consagrou, no século XIII, um tratado português, intitulado *Livro de como se fazem as cores*. Existem ainda treze manuscritos esplendidamente caligrafados e iluminados, produzidos numa casa de copistas em Lisboa, entre 1469 e 1496. As encomendas procediam da elite judeo-portuguesa. Encontramos aí, nomeadamente, membros da família Ibn Yahya. É particularmente admirada a *Bíblia de Lisboa*, conservada na British Library, datada de 1482, em três volumes iluminados por Samuel ben Samuel Ibn Musa. Essa obra foi paga pelo mecenas e negociante lisboeta José Haquim. É preciso também mencionar a *Bíblia Kennicott* de 1486, um dos manuscritos iluminados mais ricos existentes em hebraico, conservada na Bodleian Library de Oxford. O escriba trabalhava na Galiza, em La Coruña, mas a encomenda era de um português, um certo Isaac, filho de D. Salomão de Braga.

Alguns meses depois dessa realização, a caligrafia seria rendida pela arte tipográfica. Os judeus portugueses utilizaram essa invenção antes dos seus compatriotas cristãos, o que é revelador do seu nível cultural e técnico. Metade dos 24 incunábulos impressos em Portugal é em língua hebraica. O «Pentatêuco de Faro», impresso em Junho de 1487 por Samuel Gacon na capital do Algarve, é o primeiro livro impresso em Portugal. Em Lisboa, Eliezer Toledano estabeleceu uma imprensa em Julho de 1489. Era assistido por toda uma equipa de ti-pógrafos, correctores e aprendizes, que produziu livros hebraicos pelo menos até 1492. Toledano trabalhava com material de imprensa que tinha sido utilizado em Híjar, em Aragão, por Eliezer Alantansi de Múrcia. Tem-se conjeturado (com pouca razão, ao que parece) que estes dois impressores sejam o mesmo indivíduo.

Quando as imprensas de Faro e Lisboa já tinham cessado a produção, dois outros imigrados espanhóis, Samuel e Abraão d'Orta, produziram em Leiria três obras, entre Julho de 1492 e Fevereiro de 1496, sendo a última o *Alamanach perpetuum* de Abraão Zacu-to, recensão latina de uma obra composta em hebraico, em 1478. A publicação dessa obra profana constitui, aliás, uma excepção, pois, a exemplo das oficinas cristãs, as oficinas judaicas produziam es-sencialmente textos religiosos clássicos, os únicos que permitiam rentabilizar o laborioso processo de impressão. Ainda que não te-nha durado mais que um década, a actividade tipográfica dos judeus

Sefer Abudarham impresso por Eliezer Toledano em Lisboa, em 1489.

portugueses influenciou profundamente a história do livro judaico, pois, por um lado, as suas produções eram destinadas, em parte, à exportação e, por outro, os tipógrafos formados na oficina lisboeta iriam fundar as suas próprias imprensas hebraicas em Constantinopla, Salonica e Fez, introduzindo assim a arte de Gutenberg em terras do Islão.

Os poemas elogiosos que acompanham estas obras impressas mostram que os judeus do último quartel do século xv tinham orgulho de pertencer à comunidade portuguesa e, em particular, à de Lisboa. Em 1486, depois de emigrar para Nápoles, o médico, gramático e poeta Moisés ben Shemtov Ibn Habib dizia-se «nativo de Lisboa, essa comunidade esplêndida, pedra angular de toda a diáspora. É eminente na ciência divina e profana, tal como em boas obras. A nobre linhagem, a prosperidade e a honra são as armas que a defendem»[22]. A glorificação de Lisboa na literatura hebraica do tempo prefigura, para a diáspora judaica, o mito da cidade marítima generosa e tolerante, mito que iria encarnar, mais tarde, Veneza, Amesterdão ou Nova Iorque.

C. A religião judaica condenada à morte (1492-1497)

1. A imigração dos judeus espanhóis

A política de unificação e repressão religiosa levada a cabo em Espanha pelos Reis Católicos provocou, como nas gerações precedentes, uma migração considerável para o reino ocidental. Quando a Inquisição espanhola começou assim a sua acção em 1480, numerosos conversos, descendentes de judeus baptizados à força, aquando dos massacres de 1391 [23], tentaram refugiar-se em Portugal, a quem se juntaram judeus que tinham sido expulsos da Andaluzia, por um édito de 1483.

Pressionados pelo descontentamento popular, os poderes municipais portugueses lançaram-se a investigar a heresia que se atribuía a estes espanhóis, e mesmo a expulsá-los em bloco. A 3 de Abril de 1487 os Reis Católicos obtêm do papa Inocêncio VIII a bula *Pessimum genus*, que obrigava todos os monarcas cristãos a entregar aos agentes do inquisidor Torquemada os judaizantes espanhóis refugiados nas suas terras e a tomar medidas para impedir a sua fuga eventual para os países do Islão. Temendo que a Inquisição espanhola se tornasse activa no seu território, D. João II declarou as expulsões ilegais e criou ele próprio, a 8 de Abril de 1487, um corpo de inquisidores episcopais encarregados da repressão da heresia. Foram aplicadas várias penas de morte a judaizantes castelhanos, ao mesmo tempo que se aplicavam multas aos judeus portugueses que, como o rabino da confraria de Lisboa, não os houvessem denunciado aos inquisidores. O rei proibiu, em Outubro de 1488, a entrada de outros conversos e decretou, em 1494, a expulsão de todos aqueles que se encontrassem ainda em Portugal. Essa medida não foi realmente executada e a imigração dos conversos voltou a ser legalizada em 1505 e 1515. Certas histórias familiares, como por exemplo a dos Baeça, fabricantes de seda de Granada instalados no Porto, mostram que muitos desses refugidos se fundiram depois na população neo-cristã autóctone.

A 31 de Março de 1492, em Granada, os Reis Católicos assinaram o édito de expulsão geral dos judeus espanhóis, que lhes fixava a data de 31 de Julho como limite para partirem. Em busca de um refúgio, as aljamas castelhanas enviaram a Lisboa a sua autoridade rabínica superior, Isaac Aboab (1433-1493), já mencionado, antigo reitor da *yeshiva* de Guadalajara, à frente de um grupo de trinta deputados. D. João II, que viu aí uma fonte possível de financiamento da sua campanha marroquina, deu bom acolhimento à delegação judaica e declarou-se disposto a receber um grande número de refugiados contra o pagamento de taxas. Porém, os membros do seu conselho, reunidos em Sintra, estavam longe de partilhar o seu parecer, e os notáveis judeus portugueses, contra a opinião do velho José Ibn Yahya, pensavam igualmente que «este reino é demasiado estreito e pequeno para acolher tanta gente pobre».

Foi, pois, decretado que se dividiriam os refugiados em três classes:

1. Uma elite de seiscentas famílias ricas, capazes de pagar somas consideráveis por um acolhimento definitivo numa das cidades portuguesas;
2. Os artesãos metalúrgicos, úteis para a indústria de armamento, que foram aceites no país contra o pagamento de quatro cruzados por pessoa;
3. A massa dos pobres, aos quais se fazia pagar oito cruzados por pessoa por uma autorização de estadia que não devia exceder os oito meses: quem ficasse mais tempo seria reduzido à escravatura.

Foi em tais condições que a maioria dos judeus expulsos de Espanha entrou em Portugal. O cronista judeu Abraão Zacuto fixa o seu número em 120 mil pessoas, cifra que parece exagerada, ainda que concorde muito bem com as 20 mil famílias mencionadas na crónica portuguesa de Damião de Góis. O espanhol Andrés Bernáldez fala em mais de 93 mil pessoas. Dois terços teriam passado, ou da Estremadura para o Alentejo, pelos postos fronteiriços de Elvas e Marvão, ou para a Beira, por Vilar Formoso, e o outro terço, de Leão para Trás-os-Montes, por Miranda do Douro e Bragança ([24]).

Os historiadores ibéricos contemporâneos têm tendência a dar números inferiores, em torno dos 50 mil. Segundo a estimativa extrema de Maria Pimenta Ferro Tavares, a partir da taxa de entrada recebida pelas autoridades portuguesas, o número de refugiados judeo-espanhóis acolhidos em Portugal teria sido da ordem dos 30 mil.

O representante político desses refugiados, D. Samuel Nayas, instalou-se em Lisboa, tal como o chefe da *yeshiva* de Toledo, Isaac Caro. Este último é tio do célebre codificador de direito rabínico, Yosef Caro. Parece ter prosseguido em Portugal o seu ensino talmúdico e redigido uma parte do seu comentário ao Pentatêuco, *Toledot Yits'hak* (História de Isaac). O sevilhano Salomão Ibn Verga, autor da crónica *Shevet Yehuda* (Vara de Judá), evoca uma atmosfera lisboeta ainda aberta ao intercâmbio intelectual entre representantes das elites judaica e cristã. Trazidas de toda a Espanha, as preciosas bibliotecas dos exilados foram depostas no *bet ha-midrash* dos Palaçano em Lisboa; o valor dessa colecção teria atingido os cem mil cruzados. No Porto, a municipalidade atribuiu ao gueto trinta novas casas para imigrantes afortunados; uma sinagoga foi aí fundada, numa das casas pertencentes à família Franco. Foi no Porto que morreu Isaac Aboab, sete meses após a sua chegada. O bairro judeu de Guimarães acolheu o rabino Abraão Saba, de Zamora, conhecido pelas suas pregações na sinagoga, de que o comentário bíblico *Tsror ha-Mor* (Feixe de Mirra) pode dar uma ideia.

Os judeus pobres foram acolhidos em acampamentos estabelecidos em Castelo de Vide, em Vila Flor e em diferentes lugares de Trás-os-Montes. Eram protegidos por soldados reais contra os assaltos da multidão. Segundo Zacuto, uma epidemia de peste dizimou a maior parte dos refugiados. Os sobreviventes permaneceram quase sempre nas regiões fronteiriças, o que leva a relativizar a dimensão territorial do movimento migratório provocado pela expulsão dos judeus de Espanha. Por exemplo, os pais do botânico Garcia de Orta eram nativos de Valencia de Alcántara e de Albuquerque, situando-se respectivamente a 30 e 60 quilómetros do seu lugar de exílio, Castelo de Vide. Os judeus da Estremadura talvez tenham tido dificuldade em aprender uma nova língua, mas permaneceram numa região quase idêntica àquela onde haviam vivido os seus ancestrais desde a época romana. É provável que a maior parte dos seus descendentes tenha permanecido nessa região até hoje.

D. João II impôs como condição para os acolher, que os judeus espanhóis com menos posses deixassem o território português durante o Inverno de 1492-1493. Parece, porém, ter desenvolvido esforços para os impedir de embarcar ou, pelo menos, de levarem consigo os seus bens a bordo dos navios. O rei procurou manifestamente tirar partido da situação desesperada em que se encontravam os refugiados, por interesse e simultaneamente para incitar conversões ao cristianismo. Em 19 de Outubro de 1492, prometeu amplas isenções fiscais e outras vantagens aos judeus que se convertessem. Essas disposições legais terão conhecido algum sucesso, uma vez que os Reis Católicos prometeram, em 10 de Novembro do mesmo ano, privilégios análogos aos judeus que regressassem baptizados.

Os judeus que tivessem conseguido encontrar uma embarcação, apesar das tormentas do Inverno e outros obstáculos, não tinham chegado ao fim das penas. Fontes judaicas e cristãs concordam em descrever o seu êxodo em cores abomináveis. Achando os portos de destino fechados por causa da peste, os barcos erravam no mar meses a fio e os marinheiros, com toda a impunidade, cometiam pilhagens e violações. Expunham os seus passageiros, despojados até das vestes, em praias desertas no Norte de África, onde os mouros os reduziam ao cativeiro. O navio no qual viajava o rabino Judá ben Jacob Ibn Hayyat, partido de Lisboa com 250 judeus, foi retido em Málaga, onde as autoridades municipais e eclesiásticas reduziram à fome os passageiros para obter a sua conversão.

Aqueles de entre os judeus espanhóis que, por impedimentos, indigência ou medo ficaram retidos em Portugal tornaram-se «cativos do rei» no final do mês de Março de 1493. Os seus correligionários esforçaram-se por resgatá-los, mas acabou por ser o rei D. Manuel I quem, pela soma de 16 mil cruzados, consentiu em devolver-lhes a liberdade antes do final de 1495. Entretanto, durante dois anos e meio, uma grande parte dos judeus vivendo em Portugal foi baixada à servidão e colocada nas casas da aristocracia. Essa degradação não terá talvez implicado a perda total da sua personalidade jurídica, mas fez perder aos pais o direito sobre os filhos com menos de oito anos, que lhes foram arrancados por ordem real e baptizados. Foi o que aconteceu ao filho do médico e filósofo Judá Abravanel que, de Itália, escreveu, em lembrança desse filho, uma elegia hebraica, *Lamentação contra o tempo*. D. João II havia dado essas crianças escravas de presente ao capitão Álvaro de Caminha, senhor da ilha africana de São Tomé. Aquando da sua segunda viagem em Outubro de 1493, Cristóvão Colombo cruzou-se no mar com os navios em que se encontravam deportados esses jovens, que deviam povoar a colónia. As fontes judaicas afirmam que a maioria dessas crianças sucumbiu: umas no decurso do trajecto, outras por causa do clima da ilha tropical. Porém, o cronista Valentim Fernandes relata o que lhe contou um marinheiro que encontrou em 1506, que afirmava que, das duas mil crianças deportadas, seiscentas estavam ainda vivas. Sabemos, além disso, que Caminha lhes deu, em testamento de 1499, herdades, gado e escravos negros trazidos do continente africano, tendo assim, com pouca despesa, conseguido estabelecer a primeira economia açucareira dos Trópicos.

A propósito das judias casadas na colónia, Fernandes acrescenta que «poucas dellas parẽ dos homẽs aluos, muyto mais parẽm as aluas dos negros e as negras dos homẽs aluos»([25]). A crer na afirmação do holandês Gaspar Barlaeus, no século XVII a maior parte dos insulares era ainda saída dessa política de povoamento. Essa intenção de mestiçagem, que acompanhou a expansão portuguesa desde o seu início, iria de algum modo reflectir-se nas medidas que a coroa impôs, na metrópole, à minoria judaica.

2. Da expulsão à conversão forçada

A atitude da coroa portuguesa face aos «seus» judeus sofreu uma inversão radical entre a morte de D. Afonso V, em 1481, e o édito de expulsão de 1496. A historiografia do século XIX atribuiu geralmente essa reorientação da política real às intrigas e tergiversações do seu principal actor, D. Manuel I (1469-1521), ao passo que os investigadores recentes sublinham antes a influência de uma mutação político-religiosa de mais longa duração. Os documentos recentemente descobertos confortam a tese tradicional: excepção feita a certos rumores circulando em 1494, a expulsão dos judeus não parece ter sido ponderada, e muito menos preparada, nem sob o reinado de D. João II, nem mesmo durante toda a primeira fase do reinado de D. Manuel.

Esse reinado havia mesmo começado em 1495 por uma estabilização da situação jurídica dos judeus. Já mencionámos a libertação dos escravos judeus. É ainda sob o reinado de D. Manuel que um judeu exilado de Salamanca, o matemático Abraão ben Samuel Zacuto (c. 1450-1513) se torna (ou volta a ser) astrónomo real, posto de uma importância extraordinária nesse momento chave da expansão marítima portuguesa. Em Espanha, Zacuto tinha composto o seu célebre calendário astronómico perpétuo, que prestou bons serviços a Cristóvão Colombo. Inicialmente redigida em hebraico, a obra foi traduzida para latim e espanhol pelo mestre José Vizinho, médico judeu e cosmógrafo de D. Manuel, e impressa em Leiria em 1496, com o título de *Almanach perpetuum celestium motuum*; no mesmo ano, foi editada em latim, em Veneza. Um dos cronistas da Índia portuguesa, Gaspar Correia, viria a afirmar sem hesitações que «todo foy principiado por o dito Judeu, chamado Çacuto», ao qual D. Manuel confiou a preparação científica da viagem pioneira de Vasco da Gama. A crer em Correia, Zacuto dotou a expedição de uma versão aperfeiçoada do astrolábio, compôs tabelas astronómicas, desenhou grandes mapas multicolores e explicou-as aos marinheiros. Pouco antes de içar as velas, em Julho de 1497, Vasco da Gama retomou o aconselhamento com o ilustre astrónomo ([26]).

As renovações de privilégios às comunas são normalmente consignadas nos arquivos reais até ao mês de Abril de 1496, data a partir da qual se rarefazem subitamente as fontes que a elas respeitam. Um testemunho comovente da confiança que os judeus depositavam ainda nessa época na estabilidade da sua situação é a inscrição na pedra votiva de uma sinagoga, gravada em Gouveia, em 1496, e reencontrada em 1967. Os construtores, sem dúvida expulsos de Espanha, citam o versículo esperançoso de Ageu 2, 9, que se encontra frequentemente nas sinagogas reconstruídas: «A glória desta última casa será maior do que a primeira, diz o Eterno dos Exércitos» (o texto bíblico original continua assim: «e trarei paz a este lugar»).

Pode concluir-se que o rei D. Manuel não ponderou a expulsão dos judeus, senão a partir das negociações preparatórias do seu casamento com a infanta Isabel de Aragão e Castela. A união com a herdeira dos Reis Católicos trazia-lhe a promessa de atingir um fim ao qual o seu tio, D. Afonso V, aspirara apaixonadamente: reinar de Lisboa sobre toda a Península. A expulsão de todos os infiéis do Reino de Portugal figurava entre as condições do contrato. Viuva inicialmente oposta a qualquer novo casamento, extremamente devota, a infanta cuidou que essa cláusula fosse inscrita, recusando-se a pôr os pés num país onde houvesse judeus.

O contrato de casamento foi assinado em 30 de Novembro de 1496. Foi imediatamente seguido do decreto de expulsão dos judeus e dos muçulmanos, promulgado a 5 de Dezembro, em Muge, perto de Santarém, onde a corte estava instalada por causa da peste. O texto do decreto real é omisso relativamente à chantagem espanhola, e os seus autores quase se não dão ao esforço de inventar um pretexto. Enquanto o édito espanhol de 1492 começa por uma exposição circunstanciada das causas históricas consideradas justificativas da expulsão (no caso vertente, a influência judaica sobre os neófitos), o texto português limita-se a uns poucos rudimentos de teologia anti-judaica muito sumária: evoca os «grandes males, e blasfemias», que os judeus, «filhos da maldiçam», cometeriam desde sempre contra a fé cristã, mau exemplo para muitos cristãos, e, por fim, «outras mui grandes e necessarias razoes», que os autores não expõem ([27]).

O rei parece ter estado perfeitamente consciente do prejuízo que a partida dos judeus causaria ao tesouro real: não apenas perderia uma importante fonte de rendimentos, via imposto, mas teria ainda de indemnizar os senhores que até aí recebiam tributos pagos pelos judeus. Os membros do conselho real não deixaram de lho recordar. Sublinhavam que a partida dos judeus beneficiaria os reinos muçulmanos, que doravante tirariam partido do seu espírito empreendedor, bem como do seu saber científico e artesanal. Parece que, já no momento de promulgar o decreto ou poucos dias depois, o rei havia decidido forçar os judeus ao baptismo. D. Manuel acreditava dispor de meios para tornar o seu reino uniformemente católico em seis meses. O decreto de expulsão de 5 de Dezembro de 1496 fixava como data limite para a partida dos judeus o dia 31 de Outubro do ano seguinte. Ora, desde 8 de Dezembro de 1496, os dois reinos acordaram em que a infanta Isabel entraria em Portugal antes do fim do mês de Maio de 1497.

Abraão Ardutiel e outros cronistas judaicos afirmam que a ideia de uma conversão forçada tinha sido soprada aos ouvidos do rei por uma personagem que cumulam de maldições: Levi ben Shemtov, um pregador de Saragoça, recentemente baptizado em Portugal, que ganhara a confiança do monarca. Descendente de uma ilustre linhagem de sábios, adepto da filosofia profana, aliou-se ao projecto de exterminar a sua antiga religião. Sugeriu ao rei um processo em três tempos: os judeus deveriam, primeiro, ser privados dos seus edifícios e objectos de culto; depois, era preciso tirar-lhes os filhos; e, por fim, eliminar a sua elite religiosa.

A partir de 5 de Dezembro de 1496 o rei D. Manuel proibiu as orações públicas e confiscou as sinagogas, as casas de estudo e o seu mobiliário, tal como outros bens pertencentes às comunas. Segundo o testemunho do rabino Abraão Saba, os judeus não foram apenas chamados a depositar nas mãos de oficiais reais os livros que lhes pertenciam em comum, mas também os que possuíam a título privado. Afirma ter ele próprio viajado de Guimarães ao Porto para aí entregar os seus. As bibliotecas foram depostas nas sinagogas confiscadas. Em 1523, Elias Capsali escrevia que aí tinham permanecido fechadas à chave, «até hoje».

Talvez se enganasse neste ponto. De acordo com documentos portugueses, o rei D. Manuel deu imediatamente certos bens imobiliários a membros da nobreza e do clero. A sinagoga de Évora, por exemplo, foi dada, a partir de 15 de Março de 1497, ao bispo de Tânger. A Grande Sinagoga de Lisboa, que se tornaria igreja Nossa Senhora da Conceição, foi parar em 1505 às mãos da Ordem de Cristo, em troca do terreno onde o rei D. Manuel viria a construir o mosteiro dos Jerónimos. Os cemitérios judaicos foram transformados em pastos, as lajes extraídas e usadas na construção. As de Lisboa foram engolidas pelo grande estaleiro do Hospital de Todos-os-Santos. Quanto aos tesouros bibliográficos do judaísmo sefardita, um documento português de 1506 indica que o rei D. Manuel encheu com eles caravelas, para os vender ao desbarato na Índia.

O decreto de 5 de Dezembro de 1496 regulamentava a partida dos judeus que não quisessem converter-se. Lisboa, Porto e Setúbal foram escolhidos como locais de saída do território. Porém, desde 31 de Dezembro que se tornou evidente que o rei multiplicava obstáculos para impedir os judeus de partirem. No segredo do Conselho de Estado, o projecto de uma conversão forçada suscitou uma firme oposição, designadamente por parte do bispo de Lamego, Fernando Coutinho, membro do Conselho, que fez valer que uma tal medida era contrária ao direito canónico e infringia várias bulas papais. Porém, D. Manuel decidiu pôr em execução o seu projecto. Em Fevereiro de 1497, encontrando-se em Estremoz, preveniu secretamente os bailios de todas as cidades de Portugal onde residissem judeus que, aquando da Páscoa judaica, em 19 de Março de 1497, todas as crianças com menos de 14 anos seriam retiradas à força aos seus pais, depois baptizadas e entregues a famílias cristãs, que se encarregariam da sua reeducação religiosa.

Testemunha ocular, o bispo Coutinho fala das «crueldades indescritíveis» que acompanharam o rapto. As crianças eram arrancadas à chicotada dos braços das mães e escoltadas, ou antes, arrastadas até às igrejas locais pela multidão. Todos os cronistas dão conta de pais judeus que, face ao inevitável, matavam os seus filhos e se suicidavam a seguir. O horror era tal que houve mesmo cristãos que, por compaixão, esconderam crianças judias para as furtar ao baptismo. Um manuscrito de Barcelos dá a lista das crianças raptadas nessa cidade: certos pais, entre os quais o rabino da comunidade, fizeram-se baptizar para recuperar os seus, mas a maior parte dos judeus da cidade, para não traírem a sua religião, abandonaram os seus filhos a um tutor cristão, por vezes escolhido por eles próprios. Assim, o rabino de Lisboa Isaac Caro relata que se tinha decidido a embarcar, mesmo tendo-lhe sido roubados todos os filhos, «tanto os grandes como os pequenos, todos belos como príncipes».

Os baptizados também não cederam à violência. Enviaram sete dos seus, entre os quais dois juristas, ao papa Alexandre VI para obterem (ou para comprarem, segundo os costumes da corte papal) a anulação dos baptismos que o rei de Portugal tinha realizado por meios tão contrários ao direito canónico. Denunciando como heréticas as pretensões da delegação, o embaixador espanhol obrigou-a a deixar Roma precipitadamente, em 20 de Abril de 1497, para escapar à prisão.

A iniciativa parece ter convencido D. Manuel da necessidade de fazer algumas concessões aos convertidos. De facto, as perseguições inquisitoriais que, por esses meses, assolavam a vizinha Espanha aí estavam para mostrar aos judeus que, se alguma vez se resignassem ao baptismo, o pior estava ainda por vir. Foi claramente com o objectivo de prevenir esses temores que o rei D. Manuel promulgou, em 30 de Maio de 1497, um decreto pelo qual prometia aos neófitos um certo número de privilégios, entre os quais a restituição dos filhos e uma imunidade que os colocava ao abrigo de inquéritos sobre a sua verdadeira fé, estipulando que durante vinte anos «se nam tirasse inquiriçam comtra elles». As acusações eventuais de práticas judaicas deveriam ser submetidas aos tribunais reais e julgadas em vinte dias; em caso de condenação, os bens do culpado deviam passar aos herdeiros. Finalmente, o rei assegurava aos convertidos que nunca emitiria legislação discriminatória a eles atinente como grupo.

Estas promessas não tiveram o efeito desejado: bastantes judeus a elas resistiram, tal como tinham resistido às pressões. De acordo com Damião de Góis, vinte mil pessoas tentaram embarcar antes da expiração do prazo, fixado para o fim do mês de Outubro. O rei, que começara por designar três portos para o embarque, convocou à última da hora todos os candidatos à partida para Lisboa. Evidentemente, o bairro judeu da capital não podia conter uma tal multidão; o rabino Saba teve de se alojar num estabelecimento fora de portas.

Os judeus deviam comparecer «em hũas grandes casas per nome os estaos», escreve Samuel Usque. Segundo certos historiadores, o edifício d'*Os Estaus* poderia ter sido o palácio dos embaixadores estrangeiros, que assim se chamava. O rei atrasou o embarque até poder decretar que os judeus, tendo-se obstinado a permanecer no país depois do prazo previsto para a sua expulsão, eram daí em diante seus escravos. Esse pretexto serviu-lhe, primeiro, para fazer baptizar à força os menores (com idade inferior a 25 anos) e aumentar progressivamente a violência física contra os adultos que ainda se não tinham deixado intimidar.

É talvez nesse momento que se devem situar as tentativas do rei D. Manuel de fazer com que o judaísmo fosse aniquilado pelas suas próprias elites. Dois judeus espanhóis já convertidos, o médico Nicolau Coronel e Pedro de Castro, que teriam negociado o decreto do mês de Maio, arengavam aos «cativos» do rei, prometendo-lhes a liberdade, os filhos e os bens, se aceitassem fazer baptizar-se. Uma tradição recolhida por várias fontes judaicas (Saba, Capsali, Ardutiel, mas não Usque) afirma que o rei contava muito com a conversão do mais ilustre rabino que permanecera em Lisboa, Simão Meimi, de Segóvia. Simão Meimi foi, com os membros da sua família, submetido a diferentes torturas às quais sucumbiu, recusando-se categoricamente ao baptismo.

O desenrolar final da conversão forçada é relatado por Abraão Saba, que foi dela testemunha. Enquanto estava com dez mil outros judeus comprimidos no pátio do edifício e provavelmente na Praça do Rossio, o rei ordenou que os mantivessem fechados, sem comida e sem água. Ao fim de quatro dias, apenas 40 judeus teriam resistido; o rei mandou-os prender. Samuel Usque, concordando com fontes cristãs, dá uma versão bastante diferente, e afirma que outras coacções foram impostas aos prisioneiros para que se tornassem cristãos. Os soldados e os clérigos ungiram-nos de água baptismal à força, arrastando-os pelos cabelos e pela barba até às igrejas. O único meio de se subtraírem a essa brutalidade foi então o suicídio. Alguns saltaram pelas janelas do edifício d'*Os Estaus*, ou precipitaram-se nos poços. A maioria tornou-se cristã, como escreveria o humanista português Jerónimo Osório, por «um acto iníquo e injusto cometido contra as leis e contra a religião»[28], pois, forçando os judeus a fingir uma fé que abominavam, o rei deu azo «a que, pela simulação religiosa, a religião fosse indignamente profanada».

3. Os escapados ao baptismo

A despeito da determinação do rei e dos meios empregues para obter a conversão dos judeus, numerosos foram aqueles que a ela conseguiram furtar-se. Já a partir de 1494 o viajante alemão Jerónimo Münzer atesta: «Todos os dias, um grande número [de judeus] parte para o estrangeiro à procura de um lugar e de um lar para se estabelecer.» Outras partidas tiveram lugar em Dezembro de 1496, imediatamente depois da promulgação do édito de expulsão. No início de 1498, o rei relaxou os quarenta homens piedosos que tinham, segundo o rabino Abraão Saba, preferido sofrer a pena de morte à apostasia, e que os seis meses de prisão não tinham conseguido vergar. As autoridades reais optaram por deportar para o Norte de África essas personalidades fortes, cuja presença ou martírio teriam certamente reanimado o espírito de resistência.

O astrónomo real Abraão Zacuto, que esteve quase a fazer parte dos dignitários torturados, conseguiu recuperar o seu filho já baptizado antes de se evadir para África. A narrativa manuscrita de um outro astrólogo de D. Manuel descreve a sua emigração em 1501, com um grupo de 27 pessoas que haviam resistido ao baptismo [29]. D. Manuel concedeu a graça a estes irredutíveis porque o referido astrólogo judeu fizera a previsão correcta, a partir do seu cárcere, de que a viuva grávida do delfim de Espanha abortaria e a sucessão passaria à sua mulher, a infanta Isabel. O autor anónimo dá-nos a saber ainda que um certo número de judeus lisboetas se tinha escondido na cidade, em vez de comparecer n'*Os Estaus*. Poupados ao baptismo, estes clandestinos também fugiram de Portugal. Um rabino refugiado em Fez, Hayim ben Moisés Ibn Habib, disse ter suportado o inferno português sem nunca renegar a sua religião: adoptou o hábito de fazer acompanhar a sua assinatura por estas palavras – «aquele que jamais curvou os joelhos para adorar Baal, o fogo ou a madeira».

Mesmo entre os baptizados, muitos espreitavam o momento propício para deixarem o país, apesar da proibição pronunciada em 1499. Embarcavam clandestinamente nos portos do Algarve ou atravessavam a Andaluzia, como o precisam os actos reais respeitantes à confiscação dos seus bens deixados em Portugal. A tentativa era perigosa: sabe-se, por exemplo, que três judeus de Loulé foram condenados à fogueira depois de terem sido apanhados, quando tentavam passar clandestinamente para Espanha.

Os refugiados portugueses que chegavam a Salonica, principal porto dos Balcãs, então sob o ceptro otomano, eram em número demasiado pequeno para formar uma comunidade própria. Repartiam--se entre as sinagogas de refugiados castelhanos, catalães, aragoneses, valencianos, sicilianos e calabreses. O português entrou na formação do «judeo-espanhol», língua franca da diáspora sefardita, que emerge, nessa época, da mestiçagem dos diferentes dialectos ibéricos. O contributo dessa emigração portuguesa para a vida intelectual da diáspora judaica do Oriente é importante. Descobriu-se recentemente um documento afirmando que o célebre jurista Yosef Caro, autor do principal código de direito rabínico moderno (*Shul'han 'Arukh*, «A Mesa Posta», 1565), nasceu em 1488 em Faro, no Algarve [30]. Um neto do rabino filósofo lisboeta José Hayyun, o cabalista Judá Albotini, tornou-se presidente do tribunal rabínico de Jerusalém, onde morreu por volta de 1521. O pregador Jacob Ibn Habib, nativo de Zamora, evadiu-se de Portugal para Salonica em 1497, com o seu filho Levi, já baptizado; a sua antologia de narrativas lendárias e morais do Talmud tornar-se-ia uma das obras rabínicas mais populares da época moderna (*En Ya'akov*, «Fonte de Jacob», 1516-1522). Ibn Habib tomou sob sua protecção, em Salonica, o tipógrafo lisboeta Judá Guedelha, antigo colaborador de Toledano, que trouxera as imprensas e todo o material tipográfico da oficina. A sua produção, que se estende de 1515 a 1535, estimulou de maneira decisiva a vida intelectual dos judeus otomanos. Um discípulo de Toledano, Samuel ben Isaac Nedivot, trabalhou em Fez entre 1516 e 1524. Foi ele que introduziu a imprensa em Marrocos.

A comunidade sefardita refugiada em Itália era presidida pelas famílias que tinham dominado a vida judaica em Lisboa vinte anos antes: os Ibn Yahya e os Abravanel. Os primeiros souberam tirar proveito do seu conhecimento íntimo do Estado português para deixar o reino antes da catástrofe. José, conselheiro de D. Afonso V, partilhou o pressentimento de uma expulsão próxima, que o seu pai, David, lhe teria confiado no leito de morte. José refugiou-se em Florença desde 1494, acompanhado pelo seu filho David ben José. David ben Salomão (1440-1524), sobrinho do conselheiro José e antigo pregador em Lisboa, emigrou para Nápoles e, depois, para Constantinopla. Escreveu um comentário, ainda inédito, sobre a obra filosófica de Moisés Maimónides, uma gramática hebraica e um comentário aos Provérbios de Salomão. O seu primo David ben José, o mesmo David Negro já mencionado como poeta, foi o pai de José ben David Ibn Yahya (1494-1534), que comentou as hagiografias da Bíblia e designadamente o livro apocalíptico de Daniel. O seu filho Guedalia ben José Ibn Yahya (1515-1587) é, sem dúvida, o mais conhecido desta família. Traduziu para espanhol os *Dialoghi d'amore* do seu compatriota Judá Abravanel e escreveu uma crónica hebraica *Shalshelet ha-Kabbala* (A Cadeia da Tradição), na qual resume também os acontecimentos históricos que sacudiram o seu povo no curso das três gerações anteriores. Este escritor poliglota passou, por volta de 1570, de Itália para Salonica, onde fundou uma academia literária de espírito ibérico.

Ao lado destes escritores, que perpetuavam e levavam à maturidade a tradição confiante das letras judeo-portuguesas, outros, mais marcados pelas catástrofes que afectaram a sua geração, evoluíram para um pessimismo profundo. É o caso do talmudista castelhano José ben Hayim Ya'abets que, como os Ibn Yahya, tinha sabido sair de Portugal a tempo, para Itália, onde morreu em 1507. Aluno de José Hayyun, ele era, porém, ferozmente anti-racionalista. Ya'abets atribuía aos judeus portugueses uma grande parte de responsabilidade na calamidade que sobre eles se tinha abatido: deveriam ter afrontado com mais firmeza a violência exercida pelo seu rei. Além disso, reprovava-lhes o terem-se ligado a uma crença racionalista, que valorizava a Bíblia à custa do Talmud, de terem deixado de ver no exercício escrupuloso e público dos seus preceitos a essência própria do judaísmo e, depois, de não se terem disposto a sacrificarem-se para o manter. O que quer que se pense destas teorias, o certo é que a resistência e a regeneração do judaísmo não seriam doravante possíveis para os milhares de judeus forçados a viver sob uma identidade cristã imposta, senão por um recuo ou um recalcamento da religião para a esfera da intimidade.

II

Os Cristãos-Novos e a sua Diáspora

A. Nos Impérios Português e Otomano
(1497-1580)

1. Integração forçada e ascensão social

A política do rei D. Manuel foi descrita como um «religiocídio» ou «etnicídio», pois visava abolir a identidade socio-cultural dos judeus, deixando-os fisicamente em vida. Essa política tinha precedentes na Península Ibérica: os visigodos e, depois, os Almóadas e os monarcas espanhóis cristãos já tinham sucessivamente tentado forçar os judeus à apostasia. Entre os conversos espanhóis, alguns tinham mudado de religião durante os massacres de 1391, outros sob a pressão moral dos anos 1410-1415, outros ainda haviam-se submetido ao baptismo espontaneamente, por interesse ou convicção. Muito diferente era o caso dos judeus portugueses, que tiveram de renunciar à sua fé num curto lapso de tempo e em condições idênticas de coacção. Os neófitos, ditos «baptizados em pé», e os seus descendentes formaram por essa razão um grupo mais homogéneo do que os conversos espanhóis. Além disso, os que desejavam continuar a observar os seus ritos ancestrais encontravam-se completamente isolados e não podiam apoiar-se na sobrevivência de uma pequena comunidade judaica, como em Espanha entre 1391 e 1492. Eram assim os únicos vestígios do judaísmo no seu país. Conscientes desse

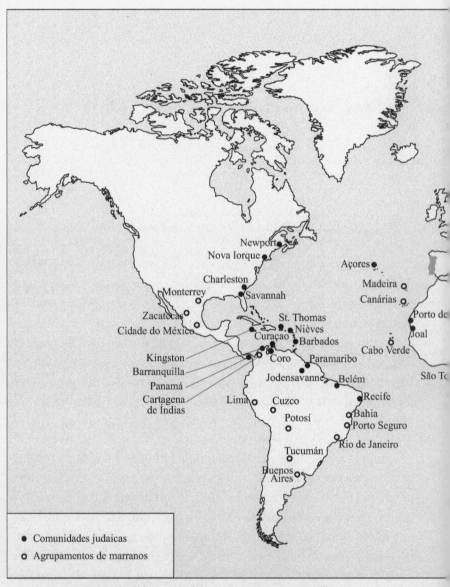
Carta da diáspora judaica portuguesa no mundo.

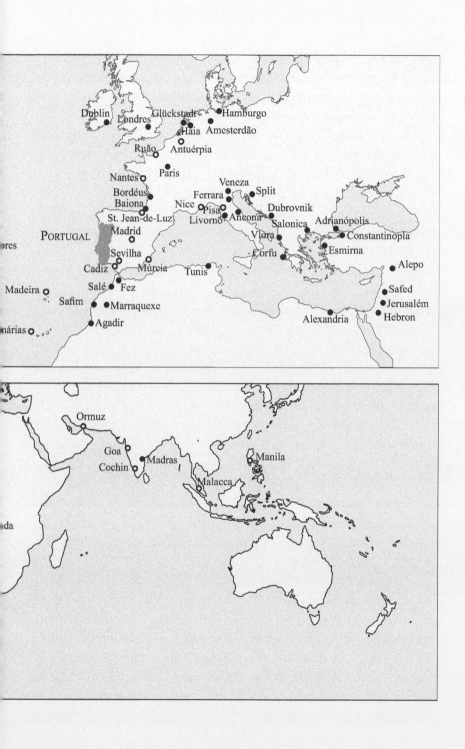

facto, desenvolveram formas de organização e códigos que lhes permitiam perpetuar uma identidade própria. Graças a uma forte coesão social e à sua criatividade cultural, não se acharam desprovidos de defesas face à política de cristianização.

A integração forçada dos cristãos-novos começou pela mudança de nomes, verdadeira «violação onomástica» que suprimia a marca simbólica essencial da sua antiga identidade. Os judeus foram imersos na massa dos Lopes, Fernandes e Rodrigues. Os novos nomes de família eram na maior parte das vezes os dos seus padrinhos. Não existem portanto nomes neo-cristãos distintivos, mas observa-se que muitos cristãos-novos usavam nomes em princípio reservados às famílias nobres, como os nomes de árvores: Moreira, Nogueira, Pereira, Silva, etc. Se os antigos nomes judaicos foram apagados, a continuidade das dívidas e créditos dos judeus exigia que fossem recordados: os nomes antigos são, portanto, por vezes lembrados em documentos oficiais. Em Beja, esse costume manteve-se ao longo de todo o século XVI. Da mesma forma, certas famílias lisboetas conhecidas, como os Negro ou Abravanel, conservaram o seu nome judaico como uma espécie de alcunha.

Abraão Saba guardara os seus manuscritos, quando decidiu embarcar em Lisboa. Ficou a saber que a posse de livros judaicos era um delito passível de pena capital, e enterrou as suas obras, mortificado, sob as raízes de uma oliveira perto da cidade. Depois de 1497, vários judeus baptizados que possuíam livros hebraicos foram punidos com a confiscação dos seus bens, o chicote e o exílio nas colónias. Abriu-se uma excepção para a literatura profissional dos médicos e dos boticários.

Outras medidas destinadas a acelerar o processo de integração iam contra a promessa real de nunca introduzir discriminação legal entre cristãos-velhos e novos. Assim, o rei proibiu os cristãos-novos, em Abril de 1499, de deixar o reino, sem a sua permissão, e aos cristãos-velhos, de os ajudar a liquidar os bens. A legislação real tornava não apenas lícitos, mas também obrigatórios, os actos que tinha interditado antes de 1497. Em várias cidades, os convertidos foram expulsos dos seus antigos bairros. Foi mesmo adoptada uma lei para os obrigar a casar os filhos com cristãos de raiz, mas esta parece ter sido facilmente contornada. Foi anulada em 1507.

Forçados ou não, os cristãos-novos abandonaram os seus bairros à margem, para alugar armazéns e lojas nas praças principais das suas cidades, e até mesmo nos pontos nevrálgicos do comércio nacional, como eram a Rua Nova de Lisboa e a Praça da Ribeira no Porto. Tiveram a possibilidade de recuperar os bens que haviam tido que saldar e a de adquirir novos. Ainda que o seu grupo continuasse a ser dominado pelas profissões artesanais, os judeus convertidos viraram-se progressivamente, ao longo do século XVI, para as actividades comerciais e financeiras.

Os cristãos-novos, com efeito, integraram-se numa sociedade em pleno crescimento económico, impulsionado pela expansão marítima, que prometia rendimentos extraordinários. O rei D. Manuel concedera, em 1503, importantes privilégios aos mercadores alemães; mas, cobiçando os seus ganhos, decidiu fazer do comércio da Índia um monopólio real a partir de 1 de Janeiro de 1505, monopólio de que concedeu a exploração a casas comerciais italianas e neo-cristãs.

Comparado às riquezas fabulosas do Oriente, o potencial do Brasil parecia negligenciável, a crer nos relatos decepcionantes dos primeiros exploradores. O rei deu em arrendamento todo esse país a explorar, em 1502, a um grupo de cristãos-novos dirigido por Fernão de Noronha, seu «tratador das moradias» (administrador de rendas fundiárias). Pagando quatro mil ducados pelo seu cargo, que manteve pelo menos até 1512, Noronha cedo retirou cinquenta mil ducados de resultado, só do comércio de madeiras de tinturaria.

Num primeiro tempo, em parte graças aos importantes benefícios comerciais que obtinham, os cristãos-novos acediam mais facilmente à administração financeira e às profissões cultas, carreiras que já tinham sido abertas aos judeus. Os cristãos-novos podiam agora administrar sem restrições os bens da coroa, da nobreza e mesmo da Igreja. Em 1520, aquando da reforma dos forais, D. Manuel reconheceu aos cristãos-novos o direito de voto e a elegibilidade nas eleições municipais. Limitemo-nos a nomear os convertidos mais poderosos: Jorge de Oliveira era «arrendador e recebedor da chancelaria real»; João Rodrigues Mascarenhas, honrado com título de escudeiro, foi em 1499-1501 o tratador dos mantenimentos e depois o recebedor geral dos impostos do reino; em Viseu, Rui Nunes detinha a administração do monopólio real sobre o estanho.

Entre as profissões cultas, a medicina foi representada durante a primeira metade do século xvi por numerosos cristãos-novos, alguns dos quais exerceram a sua arte na própria corte de D. Manuel I. Os mais notáveis foram o mestre Nicolau Coronel, já mencionado, nobilitado em 1499, e mestre Dinis Rodrigues Brudo (1470-1541), autor de obras sobre as doutrinas de Galeno e sobre a sangria, no espírito escolástico medieval. Em contrapartida, o médico de D. João III, António Luís, foi cognominado «o Grego», em vista da sua predilecção pela medicina clássica de Hipócrates; escreveu também uma obra sobre o fenómeno físico da gravitação, *De occultis proprietatibus* (Das propriedades ocultas).

Na universidade, primeiro estabelecida em Lisboa e, a partir de 1537, em Coimbra, a mais importante cátedra de medicina era, à época, especialidade de judeo-conversos da primeira ou segunda geração. Foi detida, entre 1518 e 1525, pelo médico real Samuel Nasi, *alias* Agostinho Henriques Micas, pai do futuro José Nasi; entre 1540 e 1544, por Luís Nunes, de Santarém, que publicou um dicionário médico em Antuérpia e que, tornado médico da rainha Catarina de Médicis, morreu em Paris. Os seus sucessores foram, entre 1545 e 1557, Rodrigo de Reinoso, que foi chamado de Veneza, depois Tomás Rodrigues da Veiga, de Évora, especialista em remédios botânicos, que se interessava já pelas plantas terapêuticas tropicais. Eram todos cristãos-novos.

O humanismo português conta com dois grandes nomes de origem judaica. Jerónimo Cardoso (c. 1500-1569) de Lamego, titular da cadeira de letras latinas em Coimbra, é autor do primeiro dicionário português impresso. O doutor Pedro Nunes (1502-1578), originário de Alcácer do Sal, cosmógrafo real e preceptor de vários infantes, ocupou a cátedra de matemáticas da mesma universidade. Ficou célebre pelos seus trabalhos em trigonometria esférica.

Obras de Pedro Nunes publicadas em Coimbra, 1573.

Raros foram os cristãos-novos que escolheram a carreira eclesiástica. Caso excepcional, Álvaro Gomes (1510-c.1551) estudou teologia católica em Salamanca e Paris; foi capelão de D. João III e, em 1545, professor de teologia em Coimbra, antes de ser reduzido ao silêncio pelos que lhe tinham inveja e pela Inquisição. Uma coisa é certa: o nível notável dos estudos hebraicos nas universidades portuguesas não era devido a uma contribuição judaica. Existiam cátedras de Sagrada Escritura em Coimbra, desde 1537, e na universidade de Évora a partir de 1559. Em Coimbra, foi reservada uma cátedra particular aos estudos do Antigo Testamento, desde 1545. Certos comentadores, todos cristãos-velhos, conheceram renome europeu, como o dominicano Jerónimo de Azambuja, dito Oleastro, os jesuítas Bento Pereira e Manuel de Sá ou o padre secular Gabriel da Costa. Um judeu convertido de Constantinopla, Francisco de Távora, publicou em 1566 a gramática hebraica mais difundida em Portugal. Apesar das precauções minuciosas com que a ortodoxia envolvia esta erudição, certos cristãos-novos latinizantes puderam, por vezes, daí retirar ensinamentos susceptíveis de instruir os círculos de criptojudeus.

2. Forças adversas: do massacre à Inquisição

A política real de integração forçada dos judeus encontrou o seu principal obstáculo no ódio popular aos neófitos, testemunhado pelo grande número de processos por ofensa e insultos. A violência verbal transformou-se rapidamente em ataques físicos. Foi o caso na Primavera de 1504, quando se produziu um motim em Lisboa, e depois em Évora, em 1505, quando a populaça que se levantou contra os cristãos-novos destruiu a antiga sinagoga. Um ano mais tarde, em Lisboa, o ódio inflamou-se ao ponto de provocar um terrível *pogrom*.

Encontrando-se o rei e os seus oficiais fora da cidade por causa da peste, um magistrado responsável da justiça municipal, durante a noite da Páscoa judaica, empreendeu uma rusga a várias casas onde cristãos-novos celebravam a sua festa ancestral. De acordo com a

OS CRISTÃOS-NOVOS E A SUA DIÁSPORA

imunidade que outorgara em Maio de 1497, o rei ordenou que fossem relaxadas 17 pessoas. Os protestos populares contra essa indulgência foram recuperados pelos dominicanos. No seu convento situado na Praça do Rossio, começaram a pregar contra os «judeus» e encenaram um milagre: sobre o crucifixo da sua igreja, um pedaço de vidro que representava a chaga sobre o flanco de Cristo pôs-se a emitir vivos raios de luz. No domingo à tarde, dia 19 de Abril de 1506, enquanto um ajuntamento de fiéis estava prosternado em delírio místico frente ao crucifixo resplandecente, um cristão-novo que entrara na igreja teve a imprudência de fazer notar que havia uma vela atrás do vidro. Acusado de blasfémia, foi imediatamente linchado pelos presentes. Dois dominicanos percorreram então as ruas de Lisboa, apelando aos bons cristãos que vingassem o sacrilégio. A multidão era composta nomeadamente por quinhentos marinheiros holandeses e franceses, vindos provavelmente de barcos pertencendo a mercadores alemães rivais dos cristãos-novos. Aos marinheiros juntou-se a arraia-miúda de Lisboa e numerosos escravos. Os amotinados neutralizaram alguns agentes da justiça que não tinham deixado a cidade e depois lançaram contra a população de cristãos-novos uma matança selvagem, acompanhada de pilhagens e violações. As vítimas, mortas ou vivas, foram arrastadas para grandes fogueiras; o recebedor de impostos Mascarenhas, alvo principal do ódio, foi perseguido e espancado pela multidão. Ao cabo de três dias, quando pelo menos já dois mil cristãos-novos tinham perdido a vida, a justiça real retomou com dificuldade o controle da cidade. Em Maio, o rei D. Manuel fez punir duramente os incitadores do motim: quarenta e oito pessoas, entre as quais trinta e quatro estrangeiros, foram enforcadas; os dois dominicanos foram expulsos da ordem e queimados. A população de Lisboa, tida por cúmplice nas violências, foi atingida por pesadas penas pecuniárias. Os privilégios e títulos da cidade foram abolidos por dois anos ([31]).

O massacre de Lisboa levou D. Manuel a rever a sua política relativamente aos cristãos-novos. Em 1 de Março de 1507 autorizou aqueles que queriam partir a deixar livremente o reino, precisando que tinham o direito de voltar sem serem molestados. Além disso, decretou que aqueles que decidissem ficar não seriam objecto de qualquer legislação discriminatória. Por decreto de 21 de Abril de 1512, D. Manuel prorrogou por vinte anos suplementares a imunidade de Maio de 1497 contra toda a inquirição sobre as práticas religiosas dos cristãos-novos.

A coroa parece ter contado com uma assimilação espontânea dos cristãos-novos, pois os esforços de catequização foram raros. Só João de Barros, alto funcionário e historiador da expansão portuguesa, publicou em 1532 um diálogo de estilo humanista para refutar as heresias correntes entre os cristãos-novos. Nessa obra portuguesa, com um título grego – *Ropica pnefma* (Comércio espiritual) –, Barros descreve o comércio de Lisboa em forma alegórica, sendo a Razão representada pelo intendente das alfândegas, que confisca as cargas duvidosas, que um mercador manhoso, o Entendimento, procura introduzir no porto: protestantismo, judaísmo, livre-pensamento. A exposição detalhada desses erros, em vista à sua refutação, foi julgada susceptível de seduzir os leitores, o que valeu à obra a proibição – de tal modo que apenas um exemplar chegou até nós.

A esses tímidos ensaios de integração pela pedagogia, o sucessor de D. Manuel, D. João III (1521-1557), parece ter preferido uma estratégia de violência para esmagar as sobrevivências do judaísmo. Foi nesse sentido pressionado por todos os lados: pela sua esposa espanhola, D. Catarina, pelas Cortes e por certas jurisdições locais que, talvez sob pressão popular, condenaram à morte vários heréticos neo-cristãos, como foi o caso em Olivença e Gouveia. O rei cedeu finalmente quando, em Janeiro de 1531, um tremor de terra suscitou em Santarém uma grave revolta popular, que esteve quase a repetir as cenas do massacre de 1506. Na Primavera desse mesmo ano, o rei solicitou a Roma a criação de uma Inquisição portuguesa. Pela bula *Cum ad nihil magis* de Dezembro de 1531, o papa Clemente VII deu o acordo de princípio à instituição do tribunal.

Porém, graças à venalidade dos membros da cúria romana, os cristãos-novos conseguiram num primeiro tempo atrasar a criação do tribunal. Depois do seu representante, Duarte da Paz, diplomata talentoso, ter distribuído aos prelados romanos grandes somas

𝔙𝔬𝔫 𝔡𝔢𝔪 𝔠𝔥𝔯𝔦𝔰𝔱𝔢𝔩𝔦𝔠𝔥𝔢𝔫 𝔰𝔱𝔯𝔢𝔶𝔱 𝔤𝔢𝔰𝔠𝔥𝔢𝔥𝔢̃ 𝔦𝔪. 𝔐. ℭℭℭℭ. 𝔳𝔧. 𝔍𝔞𝔯 𝔷𝔲 𝔏𝔦𝔰𝔷𝔟𝔬𝔫𝔞 ein h.uißt stat in Portigal zwischen den christen vnd newen christen oder jůden/ von wegen des gecreutzigisten got.

Von dem christenlichen Streyt (Do combate cristão)
Panfleto alemão sobre o massacre de Lisboa de 1506.
Bayerische Staatsbibliothek, Munique.

de dinheiro, o papa concedeu, em 7 de Abril de 1533, um primeiro «perdão geral», que amnistiava todas as faltas anteriores a essa data, anulava a legislação portuguesa sobre as incapacidades civis dos neófitos e conferia ao núncio apostólico exclusiva competência em matéria de heresia. O édito só foi publicado ao fim de dois anos e meio, pois Clemente VII, e depois o seu sucessor, Paulo III, esforçaram-se por aumentar ao máximo a contrapartida pecuniária a extrair dos cristãos-novos. A importância considerável da soma paga não impediu Paulo III de voltar atrás e autorizar o rei de Portugal, por carta de 23 de Maio de 1536, a estabelecer um tribunal inquisitorial, sendo porém precisado que deveria julgar, durante os três primeiros anos, de acordo com o processo de direito civil, e que não teria o poder de confiscar bens, senão depois de um período de dez anos.

A Inquisição portuguesa dos três primeiros anos, dirigida pelo Inquisidor Geral Diogo da Silva, não pôde, portanto, aplicar senão uma repressão muito moderada. Mas, em 1539, D. João III elevou à dignidade de Inquisidor Geral o seu irmão, o infante (futuro cardeal) D. Henrique, que deu à política da instituição uma orientação bem mais agressiva. O primeiro auto-da-fé celebrou-se em 20 de Setembro de 1540. No ano seguinte, D. Henrique instituía cinco tribunais na província, em Évora, Coimbra, Lamego, Porto e Tomar. Milhares de cristãos-novos foram presos; e as suas condenações sucederam-se no decurso de novos autos-da-fé.

Na senda das perseguições inquisitoriais foram concebidas duas apologias do cristianismo. O cisterciense Francisco Machado fez imprimir em 1540 um *Espelho de cristãos-novos e convertidos*; e João de Barros redigiu em 1541 um *Diálogo evangélico sobre os artigos da fé contra o Talmud dos Judeus*. A primeira obra teve a circulação proibida desde a sua publicação; a segunda permaneceu inédita até 1950. Qualquer exposição das crenças judaicas, mesmo com fins polémicos, era considerada perigosa. O poder real contava apenas com a eficácia da repressão violenta.

Em Roma, o papa Paulo III e os seus núncios amoedavam o seu apoio, à vez, aos cristãos-novos e ao rei. Os cristãos-novos, pintanto os abusos dos tribunais em cores atrozes, obtiveram num primeiro

OS CRISTÃOS-NOVOS E A SUA DIÁSPORA

tempo ganho de causa: por carta de 22 de Setembro de 1544, o papa suspendeu a actividade de todos os tribunais inquisitoriais de Portugal. Mas D. João III conciliou as boas graças do sumo pontífice, prometendo ao seu neto as rendas do bispado de Viseu. A bula *Meditatio cordis*, emitida em 16 de Julho de 1547, reinstaurou a Inquisição portuguesa nas suas competências, ao mesmo tempo que concedia aos cristãos-novos um segundo perdão geral que, publicado em 10 de Junho seguinte, acarretou a libertação de todos os acusados. De acordo com uma fonte judaica, mil e oitocentos prisioneiros saíram então dos cárceres da Inquisição. A mesma bula repartiu o território português entre dois tribunais, um situado em Lisboa, para o Centro-Norte, e o outro em Évora, para o Sul do reino, sendo todos os outros suprimidos. Posteriormente, dois novos tribunais foram criados, um em Goa (1560), para as possessões portuguesas na Índia, e outro em Coimbra (1565), tendo competência sobre o Norte de Portugal. As regras do direito canónico, nomeadamente a publicação dos nomes das testemunhas de acusação, vigoraram ainda até 1560. Por fim, o cardeal infante D. Henrique obteve uma carta papal, datada de 10 de Julho de 1568, que revogava todas as graças feitas aos cristãos--novos, incluindo a isenção do confisco dos bens.

A Inquisição portuguesa seguiu desde então, com poucas variações, o procedimento introduzido pelo Santo Ofício papal (1233) e espanhol (1480). Solicitava periodicamente delações sobre diferentes heresias, cujas características eram dadas num «édito da fé» lido nas igrejas. Quando o tribunal tinha registado nos seus arquivos secretos pelo menos duas «culpas» contra uma pessoa, fazia-a prender. Como a acusação dizia respeito a um delito espiritual implicando a pena capital, o culpado não podia salvar a vida senão confessando todas as suas faltas e implorando a «misericórdia» dos juízes. Os inquisidores julgavam então da sinceridade do seu arrependimento, tentando determinar se as suas confissões estavam completas, quer dizer, se coincidiam com os capítulos da acusação, mantidos secretos. As sentenças eram essencialmente as seguintes:

1. Um herético julgado «bom confitente» era admitido a ser reconciliado com a Igreja no decurso de um auto-da-fé público,

por uma cerimónia chamada «abjuração em forma»; perdendo todos os seus bens para a Inquisição, devia purgar graves penas (prisão, açoite, galés), e ele e a sua família eram desonrados para o resto da vida. É a sentença que todo o procedimento do Santo Ofício procurava obter e na qual terminam 80% dos processos. Todas as declarações que o prisioneiro havia feito sobre parentes e amigos eram arquivadas e repertoriadas em abecedários, a fim de servirem, por seu turno, de «culpas» para a instrução de processos ulteriores;

2. Ao acusado que protestava a sua inocência, o direito inquisitorial dava meios limitados para adivinhar a origem da sua acusação e demonstrar o seu carácter calunioso. Se conseguisse, arrostando a prova da tortura (polé ou potro) frequentemente empregada neste caso, podia escapar à confiscação dos bens e ao opróbrio, sem deixar de incorrer em penas por vezes severas. Aquando de um auto-da-fé, devia abjurar uma suspeita ligeira (*de levi*) ou grave (*de vehementi*) de heresia. Raros foram os acusados formalmente absolvidos;

3. A pena de morte era decretada, se os juízes mantivessem a acusação face a uma confissão inexistente ou incompleta do prisioneiro («negativo» ou «diminuto»), se este era acusado de heresia pela segunda vez («relapso») ou se dava outros sinais de impenitência, efectuando, por exemplo, jejuns no calabouço. Menos de 5% das pessoas acusadas pelas três Inquisições de Portugal continental, cerca de 1500, foram «relaxadas ao braço secular» para serem estranguladas e queimadas. Os casos de indivíduos resolvidos a morrer judeus, recusando-se a exprimir o mínimo sinal de arrependimento, foram extremamente raros, pois a Inquisição reservava a esses irredutíveis o mais atroz dos suplícios. Acorrentados vivos sobre a fogueira, pereciam de morte lenta nas chamas.

Entre 1536 e 1821, a Inquisição portuguesa instruiu mais de 55 mil processos: a maior parte destes estão ainda conservados nos arquivos nacionais de Lisboa. O fundo do tribunal de Lisboa totaliza

OS CRISTÃOS-NOVOS E A SUA DIÁSPORA

17976 processos, o de Évora 11751 e o de Coimbra 10275; o tribunal de Goa, cujos arquivos foram destruídos em 1816, estava em 16192 processos, quando um levantamento estatístico foi realizado em 1774. Foi possível determinar a parte do criptojudaísmo para o primeiro século de actividade inquisitorial: delito de acusação em 83% dos processos de Coimbra e de Évora, e 68% dos processos de Lisboa, foi manifestamente a verdadeira razão de ser do Santo Ofício português; as outras heresias (bruxaria, cripto-islamismo, protestantismo, etc.) são marginais em relação a esta. Única excepção, a Inquisição de Goa estava principalmente preocupada com os hindus mal convertidos, não correspondendo aí os criptojudeus senão a 9% dos prisioneiros. Porém, o judaísmo era em toda a parte, mesmo em Goa, o delito mais gravemente reprimido. Em Évora, os judaizantes representaram 99% dos condenados à morte. Em Goa, 71% dos supliciados eram acusados de judaísmo.

A missão essencialmente antijudaica da Inquisição portuguesa, manifesta na sua actividade e na sua propaganda aquando dos autos-da-fé, era evidentemente um poderoso factor de estigmatização dos cristãos-novos enquanto grupo social. Nesse clima de perseguição, os judeo-portugueses deixaram completamente de ocupar postos na administração política do reino. Assim se deu igualmente o fim do século de ouro da ciência neo-cristã. Em 1564, o cardeal infante D. Henrique exigiu a exclusão dos cristãos-novos do colégio de São Paulo da faculdade de medicina de Coimbra.

O laço tradicional que unia ao poder os financeiros e os intelectuais de origem judaica foi rompido. Ao mesmo tempo, a Inquisição contribuiu muito para criar solidariedade entre cristãos-novos, quer se tratasse de grandes comerciantes ou de humildes artesãos, como o diz Samuel Usque em 1553: «Andam estes mal bautizados tam cheos de temor desta fera que pella rua vam voltando os olhos se os arrebata, e com os coraçoẽs yncertos e como a folha do aruore mouediços caminham e se param atonitos, com temor se delles vem trauar. Qual quer pancada que daa esta alimaria por longe que seja os altera e como se lhes dera nas entranhas a recebem, porque neste mal sam todos hum corpo a padecer»[32].

O sentimento de coesão nascido da exclusão é bem traduzido pela expressão «gente da nação hebreia» ou brevemente «gente da nação». Essa expressão, originalmente usada de forma pejorativa, tornou-se um termo técnico da organização socio-económica de Portugal e, por fim, uma auto-designação firmemente reivindicada pelos marginalizados. Desde 1525, quando «a Nação» teve de contribuir com 150 mil cruzados para o casamento da infanta com Carlos V, tornou-se evidente que a antiga corporação judaica de Portugal tinha simplesmente ressuscitado com esse nome.

Afirmou-se, por vezes, que o confisco sistemático dos bens constituiu uma forma de redistribuição das riquezas em benefício das elites tradicionais. Fornecia à Inquisição portuguesa um notável poder económico, permitindo-lhe criar uma rede de comissários e «familiares» entre as elites cristãs-velhas e obter em aliança os favores do povo graças à celebração de autos-da-fé espectaculares. Se essa estratégia custosa valeu ao tribunal sólidos apoios na população portuguesa, também esteve na origem de um défice financeiro permanente. O rei D. Sebastião verificou em 1575 que as receitas do Santo Ofício, cinco mil cruzados anuais, mal cobriam as suas despesas. O tribunal teve, portanto, de ser subvencionado de maneira constante pela coroa e pelo bispado.

O peso financeiro que a instituição inquisitorial representou para o seu tesouro dispôs a coroa a vender amnistias aos cristãos-novos. Por meio de 225 mil ducados para a sua campanha de África, D. Sebastião promulgou em 21 de Maio de 1577 uma ordenação autorizando a saída de cristãos-novos do reino e suspendendo as confiscações por dez anos. O desastre de Alcácer Quibir (1578) e a morte de D. Sebastião deixaram o trono sem sucessor designado, de sorte que a regência do reino foi assegurada pelo cardeal infante D. Henrique, irmão de D. João III e antigo Inquisidor Geral. Este fez-se dispensar pelo papa dos compromissos do seu defunto sobrinho. Uma carta do papa assinada em Roma, em 6 de Outubro de 1579, restabeleceu as prerrogativas do tribunal.

Para Filipe II de Espanha, que herdou em 1580 a coroa de Portugal sob o nome de D. Filipe I, manter a repressão inquisitorial era

OS CRISTÃOS-NOVOS E A SUA DIÁSPORA

uma estratégia de legitimação. O candidato dos independentistas, o bastardo real D. António, prior do Crato, tinha conseguido assegurar um certo apoio da parte dos cristãos-novos, que partilhavam o seu exílio em Inglaterra. Filho ilegítimo do infante D. Luís e de uma cristã-nova, Violante Gomes, a sua origem judaica era reconhecida; a propaganda espanhola tratava-o, pois, de filo-semita. Contudo, D. António era igualmente apoiado pelo partido popular e pelo baixo clero, que representavam uma ameaça muito séria para a burguesia neo-cristã. Esta acabou por apoiar as pretensões de Filipe II, em grande parte em vista das imensas perspectivas económicas que a união das duas coroas abria. Um cristão-novo de Évora, o cronista e gramático Duarte Nunes de Leão (c. 1530-1608), tornou-se o principal propagandista do novo regime.

3. Sinagogas e messias clandestinos

Os numerosos testemunhos extorquidos pelo terror e conservados nos arquivos inquisitoriais de Lisboa constituem, na condição de serem lidos com um olhar crítico, documentos preciosos para o conhecimento das crenças e das práticas secretas dos cristãos-novos portugueses, entre 1536 e 1765. Essas fontes fornecem também algumas informações sobre o período que se seguiu imediatamente ao baptismo forçado.

Entre os «baptizados em pé», apenas uma minoria emigrou, como tinha o direito de fazer, entre 1507 e 1532. A grande maioria resignou-se à conversão, ao menos de fachada. Houve, porém, uma resistência discreta à cristianização. Em geral, os judeus baptizados casavam os seus filhos dentro do grupo, continuavam em privado a seguir os preceitos da antiga religião e a transmiti-los aos seus descendentes: entre estes, numerosos foram os que confessaram tais práticas à Inquisição, e voltaram mesmo, perseguidos ou não, publicamente ao judaísmo. As práticas clandestinas eram um meio de conciliar a ligação simultânea dos judeus portugueses à sua religião e ao seu país.

As mais antigas confissões perante a Inquisição, frequentemente pontuadas de expressões em hebraico, mostram que, aquando das perseguições de 1539-1544, ainda se encontravam círculos clandestinos que continuavam a praticar um judaísmo muito completo. Estamos bem informados sobre dois chefes espirituais dos cristãos-novos de Lisboa. Mestre Tomás, preso em 1539 com 85 anos de idade, vivia ao lado da antiga sinagoga, transformada em Igreja da Conceição. A sua casa servia de lugar de oração a numerosos cristãos-novos; havia mesmo uma divisão secreta para o abate ritual de animais. Conhecendo as três línguas clássicas, tinha-se apoderado da *gueniza* da sinagoga, ou seja, o depósito ritual onde se armazenavam os livros hebraicos usados. Os membros da congregação chamavam ao seu círculo «comuna», e continuavam a recolher esmolas para os necessitados da sua religião, exactamente como era prática antes da conversão forçada.

Perante o Santo Ofício de Lisboa, vários incriminados evocaram o advogado mestre Gabriel, que dirigia os ofícios clandestinos com um zelo ortodoxo, atribuindo-lhe os títulos medievais de «hacão» (sábio, rabino) e de «doutor» (pregador). De acordo com estas testemunhas, orava sempre em hebraico, usava os acessórios da oração rabínica, o *talit* (xaile) e os *tefilin* (filactérios), e queria que não participassem nos seus serviços senão homens circuncidados.

Jorge Fernandes celebrava serviços em língua hebraica, na sua casa de Coimbra, para um grande número de fiéis. Várias delações ao Santo Ofício mencionam sinagogas clandestinas semelhantes na Beira: no Fundão, em Pinhel, em Trancoso, sendo esta última dirigida pelo médico mestre Manuel, filho do ex-rabino da cidade. Ele era «mui sábio na lei dos judeus», e «tão sabedor que repreendia em Trancoso a muitos Rábis»[33], afirma a sua mulher Lucrécia Nunes que, mesmo nascida treze anos depois da conversão forçada, conseguiu recitar orações em hebraico aos inquisidores. No Porto, em 1541, um delator citava cinco «sinagogas» que haviam funcionado na cidade, cada uma com o seu rolo da Torá. Para as orações e ritos, havia manuscritos em português com expressões hebraicas transliteradas; a Inquisição apreendeu um desses textos no local de reunião dos criptojudeus de Azurara (perto de Vila do Conde). Foram escondidos muitos livros hebraicos em Mogadouro (Trás-os-Montes),

Uma família marrana do século XVI
surpreendida pela Inquisição em pleno *Seder*.
Ilustração de um ritual judaico popular conforme ao quadro
monumental *Os marranos*, de Moisiej Maimon (1860-1924),
Mahzor Rav Peninim, Vilna, 1925, t. IV.

onde o cargo de «rabino» incumbia ao médico mestre António de Valença, sobrinho e discípulo de um rabino muito culto da família espanhola dos Valensi. Quando os inquisidores, em resultado do perdão de 1548, tiveram de relaxar esse homem, perfeito conhecedor do hebraico e do aramaico, pediram-lhe para redigir, para seu próprio uso, um resumo do culto judaico. Os inquisidores de Évora estabeleceram um vade-mecum semelhante, que o mestre dos criptojudeus da cidade, Diogo de Leão, lhes ditou.

Nestes círculos, onde se faziam esforços para manter o culto na norma ortodoxa, o afastamento entre esta e a prática engendrou inquietações apocalípticas, sendo a clandestinidade concebida como uma última provação antes da inversão messiânica. A esperança de uma redenção próxima era estimulada por uma inquietação então comum na Europa, tensão provocada por múltiplos factores: o choque da Reforma e o avanço do Império Otomano, o entusiasmo pelo profetismo bíblico e astrológico, a crença numa missão sagrada de pessoas da realeza e uma leitura apocalíptica da expansão colonial. Esse clima de inquietação foi habilmente explorado por um aventureiro judeu oriental, David Reubéni, que viajou pela Europa entre 1523 e 1532. Quando chegou a Tavira, no Algarve, em Outubro de 1525, apresentou-se como emissário das «dez tribos perdidas» no Oriente, vindo propor ao rei D. João III uma aliança judeo-cristã contra os turcos. David viajou de Faro a Lisboa, passando por Beja, Évora e Santarém, alojando-se em casa de cristãos-novos. O relato da sua viagem, redigido em hebraico, coincide com testemunhos contidos nos arquivos inquisitoriais: atraía multidões entre os cristãos-novos, designadamente mulheres, que o reverenciavam como um possível messias. Permaneceu em Portugal até ao mês de Junho de 1526, prosseguindo para Roma a sua viagem, que terminou, em 1538, numa fogueira da Inquisição em Llerena, Castela.

É então que nasce um dos movimentos sincréticos mais romanescos da era moderna: o messianismo judaizante, que associa a espera do Messias judaico ao conceito cristão de cruzada. Um convertido da segunda geração, Diogo Pires, secretário da Casa da Suplicação (tribunal de apelação) de Lisboa, ficou entusiasmado pelo

OS CRISTÃOS-NOVOS E A SUA DIÁSPORA

seu encontro com David Reubéni. Em 1526, ainda em Portugal, circuncidou-se a si próprio e, depois, juntou-se à comunidade judaica de Salonica. Com o nome judaico Salomon Molkho, publicou em 1529 um pequeno livro cabalista em hebraico, onde previa a chegada do Messias para o ano 5300 da era judaica, ou seja, 1539 da era comum. No ano seguinte tomou a direcção de um movimento apocalíptico entre os judeus. Entrou em triunfo em Ancona, foi recebido em Roma por Clemente VII, depois expulso em 1531 sob pressão da comunidade judaica local. Molkho dirigiu-se a Ratisbona, para se encontrar com Carlos V, que o prendeu e fez queimar em Mântua.

O choque produzido por estes acontecimentos deve ter contribuído para que D. João III pedisse ao papa, nesse mesmo ano de 1531, o estabelecimento da Inquisição. Com efeito, o messianismo judeo-cristão arriscava propagar-se para lá da minoria de origem judaica e ganhar raízes em Portugal como uma crença popular subterrânea. A espera de um rei salvador português que, vencedor das forças muçulmanas, realizaria as profecias judaicas do Quinto Império, foi traduzida em trovas por Gonçalo Eanes, um sapateiro de Trancoso, chamado *o Bandarra*. Sendo ele próprio cristão-velho, ganhou um círculo de admiradores entre os neófitos da vila. Um deles coligiu os versos do sapateiro e difundiu-os, em 1537, nas sinagogas secretas de Lisboa. Os criptojudeus compreendiam Bandarra à sua maneira. Assim, o sapateiro e profeta Diogo de Leão da Costanilha, chefe de uma sinagoga secreta de Miranda do Douro (Trás-os-Montes), queimado em 1544, lia nas trovas a futura conquista turca de Roma, a libertação dos cristãos-novos e o seu êxodo para Jerusalém.

Na mesma altura, surgiu entre os cristãos-novos de Setúbal um movimento rival em torno de um alfaiate carismático, Luís Dias, a quem os adeptos veneravam como profeta e messias. Dias teve sectários nas sinagogas clandestinas de Évora e Lisboa, e até mesmo entre a elite intelectual. Assim, o médico do rei, mestre Dinis, acreditava na missão divina do alfaiate, tal como o licenciado Gil Vaz Bugalho, juiz do tribunal civil de Lisboa. Este último era um cristão-velho convertido ao criptojudaísmo pela sua esposa neo-cristã. Traduziu para português o Pentatêuco e os Salmos, baseando-se na Vulgata e nas informações dos cristãos-novos que sabiam hebraico. Luís Dias e os seus adeptos foram todos presos pela Inquisição: o «Messias de Setúbal» e vários dos seus partidários foram queimados num auto-da-fé, em Lisboa, em 23 de Outubro de 1541. Mestre Dinis, que fugiu a tempo, morreu nesse mesmo ano em Ferrara, no seio da comunidade judaica. Bugalho expirou na fogueira, em Évora, em 1551.

4. Nascimento do «marranismo»

Destruídas por essa primeira vaga de perseguição inquisitorial, as sinagogas e os movimentos apocalípticos não voltaram a aparecer, senão excepcionalmente, entre os cristãos-novos portugueses. A prática ulterior do criptojudaísmo, tal como a podemos reconstituir a partir dos processos inquisitoriais, fazia-se em formas mais pobres e num quadro social muito restrito. Inscrevia-se no seio do grupo doméstico e familiar, e até mesmo de uma fracção familiar. As relações com o exterior limitavam-se a manifestar em segredo, a certas pessoas consideradas dignas de fé, a verdadeira crença religiosa professada, chamando-se estas confissões mútuas «declarações» ou «comunicações», no jargão inquisitorial.

Os judaizantes da segunda geração já não ousavam, ou não sabiam, orientar as suas práticas clandestinas de acordo com as normas rabínicas. A sua piedade reduzia-se a algumas cerimónias judaicas mantidas pelo grupo. Diogo de Leão, o mestre dos criptojudeus de Évora, era da opinião que, na condição de se ser circuncidado, podia continuar a ser-se bom judeu observando o repouso do *Shabbat*, comendo pão ázimo durante a Páscoa e jejuando durante o *Yom Kippur*. O seu colega João Fernandes afastou dessa lista o *Shabbat*, que apenas observava «em intenção».

Nas gerações posteriores, essas condições eram concebidas ainda com maior flexibilidade. Por exemplo, nas suas confissões perante a Inquisição o poeta Bento Teixeira relata uma conversa que teria tido lugar por volta de 1580 na Bahia, no Brasil, entre cinco cristãos-novos nativos de Lisboa e do Porto. Ainda que o tema central fosse a chegada futura do Messias, os interlocutores não estavam visivelmente obcecados pela tensão apocalíptica: contavam todos que a espera se arriscaria a ser ainda muito longa, mas a paciência deveria ser recompensada pela imensa felicidade da era messiânica, momento em que os fiéis mortos ressuscitariam.

> «*Lionel Mendes Pinto* – Folgara de saber perfeitamente o que sou obrigado a fazer, por guarda da Lei que o Senhor Deus deu a Moisés, até à vinda deste desejado Messias.
>
> *Gonçalo Mendes Pinto* – Qualquer cousa basta com teres fixa a fé do Senhor Deus em teu peito, porque ele não come senão corações. E basta fazermos qualquer cousa, pois estamos cativos (...).
>
> *Bento Teixeira* – É quase impossível, da maneira que hoje estamos divididos e apartados os da nação, fazermos nem sabermos perfeitamente o que a Lei de Moisés manda. Somente confusa e indeterminadamente saberemos algumas cerimónias das que vimos fazer a nossos pais e mães, e eles nos ensinaram, como é guardar os sábados do Senhor Deus, vestindo neles camisa lavada, não fazendo neles cousa de serviço que dê pena nem moléstia, não comendo cousa de sangue, nem peixe de coiro, nem cousa de carne que seria afogada nem devorada de besta fera, que assim manda Deus no Deuteronómio, nem comendo carne de porco, nem outro animal qualquer, se não tiver unha fendida e ruminar. Daqui vem o porco, ainda que tem unha fendida, por não remoer ser reprovado de Deus.
>
> *Gonçalo Mendes Pinto* – Quanto é isso, meu irmão Lionel Mendes, que aqui está, e eu o cumprimos à letra. E às vezes [...] jejuamos o dito meu irmão e eu algumas segundas e quintas-feiras, não comendo nem bebendo em todo o dia, senão à noite com a estrela saída.
>
> *Diogo Fernandes Teves* – Por essa mesma bitola imos o Senhor Miguel Fernandes e eu, que aqui estamos.»([34])

Esta conversa, exemplo de uma «declaração» entre judaizantes, ilustra perfeitamente o espírito de uma religião que deixara de aspirar a respeitar escrupulosamente um corpo determinado de normas, mesmo restrito. «Qualquer cousa», mesmo um rito isolado, podia exprimir secretamente as três crenças fundamentais do povo judaico: a unidade de Deus, a validade perpétua da lei dada a Moisés e a chegada futura do Messias. A crença essencial e a observância, ainda que arbitrariamente selectiva, esporádica ou mesmo imaginária, de certas regras rituais eram tidas por suficientes para garantir a «salvação», a saber, a felicidade eterna.

Tentando sistematizar esse conjunto de regras, Bento Teixeira chega mais ou menos ao «marranismo normal» (I. S. Révah) reflectido na grande maioria dos processos inquisitoriais. Este consistia num pequeno fundo de práticas de abstinência: em primeiro lugar, jejuns efectuados entre um fim de dia e outro, particularmente os de segunda e quinta-feira, o do Grande Dia (*Kippur*), depois o de Ester (precedendo *Purim*), estendendo-se por três dias consecutivos; em segundo lugar, um repouso muito relativo ao sábado; e, em terceiro lugar, abstenção de carne de porco, coelho e peixe sem escamas. A abstenção de levedura na Páscoa é ocasionalmente mencionada. Os ritos particulares de outras festas estão geralmente em falta.

Os laços pelos quais se transmitia a tradição litúrgica sefardita e o conhecimento do calendário judaico romperam-se desde as primeiras perseguições. Essa é a razão pela qual, sempre que se encontra o rasto de uma oração rabínica em acordo com a ortodoxia, deve quase sempre ver-se aí o sinal de uma influência exterior, veiculada, na maior parte das vezes, pela tradução espanhola impressa. Para preencher esse vazio litúrgico, os judaizantes apropriavam-se dos Salmos e até mesmo do *Pater noster*, da liturgia católica, tendo em conta o seu carácter destituído de cristologia. Recitavam um grande número de poesias litúrgicas originais, compostas à maneira popular das trovas e enxertadas, por vezes, sobre restos de uma oração judaica.

A propagação desse «marranismo normal» em todos os recantos do Império Português explica-se em parte, mas em parte apenas, pelas exigências da clandestinidade. De facto, o próprio Santo Ofício contribuía, com os seus éditos e sentenças em leitura pública, para uniformizar o cerimonial criptojudaico. Além disso, observou-

OS CRISTÃOS-NOVOS E A SUA DIÁSPORA

-se que este «marranismo normal» reproduz os traços da piedade feminina no judaísmo rabínico. De facto, abandona quase todos os ritos masculinos (estudo e recitação da Torá, oração em hebraico, circuncisão, abate ritual dos animais, etc.), mas mantém vários ritos reservados às mulheres: o acender das candeias, a preparação do pão do *Shabbat* e das bolachas da Páscoa. Da mesma forma, eram na Idade Média práticas femininas a devoção à rainha Ester e o costume das orações em tradução vernácula.

As histórias familiares reconstituídas até ao presente confirmam a importância da transmissão pelas mulheres, sobretudo no momento da cisão crucial que marcou a segunda geração, sob o tormento das primeiras perseguições. Certos ramos da família cultivavam a religião em segredo; outros, aterrorizados, já não ousavam praticá--la. Nessas condições, a transmissão não era linear: alguns cristãos--novos educados no criptojudaísmo não iniciavam os seus filhos, e estes, porém, ou os seus descendentes assimilados à sociedade católica, podiam ser de novo levados para o marranismo pelos cônjuges ou por amigos cristãos-novos. A endogamia no seio da minoria foi certamente um factor de transmissão. Ora, essa endogamia não foi afectada pela Inquisição que, pelo contrário, a reforçava, suscitando a desconfiança dos cristãos-novos para com os velhos.

O carácter aleatório e errático da transmissão é bem ilustrado pela descendência do judeu convertido do Porto, Henrique Bemtalhado, e do seu irmão Diogo, onde se encontram, lado a lado, grandes teólogos jesuítas de Espanha, exploradores do Peru, o fundador da comunidade judaica de Amesterdão e indivíduos dificilmente classificáveis como o filósofo Spinoza. Uma filha de Henrique, Isabel Henriques, deixou entrar nas ordens da Igreja seis dos seus 13 filhos, mas iniciou a mais nova, Inês Henriques, nascida por volta de 1538, no criptojudaísmo. Esta casou-se com o médico municipal Lopo Dias da Cunha e foi a matriarca do círculo marrano do Porto, destruído pela Inquisição em 1618. Duas filhas de Inês tomaram o véu de franciscanas, antes de se deixarem reconverter à fé secreta por um irmão médico que, como outros cristãos-novos da quarta geração, tinha podido frequentar judeus no estrangeiro, em Itália. Um neto de Inês juntou-se à sinagoga de Amesterdão; um outro, advogado em Lisboa, morreu em 1667, nos cárceres da Inquisição, antes de lhe ser reconhecido, a título póstumo, o seu catolicismo. Ao mesmo tempo, o tribunal de Coimbra condenou duas bisnetas de Inês por heresias, que tinham aprendido com uma avó.

As noções de «fidelidade», «fé» e «apostasia» aplicam-se mal àquilo que foi antes um conjunto de movimentos diversos, fazendo alternar, na duração longa, períodos de eclipse e períodos de reconstrução das tradições. Mais do que uma religião positiva, o marranismo foi uma disposição a regressar, ou deixar-se reconduzir, quando chegasse a altura, à regra e às tradições dos antepassados, que eram frequentemente desconhecidas e, por essa razão, não podiam ser imediatamente cultivadas. Carl Gebhardt define o marrano como «um católico sem fé e um judeu sem saber, mas um judeu que a si próprio se quer como tal»([35]). Saberes não convencionais são postos a contribuir para a restituição dessa judeidade: livros de devoção católica e erudição latina, sentenças inquisitoriais, rumores vindos do estrangeiro, invenções poéticas. Para o dizer com a frase célebre de I. S. Révah, «o "judaísmo" dos marranos era essencialmente um judaísmo *potencial*»([36]).

5. Antuérpia e a rota da Índia

Depois de ter permitido a emigração dos cristãos-novos em Maio de 1507, a legislação portuguesa proibiu-a de novo em Junho de 1532. Essa interdição iria durar cerca de um século (excepção feita às autorizações de saída de 1577-1579 e de 1601-1610), até 1629. Ora, a cronologia das partidas mostra que estas não eram forçosamente mais numerosas nos períodos em que a emigração era admitida. Desafiando, se fosse necessário, as proibições e controlos, os migrantes reagiram antes de mais à intensidade das perseguições. As grandes vagas de emigração foram provocadas pelo massacre de Lisboa em 1506, pelo estabelecimento da Inquisição em 1536, e nos três períodos de mais forte actividade inquisitorial, durante os anos 1590, 1620-1630 e 1660.

Para medir o impacto demográfico das primeiras partidas, podemos reportar-nos a uma fonte neo-cristã de 1542, geralmente considerada como fiável, que cifra em 60 mil o número de cristãos-novos em Portugal: o crescimento demográfico, a partir de 1497, parece ter compensado integralmente os efeitos da assimilação e da emigração. Porém, a minoria emigrada estava longe de ser negligenciável. Samuel Usque afirmava, em 1553, que vinte mil cristãos-novos haviam já deixado Portugal; e Stefan Gerlach, em 1577, avançava o mesmo valor para estimar o número de cristãos-novos portugueses vivendo apenas no Império Otomano.

É possível distinguir dois movimentos divergentes no seio dessa diáspora do século XVI. O primeiro recorreu aos circuitos da expansão portuguesa e à grande rota das especiarias, entre Malaca e Antuérpia; o outro seguiu as vias comerciais do Império Otomano, que iam de Alexandria até aos portos da costa adriática de Itália. Os emigrados da rota das especiarias permaneceram em contacto regular com a mãe-pátria, enquanto os segundos cortavam, a maior parte das vezes, os laços. Os primeiros foram forçados a praticar o catolicismo, ou fingir que o faziam, enquanto os segundos viriam a integrar a comunidade judaica sefardita estabelecida no Oriente. As duas rotas eram, em princípio, rivais, mas como a lei portuguesa proibia a partida directa dos cristãos-novos para as comunidades judaicas, a primeira foi para estes o único meio de chegar à segunda.

A rota das especiarias, monopólio da coroa portuguesa, ia, a partir de 1505, obrigatoriamente de Lisboa a Antuérpia. A municipalidade desta cidade, geralmente favorável aos mercadores estrangeiros, era-o em particular em relação aos agentes deste tráfico altamente lucrativo. Em 20 de Novembro de 1511, concedeu uma carta muito generosa aos *«Portugaloys et nouveaulx Chrestiens»*: isentos da maior parte das taxas municipais, estes formavam uma «nação», quer dizer, um corpo de mercadores com uma jurisdição própria. A «nação portuguesa», que contava em 1526 com uma dúzia, e em 1540 uma vintena de famílias, era administrada de maneira autónoma pelos cônsules, e teve sede num dos palácios de Antuérpia. Desenvolvia uma certa ostentação católica e criou opulentas fundações nas igrejas da cidade. Porém, alguns dos seus membros simpatizavam com as novas ideias da Reforma, enquanto outros, ditos *Marans*, continuavam a observar nas suas casas as tradições judaicas.

O chefe deste último grupo, Diogo Mendes, era um descendente da família judaica espanhola Benveniste, que tinha 12 anos ao tempo da conversão forçada. Com o seu irmão Francisco Mendes, que vivia em Lisboa, e um mercador italiano de Antuérpia, Giancarlo Affaitadi, Mendes conseguiu por volta de 1525 garantir para si o monopólio do comércio das especiarias. Fez comprar por antecipação caravelas inteiras de «noz-moscada, cravo-da-Índia, gengibre, pimenta e outras especiarias»([37]) junto de D. João III, em Lisboa; e aumentava o seu lucro com o negócio de pedras preciosas e o empréstimo de grandes somas ao imperador.

Os Mendes não tinham só ambições financeiras. Com outros portugueses de Antuérpia, a casa prosseguia uma missão religiosa secreta: a de conduzir compatriotas para as comunidades judaicas do Mediterrâneo. Com esse objectivo, reuniam fundos e mantinham uma rede de agentes ao longo de um itinerário que ia de Lisboa a Antuérpia e Colónia, depois, pelo vale do Reno e pelos desfiladeiros dos Alpes, até Ferrara e, de lá, para a Turquia.

Com o desígnio de combater as supostas tendências judaicas, as práticas de monopólio e as relações otomanas dos seus financeiros, o imperador Carlos V formou em 1530 um corpo de polícia especial para reprimir os «falsos cristãos». A partir de Agosto de 1532, tentou impedir toda a nova imigração neo-cristã para os Países-Baixos. Os seus tribunais em Bruxelas prenderam vários grandes mercadores de Antuérpia (entre os quais o próprio Mendes, durante algum tempo em 1532), libertando-os sempre contra a entrega de enormes resgates. Agentes do imperador espiavam os refugiados na sua rota pela Europa: a partir de 1539, o temível comissário Johannes Vuysting (*alias* Jean de la Foix) fez torturar as suas vítimas na Lombardia para conhecer os seus protectores e, em 1541, Jeronimus Sandelin fez em Midelburgo prisões em massa entre os imigrantes e duas execuções capitais de judaizantes.

OS CRISTÃOS-NOVOS E A SUA DIÁSPORA

As dificuldades encontradas em Antuérpia favoreceram a formação de pequenas colónias neo-cristãs em Londres e Bristol, cerca de 1540. António de Noronha, o agente de Diogo Mendes, era o chefe desse deste grupo de comerciantes, e mantinha uma sinagoga secreta. A prisão do grupo em 1542 e a sua expulsão dois anos mais tarde puseram fim a essa primeira época judeo-portuguesa em Inglaterra.

Quando os dois irmãos Mendes morreram, Francisco em 1535 e Diogo em 1543, o seu império comercial passou para as mãos das suas viuvas, as irmãs Beatriz e Brianda de Luna. D. João III, tal como Carlos V, pretendia beneficiar da ausência de herdeiros varões para se apropriar dos bens da empresa, mas as viuvas, com as suas filhas e os seus capitais, conseguiram escapar para a Veneza, em 1545. Beatriz e a sua filha chegaram em 1549 a Ferrara e, em 1552, ao Império Otomano, onde a família se tornou oficialmente judaica: voltaremos em breve a encontrá-la. João Micas, o sobrinho das viuvas fugitivas, manteve a direcção da empresa durante um ano, antes de ele próprio fugir de Antuérpia.

A partida dos Mendes causou escândalo. Em 1549, o imperador tentou expulsar dos Países-Baixos todos os cristãos-novos chegados nos seis anos anteriores. O comércio entre Lisboa e Antuérpia passou, durante um século, das mãos dos *Marans* para as de uma elite de famílias neo-cristãs de impecável ortodoxia católica. É a época dos descendentes de mestre Rodrigo da Veiga, médico dos Reis Católicos e depois de D. Manuel, cujo filho, Manuel Rodrigues, fundou em Antuérpia a maior empresa de importação; foi dirigida pelos seus quatro filhos (dois em Antuérpia e dois em Lisboa), designadamente por Simão Rodrigues de Évora. Depois deles, Fernão Ximenes (1525-1600) da Madeira, Luís Gomes d'Elvas e Rui Nunes foram responsáveis pelas trocas comerciais mais importantes com Portugal; todas essas famílias se aliaram à nobreza flamenga. Havia ainda, porém, criptojudeus em Antuérpia. Os decretos de expulsão, que nem sempre eram observados, não conseguiam travar o rápido crescimento da colónia neo-cristã: o recenseamento de 1572 detecta 94 famílias.

Graças ao domínio dos cristãos-novos de Antuérpia sobre o comércio de especiarias, os seus irmãos puderam instalar-se na Índia, na outra extremidade da rota marítima, onde os judeus convertidos de origem não portuguesa, como Gaspar da Gama, desde 1498, e Francisco de Albuquerque, em 1510-1515, serviam já ocasionalmente como tradutores e exploradores. A fortaleza portuguesa de Cochim, fundada em 1503 na costa ocidental da Índia, tornou-se refúgio de um grupo de mercadores cristãos-novos, que aumentou desde o estabelecimento da Inquisição portuguesa e se desenvolveu até 1558, data na qual os jesuítas locais passaram a braço armado do tribunal inquisitorial de Lisboa. De acordo com os processos instruídos contra os criptojudeus de Cochim, estes haviam-se reunido em torno de uma personagem notável, Isaac do Cairo, «língua» (tradutor oficial) das autoridades coloniais desde 1539, que os pusera em contacto com a antiga comunidade judaica de Cochim, instalada na cidade hindu próxima. Aí se teriam celebrado reuniões judaicas, de forte acento anti-cristão.

Em Goa, capital colonial desde 1530 e centro do comércio português na Índia, foi instalado um tribunal inquisitorial em 1560. A sua principal ocupação durante as suas duas primeiras décadas de existência foi a perseguição dos marranos. Entre as vítimas, conta-se um dos homens de ciência mais ilustres de Portugal, Garcia de Orta (1501-1568), fundador da medicina tropical. Depois de ter estudado em Salamanca e ensinado em Lisboa, esse cristão-novo, natural de Castelo de Vide, embarcou em 1534 para a Índia, onde se familiarizou com as tradições médicas dos bramanes. Essa experiência permitiu-lhe escrever a sua obra-prima, impressa em Goa, os *Colóquios dos simples e drogas e coisas medicinais da Índia*, em 1563. As suas relações judaicas e criptojudaicas só foram descobertas depois da sua morte, e os seus ossos foram queimados num auto-da-fé do tribunal de Goa.

As fortalezas portuguesas de Cochim e de Goa serviam aos criptojudeus também de lugar de passagem para o Império Otomano, ou para lugares menos vigiados, como a fortaleza portuguesa de Ormuz, na Pérsia, onde existia, tal como em Cochim, uma comunidade judaica autóctone. Os fiéis das diferentes religiões «vivem huns com os outros», indignava-se em 1554 um missionário português: «á casa nesta cidade em que pousão christãos, mouros, judeos e gentios servindo-sse todos por huma porta.»([38])

As dez praças-fortes que Portugal possuía em Marrocos tiveram uma função secundária no aprovisionamento da rota das especiarias e na difusão dos produtos do Oriente. Como o decreto de expulsão de 1496 não tinha aí aplicação, a coroa portuguesa autorizou, nomeadamente em Safim (1508) e Azamor (1514), a instalação de judeus marroquinos de origem espanhola, agentes indispensáveis para as trocas com os reinos muçulmanos. Abraão Benzamerro, para referir apenas o mais poderoso, administrava o comércio colonial português de Marrocos; era, além disso, fornecedor geral das guarnições, tradutor oficial, embaixador junto do xerife de Marraquexe, cavaleiro da casa real e grande rabino de Safim. Como numerosas personalidades semelhantes, tinha funções no domínio da diplomacia, da estratégia militar, do resgate de cativos e da espionagem. Depois de 1539, os cristãos-novos que fugiam à Inquisição vieram juntar-se a estes judeus marroquinos. Regressados ou não ao judaísmo, esses refugiados eram muito solicitados pelas potências inimigas de Portugal, os sultões de Fez e de Marraquexe, mas também por ingleses e franceses. Valorizavam-se os seus conhecimentos linguísticos e tecnológicos, designadamente no que respeitava à produção e comércio de armas. Depois de Portugal ter decidido abandonar as suas praças-fortes de Marrocos, em 1541, esse país permaneceu, para certos cristãos-novos, o lugar mais próximo por onde entrar em contacto com o mundo judaico, ou mesmo reintegrá-lo, frequentemente depois de um itinerário rocambolesco entre a Cristandade e o Islão.

6. Portugueses no Levante

Os cristãos-novos emigrados para o Império Otomano misturaram-se com as populações judaicas de origem espanhola que, instaladas na bacia oriental do Mediterrâneo em 1492, se dedicavam, na sua maior parte, aos ofícios do têxtil e ao comércio com destino a Itália. Em geral, as autoridades rabínicas do Oriente consideravam que o baptismo não tinha apagado a pertença à comunidade judaica e que, segundo o adágio talmúdico, «Israel, mesmo quando peca, continua a ser Israel»[39]. Os cristãos-novos podiam assim voltar a ser judeus, sem nenhum cerimonial de conversão.

Cerca de 1510, os cristãos-novos regressados ao judaísmo eram, em Salonica, em número suficiente para fundar uma congregação própria, a que se chamou «Lisboa». Presidida por membros da família Ibn Yahya, edificou uma das sinagogas mais esplêndidas do Oriente. Por volta de 1525, uma segunda congregação chamada «Portugal» foi fundada por emigrantes do Norte de Portugal; e em 1536, um donativo de José Pinto permitiu reunir emigrantes do Alentejo numa terceira congregação chamada «Évora». Enquanto o afluxo de cristãos-novos reconvertidos engossava as fileiras de «Lisboa», ela era governada com mão de ferro por um conselho executivo (*mahamad*) de sete notáveis eleitos por dez anos, sem que tivessem de prestar contas ao seu rebanho. Reduzida a partir dos anos 1550 pela secessão de uma congregação cismática – «Nova Lisboa» –, a congregação lisboeta foi abalada em 1570 por uma revolta contra o sistema oligárquico.

Três outras cidades dos Balcãs contavam com congregações portuguesas independentes. A sinagoga «Portakal» de Constantinopla é mencionada pelo rabino Elia Mizrahi, que morreu em 1526. No final do século, contava com 145 contribuintes, mais do que qualquer outra congregação judaica da capital otomana. Em Adrianópolis havia duas sinagogas portuguesas, «Portugal» e «Évora». Em Valona, a actual Vlora na Albânia, os portugueses acabaram por se tornar maioritários na comunidade sefardita e, a partir dessa altura, fizeram uma secessão.

Mesmo onde o seu peso demográfico era menor, os portugueses não deixaram de constituir uma elite económica. Essa elite beneficiou da chegada a Constantinopla dos nomes maiores do comércio das especiarias, a família Mendes, em 1554. João Micas (1514--1579), que adoptara o nome judaico José Nasi, tomou a direcção da casa pelo seu casamento com Ana Mendes, *alias* Reina Nasi (1531-

OS CRISTÃOS-NOVOS E A SUA DIÁSPORA

-1599), filha única da sua tia Beatriz de Luna, *alias* Grácia Nasi (c. 1510-1569). Cerca de 1560, esta última fundou uma sexta sinagoga portuguesa em Salonica, chamada em sua honra *Livyat Hen* (Coroa de Graça); depois, em 1561, estabeleceu uma outra, dita *da Senhora*, em Constantinopla, ao mesmo tempo que uma academia talmúdica. A sua fortuna, a sua rede mundial de agentes e o seu conhecimento da política europeia valeram a José Nasi uma brilhante ascensão na corte do sultão Selim II. Diplomata e vizir, nobilitado com o título de *müteferrik*, e depois o de duque de Naxos e das Cíclades, Nasi levou a cabo uma política ofensiva face às potências ocidentais. Em 1565 confiscou navios franceses em Alexandria, a fim de recuperar créditos junto do rei de França; conduziu uma guerra vitoriosa contra a Hungria e concebeu designadamente o ataque de 1570 contra a República de Veneza, que se saldou pela conquista otomana da ilha de Chipre. Parece mesmo que a invasão da Índia portuguesa fez parte dos seus projectos. D. José Nasi foi a personalidade judaica mais poderosa do seu tempo. Por influência sua, a colectividade judaica de Salonica foi elevada, em 1568, ao estatuto de *musselemlik*, ou seja, distrito autónomo do Império, cujo representante dependia directamente da Porta. Em 1585, seis anos depois da morte de José Nasi, um mercador de diamantes nascido em Tavira, Álvaro Mendes (1520-1603), *alias* Salomão Ibn Yaish, duque de Mitilene, ocupou uma posição comparável e foi o artesão da aliança turco-britânica contra os espanhóis. O seu filho Francisco, *alias* Jacob Ibn Yaish, sucedeu-lhe nos favores do sultão.

Animados pela necessidade de penitência e pela espera messiânica, muitos portugueses instalaram-se entre os judeus da Terra Santa, cujo centro demográfico, económico e cultural se encontrava então em Safed. Essa cidade das montanhas da Galileia, abrigo da indústria do têxtil trazida de Espanha e, ao mesmo tempo, da cabala, teve um bairro chamado «Purtukal» que contava, em 1526, vinte e um fogos. Esse número aumentou em seguida, ao ritmo dos progressos do Santo Ofício. Em 1556, os registos de imposto mencionavam já 143 famílias judaicas de origem portuguesa para toda a Palestina otomana e, em 1568, havia duzentas. O peregrino português, Frei

Pantaleão d'Aveiro, foi surpreendido ao encontrar em Safed, em 1563, centenas de compatriotas renegados do catolicismo. De acordo com fontes judaicas, tinham a sua sinagoga, dita *Portugueses*, o seu próprio rabinato e uma «Confraria de Arrependidos» destinada à expiação das faltas cometidas durante a sua existência como cristãos. Vestidos de burel e cobertos de cinzas, esses penitentes mortificavam-se em jejuns, auto-flagelações, sessões nocturnas de oração, choros e estudos sagrados.

A controvérsia sobre a expiação conveniente aos portugueses arrependidos estava no centro da rivalidade entre Jacob Berab, grande rabino de Safed, e Levi Ibn Habib que, baptizado em Portugal durante a infância, não deixou de vir a ser grande rabino de Jerusalém. Foi para poder celebrar, com a devida permissão, a flagelação ritual dos antigos apóstatas, que Berab emitiu em 1538 a sua famosa proposta de restauração do *Sanedrin* (conselho supremo judaico da Antiguidade), projecto que a oposição de Ibn Habib fez fracassar. Outros cabalistas, como Moisés Cordovero, ele próprio talvez nascido de uma família portuguesa, defendiam que os apóstatas forçados não eram passíveis de sanção alguma, ainda que a participação no culto «idólatra» dos cristãos os tivesse certamente manchado.

De uma audácia inaudita para a época, os Nasi tinham o projecto de criar uma cidade de asilo. Em 1561 compraram o sítio da antiga Tiberíades, que outrora fora sede do *Sanedrin*, e começaram a reconstruir a cidade e as suas muralhas para poder acolher os refugiados da Inquisição portuguesa. Esse projecto, que prefigura o sionismo, foi seguido com tenacidade, mas teve de ser abandonado na sequência de um sismo e vários ataques beduínos.

Os documentos, quase todos externos, que tratam da mentalidade dos judeus orientais de origem portuguesa, mostram-nos dilacerados entre um sentimento exacerbado de culpa e a nostalgia das amenidades da vida ocidental. Enquanto Josias Pinto (1565-1648), rabino de Damasco, se tornou célebre como pregador, outros voltaram à área cristã, ou, então, apoiaram os serviços de espionagem da sua antiga pátria. Foi o caso de Samuel Lumbroso e David Moço, que foram desmascarados no Cairo, em 1555. Os cristãos-novos re-

OS CRISTÃOS-NOVOS E A SUA DIÁSPORA

gressados ao judaísmo sentiam-se pouco à vontade no meio apertado e austero da estrita disciplina talmúdica. Entre os judeus otomanos, eram motivo de troça os reflexos daqueles que se ajoelhavam, destapavam a cabeça, faziam o sinal da cruz; eram acusados de laxismo religioso e libertinagem sexual; eram mesmo importunados, bradando-se-lhes «*Goi*, filho de *goi*.»

Os judeus-novos ultrapassaram essa cisão interna na medida em que os seus horizontes culturais, os seus prodigiosos conhecimentos linguísticos e o seu talento comercial lhes forneciam uma vantagem sobre os outros judeus orientais. Esses recursos eram reforçados por um sentimento de orgulho a respeito das suas origens singulares. Em matéria de direcção espiritual tinham de se confiar quase sempre aos rabinos de origem espanhola. Entre as raras excepções, a comunidade «Évora» de Salonica era dirigida pelos descendentes de Salomão ben José Levi (ou le-Vet ha-Levi), que deixara Évora em 1497 e fundou uma das linhagens judaicas mais ricas e cultas da cidade. Entre os seus descendentes que se notabilizaram nos estudos bíblicos e talmúdicos, convém mencionar o seu neto Salomão ben Isaac Levi, que ocupou o rabinato da comunidade de 1573 até à sua morte em 1600, e era o pregador judeu mais famoso de Salonica. Salomão Levi testemunha a memória histórica fenomenal dessas famílias sefarditas, ao declinar, num dos seus prefácios hebraicos, os nomes dos seus antepassados, dignitários e médicos de Évora, remontando a seis gerações anteriores. Os descendentes da família mostravam a mesma ligação ao país de origem. Um deles, Sam Levy, que por uma comovente ironia da sorte encontrou em Lisboa um refúgio contra o nazismo, conta que, até ao grande incêndio de Esmirna, de 1922, a chave da casa ancestral continuava a passar-se de pai a filho na sua família. A pátria longínqua tornou-se o tema cifrado por excelência do objecto da ternura. «Nos momentos de maior afecto, ao chamá-lo para os seus braços, [a sua avó] dizia: "Vem cá, meu Portugal".»[40]

Homens e mulheres que nunca viram Portugal transmitiram ao longo dos séculos o provérbio judeo-espanhol: *Quien no vido Lisbona no vido cosa bona*, «Quem não viu Lisboa não viu coisa boa»[41]. Essa lusitanidade imaginária de certos salonicenses não se traduzia, porém, em laço concreto algum com a pátria perdida, situada na outra extremidade do continente. Simbolizava a lembrança de uma experiência comunitária muito específica, um exílio no seio do exílio. Toda a memória colectiva, dirá Maurice Halbwachs, se apoia em referências espaciais imaginárias. A imersão prolongada dos seus antepassados no cristianismo da Renascença conferia aos «portugueses» um perfil cultural próprio, distinto dos outros judeus, mesmo ibéricos, que não tinham nunca conhecido esse momento de alienação. Esse particularismo só desapareceu no século XVII, quando os judeus turcos deixaram de se reunir em comunidades distintas em função das suas origens migratórias.

7. *Os portos de abrigo ameaçados de Itália*

Em Itália, terra de refúgio para muitos cristãos-novos portugueses e, ao mesmo tempo, principal mercado de exportação do comércio dos judeus otomanos, o regresso ao judaísmo era proibido, mesmo onde comunidades judaicas autóctones viviam em liberdade. Com efeito, numa óptica cristã a conversão dos judeus baptizados teria constituído um delito de apostasia, passível da pena capital. Na República de Ragusa (a actual Dubrovnik), o Senado deliberou, a partir de 1510, sobre a expulsão dos *Marani et Judei*, medida que foi posta em prática em 1515. Por pressão de Carlos V, a República de Veneza tomou medidas contra os renegados do cristianismo que chegavam de Salonica, mas também contra numerosos *marrani* que, imigrados de Portugal, achavam mais seguro, ou cómodo, manter um cristianismo de fachada, enquanto confraternizavam ao mesmo tempo com os judeus do gueto.

Excluídos de Antuérpia e Veneza, os refugidos da Inquisição procuraram um outro ponto de ancoragem. Cosme I da Toscana convidou-os em Janeiro de 1548 a instalarem-se em Pisa, na condição de não mudarem de culto. Foi mais ou menos nesses termos que o rei Henrique II de França publicou, em Agosto de 1550, as suas «Cartas de naturalidade e dispensas para os Portugueses chamados cristãos-novos». Essa carta revelar-se-ia preciosa duas gerações mais tarde. No século XVI, os mercadores portugueses fizeram apenas estadias passageiras em Lyon, Bordéus ou outras cidades do território francês, então assolado pelas guerras de religião.

Três portos adriáticos secundários ofereceram então condições mais vantajosas para atrair os mercadores, cuja implantação era tão desejada no plano económico como detestada no plano religioso. Em Itália, o único príncipe verdadeiramente capaz de oferecer garantias sólidas aos renegados era, evidentemente, o próprio papa. Clemente VII havia já acolhido o comércio oriental dos portugueses no seu porto de Ancona. O seu sucessor, Paulo III, garantia-lhes, em Fevereiro de 1547, que sobre qualquer questão referente à sua vida passada deixavam de poder ser julgados a não ser pelo próprio pontífice em pessoa. Os cristãos-novos, publicamente regressados ao judaísmo, fundaram em Ancona uma sinagoga importante; com algum exagero, indicava um jesuíta, em 1554, o número de 2500 a 3000 judeus portugueses. Todavia, um ano mais tarde o temível inquisidor Pietro Caraffa apoderava-se do trono pontifício sob nome de Paulo IV. Revogou todos os privilégios concedidos aos judeus-novos e despachou para o terreno um comissário encarregue de os fazer prender. Da centena de pessoas que lhe caíram nas mãos, metade conseguiu evadir-se subornando o comissário; vinte e cinco foram reconciliadas e condenadas às galés de Malta, mas escaparam no caminho. Vinte e quatro homens e uma mulher foram condenados à morte e queimados na praça pública. A catástrofe escandalizou os judeus do Império Otomano que, guiados por Grácia Nasi, esforçaram-se durante algum tempo por impor um bloqueio comercial ao porto de Ancona. Um outro príncipe de Itália, o duque de Urbino, tentou, entretanto, tirar proveito da situação, convidando os mercadores judeo-portugueses a instalarem-se na sua cidade de Pesaro, mas a iniciativa fracassou por causa da insuficiência das instalações portuárias.

Por fim, seria o duque Ercole II d'Este quem apareceria como o mais poderoso protector dos judeus. A partir de 1538, fez publicar duas cartas patentes prometendo acolher na sua cidade de Ferrara todas as pessoas hispanófonas e lusófonas, e conceder-lhes liberdade «de vir, como cristãos, ou como judeus»[42]. O porto situado na foz do rio Pó foi a única cidade da Cristandade a amnistiar a apostasia dos baptizados à força. A comunidade judeo-portuguesa de Ferrara constituía um corpo de mercadores e fabricantes de tecidos funcionando como uma vasta rede familiar. A maior parte dos seus membros vinha da região de Coimbra, e essa origem comum reforçava a sua união. O judaísmo de Ferrara atingiu a sua idade de ouro no curso do terceiro quartel do século XVI, quando a cidade contava, a crer no estudioso judeo-italiano Azaria de'Rossi, nada menos que dez sinagogas. Os sefarditas reuniam-se à volta do banqueiro D. Isaac Abravanel, neto do comentador do mesmo nome, que vivia com bastante fausto e tinha o seu próprio rabino, José de Fez. Em 1574, a comunidade comprou o cemitério, que até aí detinha por contrato de arrendamento. Mas a sorte política acabou por se voltar contra esses refugiados, altamente vulneráveis por causa do seu passado religioso. Uma decisão papal, consignada na bula *Antiqua Judaeorum improbitas*, de 1 de Setembro de 1581, desencadeou um novo período de repressão. A Inquisição romana foi chamada a intervir nas comunidades judaicas de Itália, para aí perseguir os cristãos apóstatas. Os que não fugiram a tempo de Ferrara foram presos, e o ourives e circuncidador José Saralbo foi queimado em Roma, em 19 de Fevereiro de 1583.

Ainda que efémero, o acolhimento reservado pela cidade de Ferrara deixou uma marca duradoura na história judaica, devida, antes de mais, às criações literárias e artísticas que aí se desenvolveram. A firme conservação da religião judaica juntava-se a uma busca da elegância, segundo o modelo aristocrático envolvente, no vestuário, nas casas, na língua e nos costumes. Esse esteticismo, que se tornaria uma virtude distintiva dos judeo-portugueses, manifestou-se muito em particular numa literatura refinada em língua espanhola ou portuguesa clássica. Um latinista de Lisboa, Duarte Pinel, fundou, sob o nome judaico Abraão Usque, uma imprensa nas línguas hebraica, espanhola e portuguesa, que esteve activa entre 1553 e 1557, graças ao apoio da riquíssima Grácia Nasi. O principal feito dessa oficina, que tinha por emblema a esfera armilar do rei D. Manuel de Portugal, foi a edição da Bíblia e do ritual sefardita,

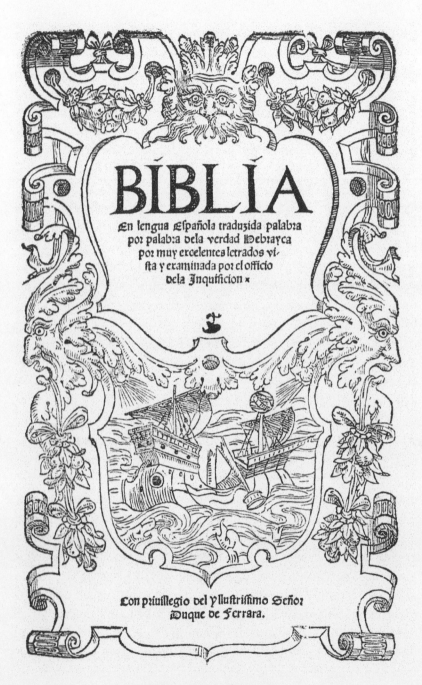

«Bíblia de Ferrara», 1553.

em tradução judeo-castelhana. A bíblia espanhola, dita «Bíblia de Ferrara», revista pela Inquisição papal, saiu em três edições, que se distinguem por variações mínimas no frontispício e em certas passagens cruciais do texto. No seu prefácio ao leitor, os editores colocam o seu empreendimento, a «Bíblia em língua espanhola, traduzia palavra por palavra da verdade hebraica por mui excelentes letrados», entre as traduções contemporâneas em italiano, francês, holandês, alemão, inglês e catalão e, sobretudo, a versão latina do dominicano Sante Pagnini. Desejando obter uma versão literal do texto sagrado, declaram ter recorrido «à língua utilizada antigamente pelos judeus espanhóis». O procedimento de tradução apresenta, com efeito, um parentesco muito estreito com as chamadas *bíblias romanceadas*, ou seja, as traduções castelhanas utilizadas na Idade Média pelos judeus de toda a Península Ibérica. As publicações de Ferrara ligavam assim a vida religiosa dos cristãos-novos, regressados ao judaísmo, às suas fontes medievais. A bíblia espanhola de Ferrara teve uma importância considerável, não apenas na medida em que influenciou a primeira tradução espanhola efectuada por um cristão, o luterano Casiodoro de Reina, em 1569, mas também em razão do seu sucesso entre os portugueses, para quem ela teve quase o estatuto de texto sagrado. Foi reproduzida muito fielmente em numerosas edições.

Habitados pelos temas inesgotáveis que são o amor contrariado e a nostalgia da pátria perdida, vários escritores saídos do meio neo-cristão em Itália permanecem, para nós, personalidades profundamente enigmáticas: Bernardim Ribeiro, autor do romance *Menina e Moça*, um clássico da literatura portuguesa, impresso em 1554 na oficina de Abraão Usque, e Jorge de Montemayor, que escreveu, em castelhano, o romance *Diana* (1559). Os temas do amor e do exílio encontram-se na obra de um poeta latino um pouco mais conhecido, Diogo Pires (1517-1599) de Évora, que adquiriu a sua cultura humanista em Salamanca, Lovaina e Paris. Viveu em Veneza, depois publicou em Ferrara o seu *Carminum liber unus*, em 1545. Depois de uma estadia em Roma, chegou à cidade de Ragusa, onde se juntou à comunidade judaica, adoptando o nome de Isaías Cohen. Foi ainda em Ragusa que viveu o seu amigo, o doutor João Rodrigues de

Castelo Branco (1511-1568), nascido na cidade portuguesa do mesmo nome. Esse descendente da ilustre família sefardita dos Ibn Habib formou-se igualmente em Salamanca. Para voltar ao judaísmo, chegou, por Antuérpia, a Ferrara em 1541, e aí publicou a partir de 1551, sob o nome de Amatus Lusitanus, as *Centuriae*, que fizeram dele um dos médicos mais famosos do século.

Dois autores saídos do mesmo meio pertenciam verosimilmente à mesma família que o impressor Abraão Usque. Salomão Usque, *alias* Duarte Gomes, poeta de língua espanhola, tradutor de Petrarca, fez representar em Veneza, em 1558, a peça *Esther*, que marcou o início do teatro judaico. Do historiador Samuel Usque, sabemos apenas que chegou a Ferrara, via Flandres, e que terminou a sua vida na Terra Santa. A sua obra *Consolaçam ás tribulaçoens de Israel*, de 1553, exprime, sob a forma de alegoria pastoral, a consciência atormentada dos cristãos-novos, «esta nossa naçaõ seguida & afugentada agora dos reinos de Portugal». É na primeira pessoa do singular que o protagonista, «Ycabo» (Jacob), conta a história do povo judaico aos seus dois amigos, «Zicareo» e «Numeo», alegorias da Memória e da Consolação, que são também os profetas homónimos da Bíblia, Zacarias e Naum. Os amigos mostram-lhe que a diáspora é um mal menor, pois a graça divina dispersou o povo judeu para lhe dar uma segurança relativa, que perderia, se estivesse reunido num único território. O romance tem acentos messiânicos, quando Usque demonstra o carácter providencial dos males que serão, no futuro, compensados pelos bens prometidos nos livros proféticos. Em suma, Usque ajuda os seus a decifrar a sua experiência traumática com recurso a uma leitura religiosa, extraída da frágil analogia entre os sofrimentos dos refugiados neo-cristãos e o martirológio milenar do povo judaico exilado da sua terra. Na ambiguidade fundamental da expressão «nossa nação», que designa em Usque tanto a nação portuguesa quanto a nação judaica, eclode pela primeira vez na história o conflito identitário do judeu moderno. Ora, a dupla pertença do judeu português traduz-se, na visão trágica da *Consolaçam*, negativamente: pela sucessão dos dois exílios que Israel sofreu, o do Sião e o de Lisboa.

B. A «Nação» entre dois fogos (1580-1640)

1. O açúcar brasileiro e a grande razia

Foi um fazendeiro neo-cristão, Fernão de Noronha, que introduziu, a partir do início do século XVI (antes de 1515) a cana-de-açúcar no Brasil, o que transformou esse país ainda virgem numa bênção para Portugal. Em 1550, um outro cristão-novo, Diogo Fernandes, originário da Madeira, era o maior conhecedor dessa cultura. Administrava um dos cinco «engenhos» (explorações açucareiras) do Brasil existentes nessa época. Nos anos que se seguiram, a produção tomou um impulso formidável: em 1570, o número de engenhos brasileiros ultrapassava os 60; em 1600, tinha subido para 120 e, em 1628, para 235. As plantações repartiam-se por toda a zona costeira, indo de Olinda e Pernambuco, no Norte, até Porto Seguro e Vitória do Espírito Santo, no Sul, passando pela capital, Salvador da Bahia.

Numerosas famílias neo-cristãs de Lisboa e do Porto reuniam no seu seio «senhores de engenho», funcionários, armadores e capitães de navios, caixeiros-viajantes, ditos «homens de ida e vinda», e depois uma vasta rede de correspondentes e negociantes subalternos, que trocavam açúcar por mercadorias europeias.

Sendo o comércio dos produtos brasileiros livre, não tinham de passar necessariamente por Lisboa. Apenas um quarto dos carregamentos de açúcar destinados aos Países-Baixos transitava pela capital, enquanto o resto chegava aos portos do Norte de Portugal: Aveiro, Porto, Vila do Conde e Viana do Castelo. A actividade marítima dessas cidades atraiu, do campo, uma imigração de cristãos-novos, frequentemente artesãos convertidos ao comércio. Mesmo que a troca de mercadorias brasileiras por tecidos europeus formasse a base do comércio, a baixa dos preços de transporte marítimo facilitou a exportação de certos produtos portugueses: vinhos do Douro, sal de Setúbal, azeite, amêndoas e uvas do Algarve. Nos portos de chegada do açúcar, a preparação de compotas para exportação constituía uma importante actividade manufactureira para os cristãos-novos. As colónias neo-cristãs florescentes das ilhas do Atlântico (Açores, Canárias, Madeira) estavam particularmente bem situadas para exportar frutas e vinhos para os três continentes. A nova economia brasileira estimulou também a colonização comercial de África. Entre os concessionários do monopólio real do tráfico negreiro, numerosos cristãos-novos estabeleceram os seus parentes e associados nas praças-fortes das ilhas de Cabo Verde e São Tomé, da Costa da Guiné e do Reino do Congo.

Em teoria, a política de perseguição do criptojudaísmo e de marginalização dos cristãos-novos aplicava-se também às colónias, mas foi posta em prática com uma certa flexibilidade. Os emigrados brancos, nobres e plebeus, cristãos-velhos e novos, eram antes solidários face à hostilidade da natureza e à da população negra e índia. Os cristãos-novos, que parecem ter sido cerca de 20% dos luso-brasileiros no início do século XVII, gozavam da protecção do governo colonial e acediam facilmente às altas funções da vida económica, administrativa e eclesiástica do Brasil. Em 1593, o cristão-novo Duarte Nunes Nogueira era o primeiro juiz de Angola, onde a oligarquia comercial da «Nação» viveu o seu momento de glória durante as três primeiras décadas do século seguinte.

No plano religioso, a sociedade colonial tinha sobre os cristãos-novos efeitos contraditórios. A ascensão social e a mestiçagem favoreciam, em princípio, a sua assimilação. Porém, exilando numerosos condenados para o Brasil, a Inquisição reforçava o criptojudaísmo na colónia. No imenso território brasileiro, a vigilância das práticas religiosas era menos estrita. Isso explica-se designadamente pela política centralizadora da coroa, que se opôs à criação de um tribunal inquisitorial próprio. Em 1580, o bispo da Bahia, assistido por jesuítas, viu-se outorgar o poder de enviar suspeitos ao Santo Ofício de Lisboa, a fim de que aí fossem julgados. Em duas ocasiões, o tribunal metropolitano interveio directamente no Brasil, organizando inspecções: uma por Heitor Furtado de Mendonça, em 1591-1595, e outra por Marcos Teixeira, em 1618-1620; os Açores e a ilha da Madeira foram inspeccionados na mesma ocasião.

Os documentos da primeira inspecção brasileira permitem-nos reconstruir o estilo de vida criptojudaico que se tinha desenvolvido em torno de certas famílias de elite. A do plantador Heitor Antunes, imigrado em 1557, estava no centro da vida religiosa clandestina da Bahia. A família, que estabelecera uma sinagoga na sua casa em Mantoim, pretendia-se descendente dos Macabeus. O movimento judaizante do Nordeste era animado por Diogo Fernandes, que fundou uma escola em Olinda. Um professor de latim, Bento Teixeira (1561-1600), natural do Porto, inaugurou a poesia brasileira com uma pequena epopeia patriótica de Pernambuco, a *Prosopopea*, que foi publicada em Lisboa, em 1601, um ano depois da morte do seu autor na prisão, após de ter sido condenado por criptojudaísmo pela Inquisição. Ambrósio Fernandes Brandão foi o sucessor de Diogo Fernandes como administrador de uma plantação em Camaragibe. Atribuem-se-lhe tradicionalmente os *Dialogos das grandezas do Brasil*, de 1618.

No Brasil, fidelidade religiosa e pertença étnica não iam sempre forçosamente a par: enquanto certas pessoas de origem judaica se assimilavam, outras, descendentes de famílias fortemente misturadas, puderam integrar-se nos círculos criptojudaicos, como foi o caso de certos espanhóis, negros e mestiços. Em Portugal metropolitano, as alianças familiares entre cristãos-velhos e novos continuaram a ser excepcionais, e no reinado de Filipe II [Filipe I de Portugal], a marginalização dos convertidos tornou-se ainda mais efectiva. As corporações de ofícios e confrarias religiosas foram, em Portugal, as primeiras a definir «estatutos de pureza de sangue», tendo por efeito excluir das suas fileiras os cristãos-novos. Em seguida, este sistema foi aplicado na administração e, depois, em vários colégios universitários e em certas ordens religiosas. Pelo seu breve *De puritate*, o papa Sisto V (1585-1590) proibiu aos cristãos-novos portugueses o acesso à hierarquia eclesiástica e, depois, a admissão à Ordem dos Jesuítas.

Simultaneamente, a Inquisição lançava nos anos 1590 um assalto sem precedentes contra os círculos criptojudaicos. Meio século após a sua fundação, o tribunal tinha conseguido implantar em todo

OS CRISTÃOS-NOVOS E A SUA DIÁSPORA

o reino as suas redes de agentes, «comissários» ou «familiares». Tinha aprimorado vastos inventários e outros instrumentos logísticos para localizar rapidamente qualquer suspeito. Como instituição nacional autónoma, beneficiava, além disso, de uma popularidade sem limites. No Brasil como na metrópole, de Bragança, ao Norte, até Serpa, ao Sul, foram dizimadas ou exterminadas comunidades inteiras depois de prisões em massa.

Com vista a limitar as razias, os cristãos-novos organizaram-se para entabular negociações concertadas com a coroa. Filipe II [I de Portugal] recusou as suas ofertas, temendo melindrar as autoridades portuguesas por uma política demasiado indulgente; mas, em 1599, o seu filho Filipe III [II de Portugal], para remediar às urgências financeiras da sua marinha, declarou-se disposto a pedir um perdão geral a Roma. Apesar dos protestos dos três arcebispos de Portugal, em 1601 o rei vendeu aos cristãos-novos o direito de saírem livremente do país. Entrando com mais 1,7 milhões de cruzados para a coroa, estes obtiveram finalmente um «perdão geral» do papa. Essa decisão, promulgada em Lisboa a 16 de Janeiro de 1605, libertou todos os prisioneiros da Inquisição e anulou a documentação acumulada até aí pelos inquisidores. Significou, pois, a suspensão total das perseguições, até que os inquisidores reconstituíssem os seus ficheiros por ocasião de novas delações.

Porém, esses quinze anos de perseguição haviam mudado para sempre a situação dos cristãos-novos portugueses. Milhares de pessoas tinham-se expatriado para evitar a prisão; outras tinham emigrado depois da saída dos cárceres, para fugir a uma vida de humilhação e miséria. Forçados ao exílio, esses emigrantes chegaram aos portos estrangeiros em boa hora. Souberam tirar proveito do advento de uma nova economia atlântica fundada na troca das riquezas coloniais ibero-americanas pelos têxteis e outros produtos manufacturados provenientes do Norte da Europa. O progresso da navegação permitiu baixar o custo do transporte marítimo, de tal modo que o transporte de madeira, ferro, cobre, trigo e outras cargas pesadas, vindas do Mar Báltico, se tornou rentável. A expansão do comércio e a especialização das economias europeias, desde finais do século XVI, arrastaram uma crise terrível da produção agrícola e manufactureira nos países ibéricos e mediterrânicos.

Ora, no momento em que as economias do Norte e do Sul da Europa se tornavam complementares, as guerras de religião e, em particular, a longa insurreição dos Países-Baixos contra a Espanha (1568-1648), criaram obstáculos a essas trocas. Católicos e calvinistas excluíam-se mutuamente das suas terras, tentando cada lado travar o comércio inimigo através de embargos, bloqueios e frotas de corsários. A flexibilidade religiosa foi então um trunfo considerável para os cristãos-novos, graças à qual souberam fazer render a sua experiência e saber financeiros, e a sua implantação nas colónias. Fugindo às perseguições inquisitoriais, a «nação portuguesa» tornou-se a única rede de mercadores simultaneamente activa na economia açucareira do Brasil, nos centros industriais dos países protestantes e nos circuitos do ouro e da prata hispano-americanos. Possuía, além disso, laços privilegiados com os judeus asquenazitas da região báltica, com as redes sefarditas dos países muçulmanos, bem como com os judeus da Índia. Tendo em conta a sua importância nas trocas mundiais durante esse período, Fernand Braudel não hesita em falar, depois do «século» dos Fugger e do «século» dos genoveses, do «século» dos grandes mercadores judeus portugueses ([43]).

2. O novo judaísmo do Mar do Norte

De 1577 a 1585, Antuérpia foi governada por um regime calvinista, que se foi mostrando cada vez mais intransigente para com o culto católico. Enquanto os Rodrigues de Évora e os Ximenes transferiam os seu negócios para Colónia, famílias de judaizantes chegavam a Antuérpia: em 20 de Agosto de 1577, apenas passadas três semanas sobre a tomada da cidade pelos partidários do príncipe de Orange, um grupo de portugueses pediu direito de estadia no território, na qualidade de judeus. As novas autoridades aceitaram o pedido, embora não tenha sido publicada qualquer carta oficial. Um grupo de judeus marroquinos foi autorizado a fixar-se na cidade em 1580, e alguns sefarditas do Oriente vieram juntar-se-lhes, em 1582,

OS CRISTÃOS-NOVOS E A SUA DIÁSPORA

quando a municipalidade concluiu uma aliança com a Sublime Porta. O estilo de vida judaico que se desenvolveu na colónia portuguesa, animado por «rabinos» italianos, é descrito em vários relatórios inquisitoriais. Possuímos mesmo os dois volumes de um ritual judaico em língua espanhola, impressos em 1584, em Dordrecht, e não em Mainz, como menciona a obra.

Depois da reconquista espanhola de Antuérpia no ano seguinte, os fiéis voltaram à clandestinidade. Uma lista secreta estabelecida para a Inquisição, cerca de 1588, informa-nos que os mercadores que possuíam as maiores fortunas da colónia portuguesa de Antuérpia faziam parte desse grupo: o mais rico, Simão Sueiro, tinha uma fortuna estimada em cento e vinte mil cruzados. A ascensão dos judaizantes em terra protestante redourou o brasão dos seus associados em Lisboa, entre os quais Heitor Mendes, «o Rico», que morreu em 1622 e foi senhor de um império europeu valendo mais de seiscentos mil cruzados.

A maior parte dos judeus que escolheram fugir de Antuérpia dirigiram-se para Veneza, onde a Inquisição estava ainda activa. Porém, a partir de 1577, o empresário português Daniele Rodriga ofereceu à República, como contrapartida da protecção dos seus compatriotas, a fundação de um porto em Split, possessão veneziana na Croácia, para aí reorientar o comércio terrestre através da península balcânica. Depois de 12 anos de debates, a República, reconhecendo a «mudança dos negócios no mundo», adoptou uma decisão favorável à instalação dos mercadores atlânticos. A autorização de permanência (*condotta*) de 27 de Julho de 1589, que pôs fim aos processos por apostasia, regulamentou a actividade dos «mercadores judeus, levantinos, espanhóis e outros, vivendo em Veneza com a sua família». Os cristãos-novos portugueses voltados à sua antiga religião foram aceites sob o eufemismo de «ponentinos». A sua importância tornou-se rapidamente considerável. No século XVII, a assembleia representativa das três «nações» judaicas da cidade contava 60 «ponentinos» para apenas 40 asquenazitas e 12 «levantinos» (sefarditas do Oriente). Os «ponentinos» eram também obrigados a usar a boina amarela e a viver no Ghetto Nuovo, onde fizeram erguer uma sinagoga impressionante, a Scola Grande Spagnola. Em 1633, eram suficientemente numerosos para construir um bairro residencial próprio, o Ghetto Nuovissimo. O grosso das trocas com o Oriente passou, desde então, a ser encaminhado pela nova rota terrestre organizada por Rodriga. Contudo, o comércio marítimo subsistiu, passando pela ilha veneziana de Corfu, onde estavam instalados 600 judeus de origem peninsular, a maior parte de imigração recente.

A conjuntura favorecia agora aqueles portos italianos que ofereciam um acesso mais fácil à economia atlântica. Sob disfarce cristão, os mercadores, médicos e juristas portugueses viviam em Nápoles, Roma e Florença. Em 1591, o Grão-Ducado da Toscana garantiu acolhimento aos judeus portugueses em Pisa. Depois da criação do porto franco de Livorno, abriu-o à imigração judaica por carta patente de 10 de Junho de 1593, a famosa *Livornina*. Passou a haver na Toscana duas categorias de judeus: os de origem italiana, que as leis obrigavam a viver, no gueto, do negócio de roupa usada e do empréstimo a juros, e os mercadores portugueses, que beneficiavam de liberdades excepcionais para a época.

No Norte, o bloqueio de Antuérpia pelos insurrectos holandeses, em 1594, forçou os portugueses a procurar uma nova via de escoamento para os seus carregamentos coloniais. No início da união real, depois do fracasso das pretensões de D. António, prior do Crato, à coroa portuguesa, os seus partidários, que se encontravam em Londres, procuraram discretamente um entendimento com o novo regime espanhol. Essas negociações valeram ao chefe do grupo neo-cristão, o médico Rodrigo Lopes, um processo por traição, e foi executado em Tyburn, nesse mesmo ano de 1594. O assunto suscitou em Inglaterra uma vaga antijudaica efémera, que conhecemos sobretudo através do seu eco literário em *O mercador de Veneza*, de Shakespeare. Em 1595, os mercadores de Portugal chegaram a Nantes, Ruão, Amesterdão e Hamburgo. Foi, porém, Amesterdão, principal porto nos territórios holandeses revoltados, que acolheu o maior número. As duas primeiras famílias a instalar-se, os Veiga e os Pimentel, eram portugueses de Antuérpia. Cedo foram seguidos por numerosos mercadores do açúcar, vindos directamente do Porto e da sua região.

OS CRISTÃOS-NOVOS E A SUA DIÁSPORA

A investigação recente devolveu ao reino da invenção literária as lendas populares sobre esses inícios, que põem em cena criptojudeus ávidos de beneficiar da liberdade de religião holandesa e magistrados muito prontos a conceder-lha. Na verdade, nenhuma dessas cidades do Norte desejava dar acolhimento à sinagoga. É certo que o cliché do usurário, que a época associava ao judeu, não se aplicava a estes portugueses. Estes gozavam, pelo contrário, de uma boa imagem, não apenas devida à sua riqueza, mas também graças aos seus costumes polidos e ao alto nível dos seus intelectuais, designadamente dos seus médicos que, excluídos de Coimbra pelas leis de «pureza», tinham adquirido conhecimentos científicos em Espanha e Itália. Rodrigo de Castro (1550-1627), ido de Lisboa para Hamburgo, aí publicou, em 1603, o primeiro manual de ginecologia moderna; Felipe Rodrigues de Luna, *alias* Elias de Montalto (1567--1616), nascido em Castelo Branco, tratou Maria de Médicis, em Florença e Paris, e escreveu um tratado de óptica; Manuel Álvares de Távora, *alias* Zacutus Lusitanus (1575-1642), refugiado de Lisboa em Amesterdão, redigiu uma verdadeira enciclopédia de clínica.

Porém, as tradições religiosas e políticas e, sobretudo, a influência do clero impediam os dirigentes de todas estas cidades de acolhimento de reconhecer oficialmente a minoria não cristã, por muitos benefícios que isso trouxesse do ponto de vista económico. Para a lei francesa, os «mercadores portugueses» continuavam católicos, e até mesmo as suas devoções privadas estavam, em teoria, sujeitas a julgamento pelos tribunais locais. Vários éditos de expulsão atingiram os judaizantes de Bordéus, em 1597, do País Basco, em 1602, e depois de toda a França, em 1615, o que punha em evidência a ambiguidade do seu estatuto e a precaridade da sua situação. Por seu turno, a Inglaterra expulsou efectivamente os portugueses em 1609, quando a sua verdadeira identidade religiosa se tornou evidente. As autoridades municipais de Amesterdão lembraram aos imigrantes, a partir de 1598, que o culto calvinista era o único permitido na cidade. Em 1603, os primeiros rumores sobre uma organização judaica privada ocasionaram uma investigação criminal; e em 1612, o conselho municipal ameaçou mandar destruir um edifício em construção, destinado a servir de sinagoga. Uma política mais coerente, mas igualmente restritiva, foi seguida pelo Senado da cidade livre de Hamburgo. Em 1612 e em 1617, depois de consultados vários eminentes juristas alemães, o Senado assinou com os imigrantes contratos que os reconheciam como judeus, mas limitavam o exercício do seu culto ao quadro doméstico.

Para exercer pressão, os portugueses de Amesterdão obtiveram das cidades rivais de Alkmaar, Haarlem e Roterdão cartas de reconhecimento da liberdade de religião. Seguindo uma recomendação do célebre jurista Hugo Grotius, a municipalidade de Amesterdão alterou a sua política, numa ordenação de aparência anódina, de 8 de Novembro de 1616: com o pretexto de formular um catálogo de restrições (interdição de ofensa à religião dominante, de conversão de pessoas de origem não ibérica e da prática de relações sexuais com cristãs), outorgava-se, de facto, um reconhecimento jurídico ao estabelecimento dos judeus na cidade. Um projecto de regulamento mais elaborado, que Grotius submeteu em 1619 aos Estados da Holanda, não foi adoptado.

Os portugueses de Amesterdão não esperaram por esse desfecho para se dotarem de instituições religiosas. Em 1603, James Lopes da Costa, *alias* Jacob Tirado, nativo de Azurara, acolheu em sua casa um judeu alemão de Emden, Phoebus Joosten, *alias* Uri Halevi, que viria a ser o primeiro degolador ritual, chantre e circuncidador da comunidade. Esta veio a chamar-se *Bet Yahacob*(*) (Casa de Jacob), em memória de Tirado, que emigrou em 1612 para a Terra Santa. Em 1608, foi fundada uma segunda congregação, *Neveh Salom* (Morada da Paz), por Francisco Mendes Medeiros, *alias* Isaac Franco, originário do Porto, que chamou rabinos espanhóis imigrados do Mediterrâneo. Dois anos mais tarde, o rico lisboeta Bento Osório (1563-1644), instalado nos Países-Baixos, fundou a sua própria sinagoga *Bet Israel* (Casa de Israel). Desde 1616, os membros da *Bet Yahacob* tinham contratado um jovem rabino de

---

(*) As transliterações usadas para os nomes hebraicos das instituições judaicas seguem o uso histórico consagrado nas comunidades respectivas. *(N.T.)*

OS CRISTÃOS-NOVOS E A SUA DIÁSPORA

origem asquenazita veneziana, mas de educação sefardita: Saul Levi Mortera (1596-1660). Pregador, mestre-escola e autor de textos religiosos, este rabino lusófono soube iniciar os ex-católicos à ortodoxia judaica. As comunidades juntaram os seus esforços para comprar um cemitério (1614), fundar uma escola (1616), depois uma academia talmúdica (1637); e, em 1639, unificaram-se sob o nome *Talmud Torah* (Estudo da Lei), à semelhança da sinagoga hispano-portuguesa de Veneza. De igual modo, em 1652, as três sinagogas que existiam em Hamburgo formaram uma só, nomeada *Bet Israel* (Casa de Israel). Nessa altura, o regresso público ao judaísmo era apanágio de uma fracção minoritária mas significativa, entre os emigrantes da «Nação»: 1800 em Amesterdão, 1250 em Livorno, um milhar em Hamburgo e pelo menos outro tanto em Veneza, cuja população judaica totalizava 4800 indivíduos em 1655.

O regime interno destas quatro novas comunidades afastava-se consideravelmente dos usos que haviam tido curso na tradição medieval, para se aproximar das estruturas oligárquicas bem conhecidas das autoridades municipais da época. Em Amesterdão, o conselho executivo (*mahamad*) da comunidade era composto por seis administradores (*parnassim*), eleitos por um ano, e por um secretário tesoureiro (*gabbai*). Como a eleição se fazia por cooptação do conselho cessante, os administradores eram escolhidos entre uma elite bastante reduzida. Os rabinos eram empregados do conselho, de tal modo que este deixara de ter de enfrentar o seu poder, como fora o caso na Idade Média.

Esse regime autoritário, vindo do judaísmo mediterrânico do século precedente, visava jugular a mobilidade e o pluralismo religioso reinante entre os cristãos-novos reconvertidos. O conselho empregava frequentemente o banimento (*herem*), que excluía um indivíduo temporariamente dos serviços e relações comunitárias. De acordo com dois registos conservados, essa sanção foi infligida em Amesterdão 46 vezes entre 1622 e 1683 e, em Hamburgo, 41 vezes entre 1652 e 1681. Compreende-se que algumas vítimas dessa medida tenham acusado as autoridades judaicas de rivalizar em severidade com o Santo Ofício ibérico.

Resistindo ao regresso à ortodoxia, existia um judaísmo mais flexível entre certos portugueses de Amesterdão. São os «judeus sem sinagoga», na expressão de Yosef Kaplan, que praticavam a religião judaica de forma mais ou menos rigorosa sem integrar a comunidade. Convém ainda precisar que as novas comunidades judaicas só acolhiam uma pequena parte dos cristãos-novos emigrados de Portugal. De acordo com um registo levantado em 1613 pelos serviços de informação da Inquisição portuguesa, quatro em cada cinco emigrantes tinham procurado acolhimento, pelo menos passageiro, em Espanha, em França e nos Países-Baixos espanhóis, onde estava fora de questão praticar abertamente o judaísmo [44]. Por consequência, de 1383 judeus portugueses imigrados que se casaram em Amesterdão ao longo do século XVII, menos de um terço mencionava Portugal como país de nascimento, enquanto 40% descendiam de emigrantes portugueses em terra espanhola, francesa ou flamenga [45]. Assim, para a maioria dos migrantes o retorno ao judaísmo foi um processo progressivo, escalonando-se por várias gerações. Durante cerca de um século, todas as famílias da nova diáspora atlântica viviam entre duas áreas religiosas, que o jargão ortodoxo se comprazia em chamar, respectivamente, as «terras do judesmo» e as «terras da idolatria».

A confraria de caridade *Dotar*, fundada em Amesterdão, em 1615, para dotar raparigas sem posses, era a única instituição que abraçava no seu conjunto a diáspora portuguesa, «desde Jan da Lus [Saint-Jean-de-Luz] até Danzique por hua e outra parte, as[s]y de França como de Flandes, Inglaterra e Alemanha». Ela aceitava, com efeito, confrades que viviam fora das comunidades sob a máscara de cristãos, «com tanto que aja primeiro verdadeira informaçam e noticia que confessam a Unidade do Senhor do Mundo e conhecem a Verdade de Sua Ley Santíssima»[46]. Em tudo o mais, a autoridade no seio da «Nação» repousava inteiramente sobre as estruturas das grandes dinastias de mercadores.

3. Castela e a América espanhola

Até 1580, a imigração de neo-cristãos portugueses para Espanha fora negligenciável. Ora, com a união peninsular, as fronteiras abertas de Castela foram atravessadas por um fluxo incessante de fugitivos da Inquisição, estudantes que iam para Salamanca e, sobretudo, mercadores ambulantes que compravam nas aldeias portuguesas a produção doméstica de seda, linho e lã, para a escoar do outro lado da fronteira contra a moeda forte do Peru. Esses mercadores, que calcorreavam sobretudo a Andaluzia, a Estremadura e Castela a Nova, eram quase todos originários das aldeias miseráveis de Trás-os-Montes e da Beira. Os processos por judaísmo, quase desaparecidos da actividade inquisitorial espanhola, reapareceram subitamente nos últimos anos do reinado de Filipe II [I de Portugal], sendo os acusados quase exclusivamente imigrantes portugueses. A língua castelhana da época chegou a empregar a palavra «portugueses» com o sentido pejorativo de cristãos-novos judaizantes.

As grandes famílias de cristãos-novos portugueses dispersaram-se então por toda a Espanha, para participarem nas empresas mais diversas. No final do século, no momento em que se afundava a indústria têxtil de Segóvia e de Burgos, a sua actividade alimentava um mercado ávido de tecidos importados dos Países-Baixos. Durante o embargo comercial da viragem do século, essa rede era alimentada pelas fileiras do contrabando do País Basco. Trezentas famílias de cristãos-novos portugueses teriam habitado o porto fronteiriço de Saint-Jean-de-Luz, onde eram descarregados os navios holandeses.

O comércio português em Espanha assentava numa estrutura hierárquica característica. Os mercadores de feiras e vendedores ambulantes iam às mais pequenas aldeias, enquanto os lojistas estavam presentes nas vilas de média dimensão. Os importadores grossistas alimentavam a rede a partir dos empórios do comércio português, que foram o bairro da Puerta del Sol, em Madrid, e a Calle Sierpes, em Sevilha. Os efectivos portugueses em Espanha terão ultrapassado os dez mil indivíduos no século XVII. A estimativa do comissário Villadiego, em 1633, fala de quatro mil *casas* só na capital, mas é provavelmente

HISTÓRIA DOS JUDEUS PORTUGUESES

excessiva. Uma outra fonte, que estima em duas mil almas a população portuguesa neo-cristã de Sevilha, parece mais fidedigna.

Sevilha era o ponto de partida obrigatório para o comércio hispano-americano, sujeito a um monopólio real. Os cristãos-novos portugueses constituíam o grupo mais importante dos mercadores estrangeiros que tinham obtido «naturalizações para negociar nas Índias». Em princípio, os descendentes de judeus e mouros estavam excluídos da América espanhola em virtude de uma cédula real de 1501; e os candidatos à emigração deviam, a partir de 1552, fazer prova genealógica de «pureza de sangue» na *Casa de Contratación* de Sevilha. Porém, além das dispensas, da corrupção e da falsificação de documentos, havia um meio seguro de escapar ao controle. Como a coroa de Espanha não tinha colónias em África, empregou durante um século cristãos-novos portugueses para gerir o monopólio da importação de escravos negros para a América. De 1540 a 1587, Filipe II [I de Portugal] pôs em prática um sistema de licenças, que concedia a comerciantes domiciliados em Sevilha. De 1589 a 1640, sob a união dos reinos peninsulares, o monopólio foi administrado por arrendadores reais (*asentistas*) em Lisboa. Os navios negreiros eram os únicos dispensados da passagem obrigatória por Sevilha; indo directamente de África para Cartagena das Índias ou Veracruz, podiam impunemente transportar escravos em excesso, mercadorias de contrabando e imigrantes clandestinos, embarcados nas ilhas de Cabo Verde. Mesmo conscientes desses abusos, as autoridades foram incapazes de substituir os cristãos-novos portugueses, e estes continuaram a ser os principais actores da organização triangular deste tráfico inumano. Estimou-se em mais de 300 mil o número de africanos transportados para a América pelos agentes portugueses da coroa espanhola. Foram os primeiros dos oito ou nove milhões de vítimas dessa migração forçada, que iria durar até ao século XIX.

Numerosos cristãos-novos – castelhanos, depois portugueses – instalaram-se na América no decurso da primeira metade do século XVI. Em 1559, Filipe II [I de Portugal] adoptou uma cédula que visava fazer aplicar além-Atlântico a regra da exclusão dos cargos públicos. Foram criados tribunais de Inquisição em Lima, em 1570, na

OS CRISTÃOS-NOVOS E A SUA DIÁSPORA

Cidade do México, em 1571, e em Cartagena das Índias, em 1610. À semelhança dos outros tribunais espanhóis, o combate à heresia judaizante não era a sua principal tarefa, e a sua presença não podia manchar a reputação das terras americanas como terras de refúgio.

A imigração pioneira, verdadeiro *Mayflower* judaico na memória judeo-mexicana, chegou a Tampico em 1580, atrás do almirante Luis de Carvajal y de la Cueva (1539-1591), um cristão-novo de Mogadouro, encarregado por Filipe II [I de Portugal] de conquistar e colonizar a província de Nuevo León, no Nordeste do vice-reino. Governador desses vastos territórios, Carvajal era pessoalmente um assimilado do catolicismo, mas pedira uma dispensa legal para poder trazer para esses territórios inospitaleiros uma centena de famílias neo-cristãs. A presença de criptojudeus entre esses colonos chamou a atenção do Santo Ofício sobre Carvajal, que foi preso em 1589, e levado aos calabouços da Inquisição da Cidade do México, onde viria a morrer. Os seus colonos formaram, entretanto, o núcleo da comunidade criptojudaica da colónia. A maior parte permaneceu em Nuevo León e participou na fundação da cidade de Monterrey. Outros infiltraram-se até ao Novo México, e outros ainda apareceram nos centros mineiros do Sul. O sobrinho e herdeiro do governador, Luis de Carvajal, o Moço (1566-1596), foi preso na cidade mineira de Pachuca com outros 45 judaizantes; a sua execução num auto-da-fé, na Cidade do México, teve bastante eco, pois quis morrer como judeu. Circuncidou-se a si próprio e o seu processo contém escritos religiosos, que compusera na cela.

Seguiu-se uma caça aos judaizantes da América espanhola. Antes do perdão de 1605 pôr fim a essa perseguição, 115 pessoas foram condenadas no México, e 52 no Peru. Os arquivos revelam que certos acusados haviam conhecido a vida judaica de Itália, o que os capacitou a difundir entre os cristãos-novos uma experiência em primeira mão. A liturgia recitada por alguns judaizantes é um reflexo fiel das tradições marranas do velho mundo.

O relaxamento do controle inquisitorial nas décadas seguintes permitiu que a América espanhola se tornasse um destino de eleição para a imigração neo-cristã. De acordo com uma delação de 1622, os quinhentos judaizantes que residiam na Cidade do México tinham uma sinagoga clandestina na Rua de Santo Domingo, a dois passos do Santo Ofício: as suas orações eram audíveis da rua. Dispunham de uma rede comercial que cobria as principais escalas do comércio com a Europa: Havana, Veracruz e Puebla, depois as capitais regionais e os centros mineiros como Taxco, Pachuca e Zacatecas. Os seus representantes estavam presentes na rota asiática do comércio mexicano que, por Acapulco, passava depois a Manila, nas Filipinas.

O comércio interno do Peru era dominado pela colónia comercial portuguesa de Lima, instalada na rua situada de frente para o palácio do cardeal, que ainda hoje se chama *calle de Judíos*. A «Casa de Pilatos», principal entreposto português, continua a ser um monumento da capital peruana. Estabeleceram-se colónias secundárias perto das minas de prata de Cuzco, Huancavelica e sobretudo Potosí, na actual Bolívia. Em princípio, toda a comunicação entre estas regiões longínquas e a Europa tinha de fazer-se através da frota de galeões que circulavam todos os anos entre Sevilha e o istmo do Panamá. Até 1620, mesmo os habitantes da região de La Plata eram forçados a utilizar o canal oficial, franqueando os desfiladeiros dos Andes. Ao impor este gigantesco desvio, cujo custo se vinha acrescentar ao dos direitos alfandegários e dos controlos administrativos, o poder real criava, de facto, perspectivas imensas de lucro para o contrabando. O Brasil era a única região ibero-americana aberta à navegação privada: os portugueses fizeram dela uma base operacional para a extracção ilegal de prata do Peru, e para aí introduzir têxteis europeus e escravos africanos. Em 1621, um quarto dos habitantes de Buenos Aires, equivalente a 370 pessoas, era português; a cidade tornara-se de tal forma uma placa giratória para o contrabando entre o Brasil e o Peru, que a Inquisição espanhola quis aí instalar um tribunal suplementar. Grupos mais restritos de mercadores, ditos *peruleros*, haviam-se instalado nas etapas de Córdoba e de Tucumán, de onde passavam aos Andes.

Os documentos do Santo Ofício, entre os quais se contam cerca de 380 processos completos conservados na Cidade do México, permitem desenhar uma imagem precisa dessa sociedade mercantil. Mostram que os nativos de Portugal predominavam em mais de

OS CRISTÃOS-NOVOS E A SUA DIÁSPORA

80%, sendo a maioria dos outros nascidos na Andaluzia. Um quarto das pessoas acusadas de judaísmo pela Inquisição mexicana são mulheres. Essa proporção é inferior à que se encontra nos tribunais espanhóis (um terço) e nos tribunais de Portugal metropolitano, onde mais de metade dos cristãos-novos encarcerados eram do sexo feminino.

Beneficiando dos seus contactos indirectos com os judeus mediterrânicos e dos Países-Baixos, bem como da sua dispersão pelo novo continente, os criptojudeus conseguiram em certos locais organizar reuniões regulares e sinagogas clandestinas. Temos notícia de proselitismo entre os escravos e domésticos, de circuncisões e outras práticas consideradas perigosas na Europa. Porém, o isolamento geográfico tornava muito difícil a manutenção das tradições. João Pacheco de Leão, que cresceu em Livorno, afirmava, em 1642, que os seus correligionários do México, para se instruírem no conteúdo da sua religião, não tinham praticamente outro meio senão o de estudar os éditos da Inquisição. Essa situação favorecia o aparecimento de ritos sincréticos, supersticiosos ou francamente aberrantes, entre os quais o mais célebre é a «circuncisão» de certas mulheres judeo- -mexicanas, que se faziam cortar um pequeno pedaço de carne das costas para o assar e comer. A diáspora americana apresenta, assim, casos de um marranismo mental, que renuncia conscientemente a qualquer expressão ritual. O livre-pensador judeu preso em Santiago do Chile, em 1656, o médico Rodrigo Enríquez de Fonseca, considerava o monoteísmo mosaico e o seu decálogo como a religião positiva mais próxima da Lei natural, de que se queria adepto. Interrogado sobre a forma de judaísmo que praticava, Tomás Núñez de Peralta, mexicano, declarava: «Há quinze anos que não faço mais do que me encomendar a Deus, lembrando-me Dele no meio dos meus afazeres; basta que O tenha no meu coração»[47].

4. Mercadores de tréguas, agentes de guerra

A partir do início do século XVII, os emigrantes neo-cristãos na Europa reacenderam a fé judaica dos seus correligionários, que haviam ficado em terras da Inquisição. Redigiram apologias do judaísmo e enviaram viajantes missionários, como o salonicense Fernão Gomes, *alias* Daniel Franco, que foi queimado vivo em Évora, em 1608. O «perdão geral» concedido pelo papa, em 1605, e a trégua militar de 1609 inauguraram anos fastos para o comércio entre Amesterdão, Portugal e o Brasil, dominado pelos navios mercantes da «Nação», hasteando pavilhão holandês. Esses navios traziam aos territórios portugueses numerosas informações orais e escritas sobre o judaísmo. Nas grandes cidades portuguesas circulavam rituais judaicos e calendários impressos. Organizavam-se reuniões em círculos privados disfarçados de salões de jogos. Na Universidade de Coimbra, o doutor António Homem, professor de direito canónico, fundou mesmo, sob a cobertura de uma «Confraria de S. Diogo», uma congregação judaizante de ritual bizarro, dedicada à memória de um jovem monge de Viana, Frei Diogo da Assunção, prosélito do judaísmo, que tinha sido condenado à fogueira, em Lisboa, em 1603. O mesmo destino esperava António Homem, cinco anos depois da sua prisão em 1619.

Com efeito, uma nova ofensiva da Inquisição viria rapidamente pôr termo a esse período de relativa segurança. Interpretando de forma mais lata a sua competência, os inquisidores faziam prender, desde a primeira delação, famílias e colónias inteiras de cristãos-novos, e depois forçavam-nos a denunciarem-se entre si. O reinado de Filipe IV [Filipe III de Portugal] foi um segundo período de intensa actividade na história do Santo Ofício. Os três tribunais prenderam então 5676 pessoas, das quais pelo menos 230 morreram na fogueira. Entre 1618 e 1623, houve mais de 150 prisões no Porto, e a comunidade neo-cristã da cidade foi aniquilada. Pela mesma altura, o tribunal de Lisboa perseguiu 520 pessoas só na cidade de Leiria. Certas comunidades do interior, como a de Bragança, conseguiram reconstituir-se depois de perseguições de grande envergadura, o que lhes valeu novo assalto ao cabo de uma ou duas gerações. Em Beja, verdadeira «cidade mártir» do Sul, 696 pessoas foram presas entre 1615 e 1640. Depois de uma longa pausa, uma nova campanha de prisões, em 1667-1668, fez 858 vítimas ([48]).

As perseguições inquisitoriais provocaram um êxodo que deslocou o centro demográfico e económico da «Nação» para Espa-

OS CRISTÃOS-NOVOS E A SUA DIÁSPORA

nha. Mas, em 1621, o fim da trégua entre a coroa de Espanha e os Países-Baixos forçou a «Nação» a reorientar as suas actividades comerciais. Para fazer face ao bloqueio comercial muito eficaz que se seguiu à retomada das hostilidades, um certo número de judeus de Amesterdão emigrou para países neutros: a Toscana, a Inglaterra, Hamburgo e mesmo a Dinamarca, cujo rei protegia uma comunidade judeo-portuguesa no seu porto de Glückstadt, recém formada na foz do rio Elba. Mas o seu destino preferido foi o Sudoeste de França, onde faziam passar produtos holandeses para Espanha, em troca de lãs espanholas destinadas aos Países-Baixos. Expulsos de Saint-Jean-de-Luz por um levantamento popular fomentado por eclesiásticos locais em 1619, os contrabandistas portugueses encontraram acolhimento nas terras do governador de Baiona, o duque de Gramont. A sua principal colónia estabeleceu-se no arrabalde de Saint-Esprit-lès-Bayonne. Dois outros grupos fixaram-se a montante do caminho de sirga ao longo do rio Adur, em Peyrehorade e Labastide-Clairence. Em 1652, uma quarta comunidade instalou-se muito perto do castelo dos Gramont, em Bidache. Em carroças de bois, sob o olhar cúmplice dos guarda-fronteiras bascos, as mercadorias holandesas atravessavam a fronteira até Pampelona.

Os responsáveis espanhóis hesitavam constantemente entre duas atitudes contraditórias a adoptar face ao vigor desconcertante dos empresários portugueses. Era possível ver neles traidores à fé e à política económica do reino; mas era igualmente possível reconhecer que representavam uma fonte de capital e de iniciativa capaz de travar o declínio económico da monarquia hispânica. Os cristãos-novos encontravam sólidos apoios entre os partidários desta segunda doutrina, como o advogado espanhol Martín González de Cellorigo que, em 1619, exortou a monarquia a seguir o exemplo dos países nórdicos e a dinamizar o comércio e a indústria. Defendia a abolição das incapacidades jurídicas que atingiam os cristãos-novos e desejava que os inquisidores portugueses abandonassem os seus procedimentos abusivos, para passar a adoptar as práticas dos seus congéneres espanhóis. O economista neo-cristão Duarte Gomes Solis (1561-1630), outro representante da escola mercantilista na Península Ibérica, encorajou a fundação de duas companhias comerciais, cujo capital deveria ser protegido contra o confisco inquisitorial. Os melhores financeiros deveriam mesmo ser nobilitados.

As autoridades de Madrid acabaram por tomar consciência de que a sua política religiosa as fazia correr o risco de saírem a perder na concorrência económica com Amesterdão, provocando a fuga em massa de capitais em benefício do inimigo. Nos seus «Capítulos de Reforma», de 1623, a coroa iniciou a revisão dos «estatutos de pureza de sangue». Em 1627, esmagado pelas despesas militares, Filipe IV desembaraçou-se dos seus credores genoveses por uma bancarrota, e pôs ao mesmo tempo o financiamento das campanhas flamengas nas mãos de um grupo de mercadores banqueiros, que fez vir de Lisboa. À «nação portuguesa» o rei ofereceu em recompensa um «édito de graça», que amnistiava as heresias confessadas nos três meses seguintes. Aboliu todas as restrições de circulação e o seu conselho mostrou-se pronto a suprimir as discriminações de que os cristãos-novos eram ainda objecto. Os imigrantes portugueses apoiavam a vida económica de Espanha não apenas como mercadores, corretores e empresários manufactureiros, mas também como fornecedores (*asentistas*), agentes (*factores*) e administradores de rendimentos reais (*arrendadores*). Alguns deles acediam aos mais altos níveis na administração e na diplomacia, sendo o mais conhecido Manuel Lopes Pereira, cuja família vivia em Amesterdão, e veio a ser conselheiro de Gaspar de Gusmão, conde-duque de Olivares, primeiro-ministro de Filipe IV de Espanha. O projecto de uma Companhia das Índias Orientais foi posto em prática em Lisboa. Porém, a companhia fracassou ao fim de cinco anos.

Cada uma destas medidas foi adoptada sob fogo atiçado pelas críticas do partido inquisitorial. Desde 1619 que os inquisidores portugueses se queixavam de que as penas mais severas tinham sido insuficientes para corrigir «essa malvada canalha» de cristãos-novos e de que «todos os que estavam infectados por esse mau sangue professavam às ocultas a lei de Moisés», em consequência do que todos os condenados da Inquisição deviam ser expulsos dos reinos de Espanha ([49]). Em 1622, esse ponto de vista era defendido no panfleto

OS CRISTÃOS-NOVOS E A SUA DIÁSPORA

Breve discurso contra a herética perfídia do judaísmo, de Vicente da Costa Mattos, o mais influente tratado antijudaico da literatura portuguesa. O autor pretende aí demonstrar, com provas históricas, que os cristãos-novos herdaram no sangue a maldade indelével dos seus antepassados judeus. Protestando a uma só voz contra as reformas em curso em Madrid, o bispado português reuniu-se em Tomar no Verão de 1629, para reclamar leis discriminatórias e um reforço dos poderes da Inquisição. Os prelados tinham em vista expulsar mesmo, senão a totalidade, pelo menos uma parte dos cristãos-novos. Vários propagandistas castelhanos, entre os quais o jurista José de Pellicer e o inquisidor Juan Adán de la Parra, defendiam os estatutos de «pureza de sangue» com argumentos racistas. Entre estes, ficou célebre a teoria do magistrado madrileno Juan de Quiñones, sobre a menstruação dos homens judeus. Do alto dos púlpitos, os pregadores conduziram uma campanha virulenta contra os cristãos-novos, coroada pela «descoberta» e expiação espectacular de dois actos sacrílegos, pretensamente por eles cometidos: a profanação de uma hóstia na igreja de Santa Engrácia, em Lisboa, em Janeiro de 1630, e a fustigação ritual de um crucifixo por membros de uma família portuguesa instalada em Madrid, na Calle de las Infantas, em Setembro do mesmo ano.

Diferentemente dos seus congéneres portugueses, os inquisidores espanhóis eram obrigados a respeitar regras mais estritas e a encontrar-lhes campos de aplicação onde o seu interesse parecia coincidir com o da política militar de Olivares. Tentavam, designadamente, obter informações sobre as práticas de contrabando e heresia cometidas no estrangeiro pelos parentes e parceiros dos homens de negócios madrilenos, interrogando os dissidentes da rede. De facto, as trezentas famílias de mercadores portugueses instaladas em França, das quais dois terços residiam no Sudoeste, não eram todas criptojudaicas. Havia mesmo entre os cristãos-novos de Bordéus e Ruão um grupo de católicos militantes, que denunciava desde 1629 os seus vizinhos judaizantes aos tribunais franceses. O ódio entre estes dois grupos atingiu extremos de sordidez. Os católicos extorquiam dinheiro aos judaizantes, com a ameaça de entregar os seus próximos à Inquisição; os judaizantes fizeram assassinar vários delatores antes de estes terem podido realizar o seu desígnio. O conflito atingiu o paroxismo em Janeiro de 1633, quando os católicos chamaram a Ruão um comissário da Inquisição espanhola para estabelecer no local processos verbais. A comunidade criptojudaica de Ruão, colectivamente acusada, foi sujeita a um processo perante o Parlamento normando. Em Julho, foi inocentada por Richelieu, primeiro-ministro de Luís XIII, em contrapartida da soma de 250 mil libras, com a qual o Cardeal construiu o Hospital Bicêtre. Face à ameaça de uma contra-acusação, cerca de duzentos cristãos-novos católicos passaram de França para Espanha, onde vários deles se puseram a denunciar judaizantes, ou a fazê-los pagar o seu silêncio. O Santo Ofício conseguiu prender numerosos mercadores madrilenos, sendo os mais importantes dois irmãos de Trancoso, João e Henrique Nunes Saraiva, condenados à abjuração de uma suspeita de heresia em 1637. Mas até à queda de Olivares, em 1643, a acção dos inquisidores espanhóis permaneceu limitada por comparação com a dos seus homólogos portugueses.

Finalmente, em França como em Espanha, foi a facção criptojudaica, maioritária no seio da «nação portuguesa», que triunfou sobre a sua rival católica e integracionista. Essa vitória foi ainda favorecida pela guerra franco-espanhola de 1635; a troca de lãs castelhanas por têxteis normandos ou bretões tornou-se mais fácil para os mercadores judaizantes, confortados pela ajuda dos seus correspondentes em terra protestante, do que para os seus concorrentes católicos – franceses, portugueses ou bascos – limitados a um comércio bilateral.

No decurso da década seguinte (1635-1645), no auge da guerra dos trinta anos, a presença de «portugueses» em Madrid atingiu o seu apogeu. Tinham-se tornado indispensáveis. A sua elite, os mercadores grossistas, contava setenta empresas em 1644. O mais afortunado deles, Manuel Cortizos de Vilasante (1606-1650), saído de uma família de Bragança, era um rico mercador nobilitado, que organizava banquetes sumptuosos para a corte, mas que possuía, ao mesmo tempo, uma rede de parentes e agentes judeus. Na sua sátira

A Ilha dos Monopantes, escrita por volta de 1634-1635, Francisco de Quevedo exprimiu o seu horror, do ponto de vista do catolicismo de Estado, por essa aliança entre um governante maquiavélico e os agentes de um comércio apátrida.

5. Laços de sangue, de aliança e crença

A teoria da conspiração mundial judaica, esboçada pela primeira vez por Quevedo, constitui uma reacção amarga e malevolente à protecção política de que beneficiava a «Nação», durante a primeira metade do século XVII. Os cristãos-novos portugueses formavam então a rede de mercadores mais solidária, mais flexível e mais bem distribuída pelo globo. O funcionamento desse grupo comercial de envergadura mundial explica-se, em parte, pela sua organização familiar. Cada empresa portuguesa repousava sobre uma parentela hierarquizada, composta de famílias nucleares e de jovens celibatários, repartidos pelos centros nevrálgicos do comércio. Ligadas entre si, essas casas compunham uma sociedade global, que desenvolvia uma vasta gama de actividades comerciais e financeiras. A sua organização hierárquica fundava-se naquilo a que um historiador chamou o «darwinismo familiar» ([50]): o topo da pirâmide era ocupado por um homem (ou uma viuva), que tinha feito prova dos melhores talentos de organização. Ele decidia, de forma mais ou menos autoritária, as deslocações dos seus próximos. Até ao início do século XVII, os patriarcas da «Nação» permaneciam quase sempre no Porto ou em Lisboa, enquanto os membros subalternos partiam para colonizar os mercados estrangeiros. Porém, por causa das perseguições, o centro de decisões deslocou-se progressivamente para Madrid ou Antuérpia, e depois finalmente para Amesterdão ou Hamburgo.

Os processos inquisitoriais hispano-portugueses, com os seus inevitáveis «interrogatórios de genealogia», permitem reconstituir a evolução das linhagens neo-cristãs ao longo de cinco ou seis gerações, desde os antepassados «baptizados em pé» até ao período que se segue à emigração. Testemunham a difusão ou a extinção das tradições criptojudaicas, consoante as diferentes famílias e meios.

Revelam igualmente o impacto das perseguições e como elas provocaram o êxodo e a dispersão dos membros da Nação. Graças ao estudo desses documentos, iniciado por I. S. Révah, podemos observar o modo como certas grandes parentelas, frequentemente originárias de uma cidade de província, souberam, graças ao comércio, manter a sua coesão, a despeito da sua dispersão geográfica e da sua pertença oficial a religiões diferentes. Por um jogo de alianças matrimoniais bastante complicado, mantinha-se a solidariedade entre os ramos que professavam o judaísmo e os que arvoravam o catolicismo.

As estratégias endogâmicas não seguiam todas o mesmo modelo. Em certas famílias muito fechadas, como os Aboab (Dias), do Porto, os casamentos faziam-se mais frequentemente entre primos de segundo ou terceiro grau canónico, entre tio e sobrinha, ou com uma família já aliada. Outras famílias escolhiam as suas alianças em função de antigas amizades baseadas na vizinhança, na origem regional ou na colaboração profissional. Podemos assim distinguir as redes estabelecidas pelos banqueiros de Lisboa, pelos mercadores de açúcar do Porto, pelas gentes das montanhas dispersas por Castela, e até mesmo pelos emigrantes deste ou daquele burgo da Beira ou de Trás-os-
-Montes. Por fim, certas famílias procuravam estabelecer alianças com cristãos-novos de outras cidades, profissões ou convicções religiosas. Lopo da Fonseca, médico da Covilhã, teve por genros os seus colegas Jerónimo Nunes Ramires, de Coimbra, Pêro Rodrigues, de Rosmaninhal, e o doutor Montalto, de Castelo Branco. Os filhos do primeiro, educados em Lisboa, viraram-se para o comércio e aliaram-se a várias grandes dinastias judeo-portuguesas (Abaz, Curiel, Naar). Vítima das perseguições inquisitoriais de 1609-1614, a família dividiu-se do ponto de vista religioso: o doutor Montalto, judeu militante, discutiu por correspondência com o seu cunhado Pêro Rodrigues, que permaneceu católico mesmo depois da sua emigração para França.

As alianças matrimoniais podiam unir as famílias mais afastadas da «Nação». É assim que um dos mais eminentes mercadores lisboetas, Henrique Dias Milão (1528-1609), nascido em Santa Comba Dão (Beira), desposou Guiomar Gomes, que descendia dos banqueiros de Antuérpia Rodrigues da Veiga. Quando a Inquisição

OS CRISTÃOS-NOVOS E A SUA DIÁSPORA

prendeu Dias Milão em 1606, ele tinha irmãos em Goa e no México, filhos em Pernambuco, um sobrinho no Porto e uma filha em Hamburgo, que acabara de se casar com um mercador judeu. A família da sua mulher estava presente em Cabo Verde, na Índia, em Castela e em Antuérpia, no meio católico dos Rodrigues de Évora. Dias Milão manteve até ao fim que era católico ortodoxo, o que lhe valeu ser queimado como impenitente. Porém, os seus nove filhos juntaram-se todos a comunidades judaicas, designadamente à de Hamburgo ([51]).

Os laços de solidariedade não resultavam apenas da origem, religião ou profissão; assentavam num verdadeiro sentimento de pertença étnica. Os cristãos-novos portugueses e os seus descendentes regressados ao judaísmo colaboravam com confiança com judeus asquenazitas, espanhóis ou italianos, e até mesmo com cristãos, mas continuavam a casar-se no interior da «Nação». Para certos investigadores, a importância do factor étnico na constituição das redes familiares e na organização comunitária terá resultado de uma interiorização do racismo ibérico e da noção de «pureza de sangue». Sem arbitrar na disputa, vale a pena notar que o termo chave «Nação», designando essa pertença colectiva, era fortemente ambíguo: podia aplicar-se tanto aos portugueses, como aos judeus, ou aos cristãos--novos, ou ao grupo profissional dos «mercadores portugueses». A semântica flutuante da palavra é ilustrada num diálogo teológico anónimo, que põe em cena, no curso de um encontro fortuito à porta de uma pousada de Orleães, durante o Verão de 1617, um judeu (*amigo*) da Holanda e um cristão-novo (*peregrino*) ([52]):

> *O cristão-novo*: Acaso sois português?
> *O judeu*: Sim, sou.
> *O cristão-novo*: Grande força tem a Pátria! Tanto que vos vi, parecendo-mo, senti muita alegria que o amor da Pátria obriga.
> *O judeu*: A nossa Nação Portuguesa tem vantagem sobre todas.

À noite, quando os dois portugueses se retiram para um quarto da pousada e retomam a conversa, o cristão-novo fala da multidão de compatriotas emigrados, que acaba de encontrar em Itália e França.

O cristão-novo: Não sei como em terras alheias com traba-
lhosa peregrinação, não havendo nelas outra Nação como
a nossa, andam por ela tão esparzidos. E desejo saber a
causa.

O judeu: Não a sabeis?

O cristão-novo: Antes e agora o desejei.

O judeu: Porque me parece pois essa pergunta de ânimo sincero, e que por bondade de Deus estamos em terra de liberdade, haveis de saber que é a causa, que em Espanha e Portugal
há uma fera tão cruel e injusta, tirana e sem piedade, que
faz que seja a que chamamos Pátria, madrasta, de sorte que
quedam as terras alheias Madre piedosa, e esta é aquela que
chamamos Inquisição, fero, inumano, e rigoroso e injusto
juízo, e ela é causa de todos esses errores que haveis visto e
ouvido, pois ela de contínuo está roubando uns, e afrontan-
do, e matando outros, quita fazendas, vidas, honras e naturalidade, e faz buscar novos mundos adonde possam viver,
e ter liberdade.

O sentimento «nacional» que partilham estes dois estrangeiros não se resume ao patriotismo português. Ele releva da experiência da perseguição e do exílio, e acaba por designar a pertença
religiosa, à qual o judeu do nosso diálogo vai progressivamente
conduzir o seu interlocutor. Um ou dois séculos de vida cristã bas-
taram para separar claramente os judeo-portugueses dos judeus de
outra origem. Essa especificidade acabou por se confundir com a
identidade do grupo, ao ponto de ter-se «judeo-português» tornado
sinónimo de «judeo-converso»[53], e de se ter podido identificar
como «portugueses» os membros de comunidades criptojudaicas
de origem puramente castelhana. Foi o caso do escritor Antonio
Enríquez Gómez (c. 1600-1663), descendente de um converso da
Mancha e de uma cristã-velha igualmente castelhana, que passava por «português» em Madrid, Bordéus e Ruão. Salo W. Baron
considerou-o o poeta «mais representativo»[54] da diáspora judeo-
-portuguesa.

OS CRISTÃOS-NOVOS E A SUA DIÁSPORA

Contudo, a história deste escritor e dos seus parentes demonstra que a integração destes castelhanos no seio da «nação portuguesa» falhou frequentemente. É preciso dizer que a coesão da rede que compunha a «Nação» era permanentemente ameaçada, tanto por factores externos, como as tempestades no mar, as guerras, as perseguições religiosas, a fiscalidade predadora – quanto pela dificuldade de manter a disciplina no interior da diáspora. Conversões cristãs inopinadas, inadaptação ao meio judaico, a ambição ou as saudades do país suscitavam rebeliões e rupturas, sobretudo entre os jovens. Alguns voltaram a Portugal ou a Espanha, e ditaram os seus périplos aos escrivães do Santo Ofício. Por razões de estratégia ou pela data relativamente tardia dos casamentos, a tentação de procurar uniões, conjugais ou ilegítimas, fora da «Nação» constituía um outro elemento desestabilizador. Muitos cristãos-novos portugueses abandonaram a tradição endogâmica ao longo do século XVII, ainda que isso não significasse forçosamente que houvessem rompido o laço com a subcultura do seu grupo. A maior parte dos acusados de criptojudaísmo perante o tribunal de Évora, nos anos 1660-1680, afirmava ter pelo menos um antepassado cristão-velho. Quanto às relações fora do casamento dos homens da «Nação», elas inquietavam tanto o poder nos Países-Baixos quanto o de Portugal, onde as Cortes de Elvas, em 1631, reclamavam a reposição em vigor das sanções medievais. Os tribunais rabínicos, mais pragmáticos, acharam soluções para reconhecer a judeidade das pessoas de ascendência mista.

Rede familiar rigorosamente fechada, comunidade de destino muito consciente da sua dupla origem judaica e portuguesa, a «Nação» nem por isso se recusou à abertura, de forma selectiva e controlada, às múltiplas comunidades com as quais estava em contacto. A «Nação» soube conquistar o seu estatuto de intermediário obrigatório no comércio marítimo, particularmente em período de guerra ou embargo, graças a essa capacidade de se adaptar aos meios geográficos, culturais e mesmo religiosos mais diversos, preservando sempre a sua solidariedade fundamental.

6. A reaprendizagem cultural

Quando se seguem os itinerários individuais dos cristãos-novos que regressavam ao judaísmo no século XVII, é-se muitas vezes surpreendido pela facilidade com que aquelas pessoas, que não haviam conhecido senão o catolicismo de há três gerações a essa parte, mergulhavam, uma vez circuncidados, na complexa prática rabínica. Acontecia, porém, que a conversão do cristão-novo em «judeu-novo»([55]) exigisse um tempo de adaptação. As autoridades espirituais encarregavam-se de antecipar e atalhar as dificuldades. Os sermões do rabino Mortera, conservados em manuscrito, mostram o papel da pregação na sinagoga nesse processo de regresso ao judaísmo. Contudo, a aquisição de conhecimento passava antes de mais pela leitura, as mais das vezes solitária, dos textos canónicos em tradução espanhola. É pela reimpressão de versões da Bíblia e da liturgia, textos que talvez já tivessem sido utilizados no Portugal medieval e que começaram por ser impressos em Ferrara, que se inicia, a partir de 1610, a vasta actividade tipográfica dos judeus de Amesterdão. No decurso dos dois séculos seguintes, o ritual espanhol foi impresso por diversas vezes, incluindo em minúsculos volumes in-32.º, que podiam circular escondidos entre os criptojudeus. Essa literatura foi completada por adaptações espanholas ou portuguesas de clássicos religiosos judaicos da Idade Média: inventários de preceitos práticos, tratados de moral, sínteses teológicas, crónicas e apologias do povo judaico. Abraham Cohen Herrera (1571-1635), que estudara letras judaicas em Ragusa, escreveu em espanhol um manual da cabala de Safed, com o título *Puerta del Cielo*, que foi traduzido para hebraico.

A primeira geração de cristãos-novos reconvertidos ao judaísmo era composta de grandes leitores, muito dados à versificação e impregnados de cultura estética e literária própria do barroco hispânico. Ao gosto da época, criaram adaptações poéticas de textos bíblicos, como a da narrativa da Criação, de Francisco de Casseres (1612), a da história de David, do rabino veneziano Jacob Uziel Cardoso (1624), a dos Salmos, de David Abenatar Melo, originário de

O rabino Menasseh ben Israel.
Gravura de Rembrandt van Rijn (c. 1636).
Rijksprentenkabinet, Rijksmuseum, Amesterdão

Fronteira, instalado em Hamburgo (1626), ou ainda a do livro de Esther e das Lamentações de Jeremias, de João Pinto Delgado, mercador algarvio que vivia em Ruão (1627). Miguel Silveyra, médico de Celorico da Beira, emigrado em Nápoles, transformou em versos épicos a história dos Macabeus (1637) e Antonio Enríquez Gómez, a de Sansão (1656).

Os «judeus-novos» não eram apenas apreciadores de belos versos. Gostavam igualmente de textos polémicos, que mostravam que o judaísmo era mais racional do que o cristianismo. Como estava fora de questão publicar tais textos, mesmo na tolerante Amesterdão, os seus autores faziam-nos circular clandestinamente em cópias manuscritas. Ao que parece, esse género foi inaugurado por um português de Antuérpia, chamado Estêvão Dias, aquando de uma viagem a Marrocos em 1581: no seu diálogo espanhol à moda de Erasmo, encontramos um flamengo prosélito do judaísmo, no gueto de Marraquexe, a demonstrar ao seu irmão mais novo a superioridade da sua nova fé. Em Veneza, o doutor Montalto escrevia, em 1612, um tratado anticristão em língua portuguesa, impregnado de racionalismo combativo. No contexto do conflito entre católicos e criptojudeus de Ruão, o rabino Mortera de Amesterdão levantou, a partir de 1631, um inventário de 179 absurdos do dogma cristão.

Tendo passado a sua educação cristã pelo crivo da crítica, designadamente por via de leituras bíblicas, certos reconvertidos procediam da mesma maneira a respeito da tradição judaica. Em 1619, Hugo Grotius exigia que os dirigentes judaicos exercessem controlo sobre as suas comunidades, que, parecia-lhe, incluíam «frequentemente indivíduos ateus e sem-deus»[56]. De facto, Immanuel Aboab, emigrado do Porto para Pisa, encontrou, a partir de 1615, pessoas que negavam a autoridade do Talmud e duvidavam mesmo da origem divina da Torá. Escreveu uma «Ciência da Lei» (*Nomología*, Amesterdão, 1629) para confundir os descrentes que, na maior parte, deviam calar as suas dúvidas ou exprimi-las apenas na intimidade. O caso de Uriel da Costa (1584-1640) representa uma excepção notável. Este jurista do Porto difundiu, em 1616, em Hamburgo, as suas *Propostas contra a tradição* para conduzir os seus correligionários a um judaísmo estritamente bíblico. Passando a Amesterdão depois da sua excomunhão, Uriel depreciou o Talmud bem como a doutrina da imortalidade da alma no *Exame das tradições phariseas*, que fez imprimir em 1624. A obra provocou escândalo e foi queimada por ordem das autoridades judaicas e municipais de Amesterdão: o único exemplar que escapou à destruição só recentemente foi encontrado. O caso de Uriel da Costa, deísta banido e excomungado, que se suicidou depois de uma retractação humilhante, pôs a ortodoxia em posição incómoda. O rabino Menasseh ben Israel, *alias* Manuel Dias Soeiro (1604-1657), publicou numerosas obras apologéticas. Defendeu sucessivamente a coerência do texto bíblico, a ressurreição dos mortos, a criação do mundo, a graça divina, a redenção messiânica e a imortalidade da alma. Actualizando a sua retórica e os seus argumentos, o rabino, que se dizia «lusitano com ánimo batavo», soube apresentar um judaísmo atractivo, tanto para o seu rebanho educado no cristianismo, quanto para o público protestante, desejoso de conhecer o ponto de vista rabínico sobre questões teológicas duramente debatidas na Cristandade.

Esses anos fundadores caracterizam-se, à vez, por esforços de «reinvenção» do judaísmo e pela crença na ressurreição plena de uma tradição perdida durante um século. A fé de toda uma geração é expressa pela comunidade *Neveh Salom*, quando ela escolhe para emblema a fénix renascendo das cinzas, uma imagem clássica que Bento Teixeira, o poeta criptojudeu do Brasil, havia aplicado à sua religião.

C. Da Emigração à Separação
(1640-179)

1. A tragédia do judaísmo americano

A monarquia hispânica procurava enfraquecer o inimigo holandês, colocando entraves ao seu comércio ibérico. Porém, a estratégia era arriscada, pois incitava as potências protestantes a curto-circuitarem Lisboa e Sevilha, para obterem pelas armas um acesso directo às mercadorias do Ultramar. O esforço holandês para expulsar o Espanhol – e os seus inquisidores – das zonas tropicais vinha a servir os interesses de numerosos mercadores portugueses emigrados. A partir de 1604, os de Ruão tentaram sugerir a Henrique IV e aos Estados Gerais a oportunidade de uma invasão conjunta do Brasil.

A aliança colonial entre protestantes e judeus manifestou-se, primeiro, nas costas de África. Partidos das ilhas de Cabo Verde, os mercadores portugueses, entre os quais se achavam muitos cristãos-novos, tentaram colocar-se sob a protecção dos reis negros e vender-lhes armas e outros produtos europeus, em troca de ouro, escravos, marfim e peles. Durante a trégua de 1609-1621, a esses aventureiros juntaram-se os seus parentes de Amesterdão, que, por seu turno, abriram as portas de África aos navios holandeses. Em Joal, no reino uolofe de Salum, no actual Senegal, funcionava uma sinagoga à vista de toda a gente; também o rei vizinho de Lambaia defendeu a sua colónia de mercadores judeus instalados em Porto de Ale, proclamando «que a sua terra seria adonde podia habitar todo o género de gente e que ninguém se descompassasse nela que ele lhes mandaria cortar as cabeças»([57]). Compreende-se por que os oficiais portugueses da Inquisição se recusaram várias vezes a atacar os judeus de África. A única inspecção que teve efectivamente lugar, a de Luanda em 1626, foi uma banal extorsão de fundos.

A guerra hispano-holandesa, recomeçada em 1621 e logo agravada por uma guerra colonial, perturbou o comércio mundial no seu conjunto. As políticas económicas visavam então constituir monopólios, nos quais a «Nação» devia forçosamente integrar as suas actividades. No momento em que as grandes empresas de cristãos-novos contribuíam para financiar os batalhões do Rei Católico, alguns dos seus parentes de Amesterdão entravam na «Companhia das Índias Ocidentais» (*West-Indische Compagnie*, WIC), sociedade por acções fundada em 1618, por calvinistas, para conduzir uma guerra marítima contra a Espanha. A situação tornou-se ainda mais complicada depois do 1.º de Dezembro de 1640, quando uma rebelião pôs fim à união peninsular e Portugal recuperou a sua independência. Também o rei D. João IV fez apelo aos serviços da «Nação», para se defender contra a Espanha e retomar as suas colónias aos holandeses. Em Madrid, Amesterdão ou Lisboa, os membros da «Nação» eram levados pelo seu interesse a financiar os empreendimentos militares e coloniais do país de acolhimento. Para a população de origem judaica instalada na América, o desafio era bem mais dramático. Ela viria a pagar, de forma dolorosa, as despesas do confronto.

A percentagem de judeus entre os societários da WIC era então insignificante. Em contrapartida, alguns davam o seu apoio como armadores e clientes dos corsários estabelecidos em Midelburgo, e outros armavam a república corsária do porto marroquino de Salé, aliada, que havia sido fundada em 1624 por mouriscos expulsos de Espanha. Além disso, vários indivíduos serviam a empresa colonial como espiões. As fragatas que tomaram a Bahia, capital do Brasil, em 1624, parecem ter sido guiadas por dois cristãos-novos. Depois da reconquista da cidade no ano seguinte, um grande número de cristãos-novos foi acusado de colaboração com o invasor. Quase todos foram absolvidos, o que não impediu a propaganda hispânica de explorar a fundo o tema da traição dos judeus do Brasil. Reencontramo-lo no teatro de Lope de Vega e, ainda hoje, na historiografia.

Quanto aos emigrantes da «Nação», serviam o seu país de adopção, e serviam-no bem. Foi um certo António Vaz Henriques, *alias* Moisés Cohen, que parece ter indicado ao almirante holandês Piet Heyn os meios de se apoderar de toda a frota espanhola das Índias, em 1628. Outro judeu holandês de origem brasileira, António Dias Paparrobalo, guiou a frota que tomou o Recife e o Nordeste do Brasil, em 1630. Durante os 25 anos que iria durar o episódio brasileiro, a WIC tirou partido da experiência dos judeus portugueses para o reconhecimento do país e para assentar o seu poder sobre a população católica e lusófona. Os imigrantes judeus, chegados a partir de 1636 em barcos repletos, produziram e exportaram açúcar para Amesterdão, importaram produtos europeus, que revendiam no local, tal como escravos africanos, cuja importação era monopólio da WIC. De acordo com um recenseamento, talvez exagerado, de 1645, a colónia contava 1450 judeus, o que representa metade da elite branca holandesa. O Recife acolheu, assim, a mais antiga comunidade judaica, assumida como tal, no Novo Mundo, chamada *Sur Israel* (Rocha de Israel). A sinagoga, construída por volta de 1641, foi recentemente identificada e restaurada. Chamados de Amesterdão em 1642, Isaac Aboab da Fonseca e Moseh Rephael d'Aguilar foram os primeiros rabinos no continente americano. O rabino Aboab, *alias* Simão da Fonseca, nascido em Castro Daire, descreveu em hebraico, em versos dramáticos, os esforços dos imigrantes judeus «para construir cidades nas florestas»([58]). Exaltava ainda a sua defesa armada contra a insurreição dos plantadores católicos que, desencadeada em 1645, veio a pôr termo à efémera idade de ouro judeo-brasileira.

A corrida ao Brasil holandês foi acompanhada por um fervor messiânico. Uma antiga tradição judaica afirmava que a redenção não poderia começar, senão uma vez completada a dispersão mundial de Israel. António Montesinos, aventureiro nativo de Vila Flor, suscitou a euforia em Amesterdão, quando relatou, em 1644, o seu encontro com tribos israelitas entre os índios da actual Colômbia. O rabino Menasseh ben Israel anunciava, nos seus livros *Esperança de Israel* (1650) e *Pedra gloriosa* (1652), o advento de uma era messiânica. Tais crenças não estavam muito afastadas do milenarismo cristão professado por certos protestantes radicais, que sustentavam que o Messias judeu e a parúsia cristã podiam chegar em conjunto, devendo a nação de Israel desempenhar um papel de vanguarda na salvação universal.

Face à esperança comum dos protestantes e dos judeus, a ansiedade dos católicos não era mais comedida. A partir da primeira instalação de holandeses no continente americano, as autoridades espanholas inquietavam-se com os contactos comerciais entre os judeus brasileiros e os cristãos-novos do Peru. Havia a suspeita de que os holandeses se tivessem assenhoreado do açúcar brasileiro, para finalmente se apropriarem da prata dos Andes. Existia, com efeito, um projecto secreto da WIC, elaborado com base em informações fornecidas por judeus, que visava utilizar o Recife como trampolim para um ataque naval contra o Chile. Temendo uma conspiração pró-holandesa, Olivares autorizou os inquisidores americanos a castigar os cristãos-novos. A partir do mês de Abril de 1635, o tribunal de Lima organizou razias no seio da elite de portugueses instalados na América do Sul. O homem que era considerado seu chefe e «grande capitão» era Manuel Bautista Pérez: nascido em Ançã, na diocese de Coimbra, tinha feito fortuna no tráfico de escravos e era o mais rico negociante do subcontinente. Pérez morreu na fogueira, no auto-da--fé de 1639, onde figuraram ao todo 63 judaizantes. Francisco Maldonado da Silva, médico em Tucumán, preso em Santiago, cujo fervor religioso viria a ser celebrdo em toda a diáspora, era um deles. No calabouço, tomou o nome judeu «Heli Nazareo» e redigiu proclamações anticristãs antes de morrer nas chamas sem apostatar a sua fé. Aos inquisidores peruanos seguiram-se os seus pares de Cartagena, que desencadearam repressão idêntica em 1636. A sua vítima mais importante foi Juan Rodríguez Mesa, um mercador de Estremoz, que havia organizado pequenos encontros judaizantes em sua casa, onde recolhia esmolas para a sinagoga de Amesterdão. Essa «Confraria da Holanda» foi considerada a prova de traição dos criptojudeus sul--americanos em favor dos holandeses.

Depois da restauração da independência de Portugal em 1640, favorecida por uma parte da diáspora portuguesa, a fracção pró-espanhola ficou em situação delicada. Eram então seus chefes Pêro de Baeça, em Madrid, e Simón Váez Sevilla que, com a sua vasta parentela originária de Castelo Branco, dominava o comércio da Nova Espanha. No México, a obsessão de uma quinta coluna entre os portugueses judaizantes foi explorada pelo visitador e bispo de Puebla, o célebre Juan de Palafox y Mendoza. Sob o seu impulso, que agitava o espantalho de uma invasão portuguesa iminente, toda a colónia neo-cristã foi presa em 1642, desde Váez Sevilla, seu chefe, até aos seus membros mais humildes e mesmo alguns escravos negros libertos. Várias centenas de pessoas foram punidas aquando dos autos-da-fé celebrados anualmente no México, entre 1646 e 1649. No auto-da-fé de 11 de Abril de 1649, 108 judaizantes ouviram a leitura das suas sentenças: treze foram executados, entre os quais Tomás Treviño de Sobremonte, rico mercador do comércio asiático e observador minucioso da lei judaica, que recusou na fogueira fazer confissão de cristianismo e foi queimado vivo. Essa perseguição aniquilou a vasta rede hispano-americana de mercadores portugueses. Depois disso, os três tribunais de Inquisição americanos apenas julgaram casos isolados.

A ofensiva colonial holandesa foi, por seu turno, cerceada por Portugal de novo independente. A «Nação» voltou a desempenhar um papel decisivo. Desarmado e privado de recursos, Portugal era forçado a imitar o sistema capitalista dos seus rivais. O novo regime ousou facilitar aos cristãos-novos o acesso às funções públicas. Assim, o doutor Francisco Velasco de Gouveia, que tinha sido condenado como judaizante, tornou-se juiz do tribunal de apelação, e o capitão Manuel Fernandes Vila Real, cônsul de Portugal em França. A partir de 1644, o jesuíta António Vieira (1608-1697), que vivera longo tempo no Brasil, lançou o projecto de duas companhias comerciais, financiadas pela «Nação» segundo o modelo da WIC, para salvar as colónias asiáticas e americanas. Em 1646, Vieira foi enviado em missão diplomática a França e aos Países-Baixos, e conseguiu reunir em torno do projecto vários grandes financeiros, designadamente Duarte da Silva, em Lisboa, António Rodrigues de Morais, em Ruão, e Duarte Nunes da Costa, em Hamburgo: em troca da participação destes últimos, Portugal devia limitar os poderes do Santo Ofício. Vieira e Vila Real queriam aparentemente restabelecer em Portugal a impunidade do culto judaico clandestino, o que teria permitido o repatriamento de uma parte dos emigrados. O empenhamento do escritor jesuíta nesse projecto estava estreitamente relacionado com as teorias milenaristas expostas em algumas das suas obras.

Encurralado pelas necessidades financeiras provocadas pela guerra na metrópole contra os espanhóis e a guerra contra os holandeses nas colónias, D. João IV aprovou o projecto de Vieira e fundou, em 6 de Fevereiro de 1649, a «Companhia Geral do Comércio do Estado do Brasil», cujos capitais deveriam ser isentos de confiscação pelo Santo Ofício. A reacção da Inquisição não se fez esperar: Duarte da Silva e Fernandes Vila Real foram presos e acusados de judaísmo. Este último confessou e fez acto de contrição, mas a sua penitência foi julgada não sincera. Foi queimado em 1652.

OS CRISTÃOS-NOVOS E A SUA DIÁSPORA

Os historiadores sublinham de bom grado a lealdade e generosidade que levaram os homens da «Nação» a entrar com os seus cabedais e a derramar o seu sangue para apoiar os seus, em Lisboa como em Amesterdão. Esquece-se porém a que ponto estes homens se acharam divididos entre a sua antiga e a sua nova pátria. Foi graças às frotas armadas pelos cristãos-novos que Portugal retomou posse das suas colónias, recuperando assim Angola, em 1648, e o conjunto do Brasil, em 1654. Como vários prisioneiros de guerra judeus haviam sido linchados pelos insurrectos ou julgados pela Inquisição (entre eles, o célebre mártir Isaac de Castro Tartas, queimado vivo em Lisboa, em 1647), os judeus sitiados do Recife obtiveram um salvo-conduto do exército português, e um prazo razoável para liquidar as suas possessões.

Portugal manteve a palavra em relação aos judeus vencidos. Em contrapartida, não hesitou em trair os seus aliados cristãos-novos, que haviam, no entanto, financiado a sua vitória. Em 1657, pouco depois da morte de D. João IV, a «Companhia» foi encerrada e a Inquisição portuguesa retomou os confiscos. Agiu até retroactivamente, de modo que, em menos de duas décadas, os seus rendimentos elevaram-se a 25 milhões de cruzados. Os judeus foram pois os grandes perdedores da guerra americana, quer tenham apoiado a Espanha, os Países-Baixos ou Portugal.

2. O Atlântico holandês e britânico

A actividade desenvolvida pelas duas companhias holandesas durante a primeira metade do século XVII acabou por quebrar o monopólio colonial da Península Ibérica. No rescaldo das guerras contra os Países-Baixos (1648) e contra a França (1659), a Espanha foi forçada a abrir também o seu mercado interno aos mercadores dessas duas potências. Quanto a Portugal, acolheu desde 1641 as nações mercantis dos Norte. Os ingleses obtiveram mesmo o benefício do tratamento nacional, que lhes conferia um estatuto jurídico equivalente ao dos mercadores portugueses. Tendo perdido as vantagens no negócio ibérico, os judeus portugueses voltaram-se então para o comércio colonial dos seus novos países de acolhimento, onde os seus conhecimentos da economia açucareira eram avidamente procurados. Com apenas algumas excepções, o seu papel nas finanças públicas foi menos espectacular e menos oficial do que em Espanha: as suas actividades económicas relevavam com maior frequência da esfera da economia privada. Alguns foram porém «judeus da corte», exercendo funções como financeiros, argentários, ourives e médicos, junto dos poderosos dos reinos alemães e escandinavos.

Os emigrantes judeus do Recife partiriam, em 1654, em 16 navios: 14 chegaram à Europa e dois rumaram à Martinica. Porém, a França levantaria numerosos obstáculos à instalação dos judeus nas suas novas possessões ultramarinas. A escassa centena de judeus portugueses que se estabeleceu na Martinica foi expulsa em 1683. Dois anos mais tarde, o «código negro» excluiu das colónias qualquer presença judaica. Os indivíduos que viviam em Saint-Domingue (actual Haiti) e Nova Orleães não puderam fundar uma comunidade organizada. Nessa sociedade colonial, onde a cor, e não a religião, era o principal factor de discriminação social, a ascensão dos judeus a título individual não foi, assim, interdita. Em 1723, o médico real Michel Lopez Depas, descendente baptizado de uma família sefardita de Bordéus, tornou-se membro do supremo tribunal de Saint-Domingue. Entre os mercadores portugueses instalados em França, um pequeno número de empresários consagrou-se ao negócio colonial, como Abraham Gradis (1699-1780) de Bordéus, «armador do rei» e fundador da Sociedade do Canadá, em 1748.

O grosso da população judeo-portuguesa do outro lado do Atlântico acabou, porém, por encontrar acolhimento no que restava do império batavo da América. Em 1654, os expulsos do Recife, e depois da Martinica, encontraram refúgio em Nova Amesterdão, a futura Nova Iorque. A WIC estabelecia então a sua agência principal em Curaçao, ilha próxima da costa da Venezuela, que servia de escala para o comércio com a América espanhola. Depois da Restauração portuguesa, Madrid anulou os contratos com os negreiros de Lisboa e decidiu confiar o comércio de escravos aos holandeses de Curaçao, que conservaram esse monopólio de 1649 a 1713. A partir de 1651,

OS CRISTÃOS-NOVOS E A SUA DIÁSPORA

os judeus obtiveram uma carta que os autorizava a instalarem-se na ilha, e recuperaram um papel importante, ainda que subalterno, nos negócios da WIC. Instalados em Curaçao como negociantes, armadores e retalhistas, representavam um terço dos habitantes brancos. Os que tentaram tornar-se plantadores começaram por fracassar em vários projectos de colonização em Guiana, em Caiena e na ilha de Tobago. Conseguiram finalmente estabelecer a sua própria aldeia perto do riu Surinam, que veio a chamar-se *Jodensavanne* (Savana dos Judeus), e onde uma sinagoga, *Beraha ve-Salom* (Benção e Paz), funcionou a partir de 1685. Em 1730, os judeus do Surinam possuíam 115 das 440 explorações açucareiras da colónia. Alistaram-se no exército ao mesmo título que os cristão. Porém, a crise da economia do açúcar, de meados do século XVIII, forçou esses plantadores a virarem-se para o comércio. As comunidades urbanas *Mikveh Israel* (Esperança de Israel) de Willemstad, em Curaçao, e *Sedek ve-Salom* (Justiça e Paz) de Paramaribo, Surinam, contavam então entre mil a duas mil almas cada. As preciosas sinagogas e os cemitérios dessas duas cidades dão ainda hoje testemunho de uma sociedade judaica caribe que, pelo final do século, tinha entrado no movimento europeu das Luzes.

O comércio das Antilhas holandesas com a Europa passava em parte por Saint Thomas (Ilhas Virgens) que, embora sob domínio dinamarquês, acolhia principalmente mercadores dos Países-Baixos. O rei da Dinamarca nomeou em 1684 um judeu português, Gabriel Milão, governador da ilha. Quatrocentos judeus aí se instalaram, de seguida, ao passo que uns quantos outros fundaram uma sinagoga na ilha vizinha, holandesa, de Santo Eustáquio (Sint Eustatius).

No momento em que perdia as suas possessões brasileiras em benefício dos portugueses, a potência marítima holandesa tinha de fazer face a um rival ainda mais temível: a Inglaterra. O Acto de Navegação de 1652 proibia, na Inglaterra, a importação de produtos coloniais que tivessem transitado por Amesterdão, visando favorecer Londres, que aspirava a tornar-se o novo entreposto do comércio atlântico. A capital britânica contava então apenas com uma pequena comunidade criptojudaica, reunida em torno de um dos grandes mercadores da diáspora portuguesa, António Fernandes Carvajal (c. 1590-1659), descendente de uma família do Fundão. Ora, alguns meses depois da sua expulsão do Brasil, vários judeus manifestaram ao Parlamento republicano de Inglaterra o desejo de serem admitidos no país; e dois médicos receberam mesmo permissão de se instalarem na Ilha dos Barbados. Chegado a Londres em Setembro de 1655 para estabelecer negociações com Cromwell e o partido parlamentar, o rabino Menasseh ben Israel gabou a utilidade económica que o retorno dos judeus traria. Soube também apresentar esse retorno como propiciatório do ponto de vista das ideias milenaristas então em voga entre muitos protestantes ingleses. Um novo projecto secreto traduzia-se no esforço de ganhar Cromwell para a ideia da conquista do Chile aos espanhóis. O Parlamento, no quadro de uma conferência convocada para Whitehall, em Dezembro, deliberou longamente sobre a readmissão. As reservas de carácter teológico acabaram por levar a melhor sobre as considerações mais utilitárias, e Cromwell, pessoalmente disposto a ir mais longe do que o Parlamento, só pôde anunciar, em 1656, uma tolerância tácita das devoções privadas. Os judeus de Londres estabeleceram em Cree Church Lane a sinagoga *Sahar Asamaim* (Porta dos Céus), e uma outra pequena comunidade fixou-se em Dublin. Em 1688, a «Revolução Gloriosa» do novo rei Guilherme III de Orange foi financiada pela poderosa família judaica de Francisco Lopes Suasso (1657-1710), de Amesterdão; e os seus sucessores confiaram de bom grado as finanças militares e coloniais do Império Britânico a judeus portugueses, tendo alguns obtido distinções nobiliárias.

Em Londres, os judeus integraram-se no comércio dito «triangular», sendo seus parceiros os correligionários instalados nas três ilhas inglesas das Caraíbas. A comunidade *Shaare Shamaim* de Kingston, na Jamaica, atingiu o milhar de pessoas no século XVIII, quando a Jamaica retirou a Curação o controlo do comércio com a América espanhola. A exportação de baunilha, pimento e produtos de tinturaria passou em grande parte pelos judeus. Importavam, em troca, vinho e têxteis, que expediam para Portobelo, no istmo do Panamá. Um grupo mais pequeno, vivendo do comércio e, mais raramente, da agricultura, estava instalado em Bridgetown, na Ilha dos Barbados, conhecida pelos seus açúcares e pelo seu tabaco. Uma escassa centena de judeus vivia em Charlestown, na Ilha de Neves. Um dos mercadores dessa ilha, Álvaro da Fonseca, *alias* Jacob Jessurun Alvarez, decidiu investir a fortuna, ganha nas Caraíbas, na Índia britânica. Obteve em 1683 autorização para fundar em Fort Saint George (actual Madras) uma colónia mercantil judeo-portuguesa, que viria a desempenhar um papel considerável no comércio de diamantes.

Nas colónias da América do Norte, reunidas desde 1664 sob domínio britânico, a vida comunitária judaica recomeçou por volta de 1680, com a realização de ofícios religiosos regulares e a compra de cemitérios em Nova Iorque e Newport. O grupo nova-iorquino, que mal ultrapassava o número de vinte famílias até ao final do século XVIII, organizou-se por volta de 1706 em comunidade, sob o nome de *Shearith Israel* (Resto de Israel), e consagrou em 1730 uma pequena sinagoga. O impulso da comunidade *Yeshuath Israel* (Salvação de Israel) de Newport explica-se, em parte, pela liberdade de religião que reinava no Estado de Rhode Island. Essa comunidade incluía alguns grandes comerciantes, como Aaron Lopez (1731--1782), chegado directamente de Portugal em 1752, e que se tornou durante algum tempo no homem mais rico desse porto colonial.

Durante toda a época colonial, as comunidades judaicas da América do Norte foram dirigidas por uma oligarquia de origem portuguesa, mesmo quando os imigrantes asquenazitas se tornaram maioritários, desde, pelo menos, 1720. No momento da sua fundação, em 1768, *Shearith Israel* de Montreal adoptou o nome, o rito e a organização da comunidade portuguesa de Nova Iorque, ainda que nenhum judeu sefardita se contasse entre os seus membros; passava-se praticamente o mesmo com a congregação *Mikveh Israel* de Filadélfia. A participação portuguesa foi mais marcada nas três comunidades sulistas fundadas em Savannah (1735), Charleston (1749) e Richmond (1789). De cultura modesta, dispersos através dos vastos espaços americanos, os imigrantes judeus das duas origens nem sempre se deram ao esforço de estabelecer uma vida judaica organizada e assimilaram cedo os costumes do meio que os rodeava.

Vários deles aliaram-se à causa revolucionária com entusiasmo, mesmo que os seus interesses económicos estivessem até aí ligados ao comércio colonial. Muitos sefarditas das Caraíbas lutaram ao lado de Simón Bolívar. As suas comunidades puderam assim beneficiar, a partir de 1820, dos novos horizontes abertos pela liberdade de religião nas jovens repúblicas hispano-americanas. Surgiram comunidades judaicas em Coro, na Venezuela, em Baranquilla, na Colômbia, e depois noutros portos da região. Mas essa nova diáspora misturou-se rapidamente com a população cristã. A comunidade *Shearith Israel*, fundada no Panamá em 1876, que viu os seus efectivos reforçados depois da construção do canal, é a única que ainda subsiste. Deu ao Panamá dois dos seus presidentes.

3. Livorno e o seu Mediterrâneo

No Mediterrâneo, a guerra entre a República de Veneza e a Turquia, que rebentou em 1645, permitiu à comunidade de Livorno suplantar a sua rival do Adriático. Os judeus livorneses criaram a sua própria rede mediterrânica, por via da qual importavam produtos manufacturados do Norte e os encaminhavam para os países do Islão. Fundaram comunidades filiais no Oriente: em Salonica, em Alepo e, sobretudo, em Esmirna, onde estabeleceram duas congregações, *Portugal* e *Neveh Salom*.

Chegados a Tunis em 1609, na mesma altura que os mouriscos expulsos de Espanha, os judeus de Livorno viriam a encontrar aí o seu mais importante ancoradouro no mundo islâmico. No seio da comunidade judaica da cidade, que tinha, por volta de 1640, ultrapassado o milhar de pessoas, uma «nação judaica livornesa» reuniu, a partir de 1685, todos os sefarditas. O rito português (dito em arábico *gorni*, «livornês») continuou em uso na sua sinagoga até 1944. Em contrapartida, a língua portuguesa foi circunscrita à comunicação oral e epistolar interna dos livorneses de Tunis, sendo usado na documentação comunitária o hebraico, o arábico, o espanhol e, depois de 1820, sobretudo o italiano.

Lápide funerária de Débora Lopes, na Ilha dos Barbados, 1783, com inscrições em hebraico, em português e em inglês.
M. Arbell, *The Jewish Nation of the Caribbean*, Jerusalém, 2001.

Os judeus livorneses tinham nas mãos mais de um quarto das exportações europeias para o Magrebe. No Oriente, comerciavam com os seus correligionários de outras origens, com os mercadores ingleses, com os arménios de Constantinopla e os indianos de Goa. Em contraste com os judeus autóctones, sujeitos às discriminações do código islâmico, beneficiavam no Oriente dos mesmos privilégios dos outros mercadores europeus, que imitavam no vestuário e no estilo de vida, e com quem conviviam no quotidiano. Estes sefarditas ocidentais, chamados *francos*, formavam uma rede coerente, cuja vitalidade procedia tanto da sua organização comercial, quanto do saber acumulado dos seus membros em certas actividades artesanais e industriais. Em Livorno, trabalhava-se a seda e o coral, que eram exportados para a Índia, em contrapartida de diamantes importados em Londres.

Cerca de 3500 judeus habitavam em Livorno em 1738, e o seu número atingiu cinco mil no início do século XIX. Os judeus de origem italiana, que se juntaram a essa comunidade florescente, cedo ultrapassaram em número os sefarditas, mas continuavam excluídos dos cargos comunitários, que um decreto grã-ducal, de 1697, reservava explicitamente aos «espanhóis». Um novo Regulamento de 1715 concedeu aos italianos uma representação na assembleia de «governantes» da nação judaica livornesa, que designava os dirigentes comunitários. Em cem anos, os italianos adquiriram a maioria dos lugares. Mas não conseguiram, todavia, romper a hegemonia cultural da antiga elite sefardita. Os actos da comunidade continuaram a ser redigidos em português até 1787, data a partir da qual uma ordenação grã-ducal impôs o uso do italiano. Na mesma altura, a elite judeo-portuguesa abandonava o comércio e investia na compra de imóveis urbanos, beneficiando de condições relativamente favoráveis. Uma parte dessa elite burguesa consagrou-se às profissões liberais.

Por todo o lado no Oriente, os judeus livorneses rivalizavam duramente com os mercadores franceses, bem organizados em torno das suas embaixadas e consulados. A cidade de Marselha, que era no século XVIII o porto mediterrânico mais importante, adoptou uma política discriminatória face aos judeus, empurrando-os para a pequena comunidade judeo-portuguesa de Nice, formada em 1648, a convite do duque de Sabóia. Porém, certas famílias judaicas livornesas, como os Calvo da Silva, obtiveram um lugar de eleição na representação dos interesses reais franceses no Oriente. As relações ambíguas dessa burguesia judaica com a França foram depois determinantes: quando as tropas revolucionárias invadiram a Itália em 1796, os judeus de Livorno juntaram-se em grande número aos círculos jacobinos e aos guardas nacionais. Por causa dessa fraternização com o inimigo, foram vítimas de violências populares após as duas restaurações do regime grã-ducal em 1799 e em 1814. Só readquiriram os seus direitos cívicos com a revolução de 1848.

4. Triunfo e declínio da Inquisição portuguesa

Após o fracasso da Companhia do Brasil, os cristãos-novos portugueses de Lisboa tiveram de dar lugar aos britânicos. Simão Rodrigues Chaves, principal fornecedor do exército, trabalhava desde 1660 em sociedade com eles; a sua nova rota comercial ia do Mar Báltico ao Brasil, passando por Londres e já não por Amesterdão. Ironicamente, as leis portuguesas protegiam bem melhor os não católicos estrangeiros do que os heréticos indígenas. Uma perseguição inquisitorial, que ultrapassou em intensidade todas as precedentes, abateu-se nos anos 1660 sobre as gentes da «Nação». O grande defensor destas, o Padre António Vieira, foi ele próprio sujeito a um longo processo por causa das suas profecias milenaristas. Libertado, intensificou, a partir de 1668, o seu combate contra o Santo Ofício. Com vista a provocar uma escalada de confronto, os seus adversários recorreram a um expediente com provas dadas: pôs-se à conta de uma conspiração criptojudaica um roubo ocorrido em Maio de 1671, na igreja de Odivelas. O povo amotinado exigiu uma repressão severa. Até Julho de 1672, a Inquisição fez razias entre os Chaves, Mogadouro, Penso, Pestana e outras grandes famílias neo-cristãs.

Só uma intervenção política podia ainda salvar o que restava do mundo de negócios lisboeta. Vieira e alguns outros jesuítas intensificaram a actividade em Roma para obter uma nova limitação dos poderes do temível tribunal. Agiam em ligação com Francisco de Azevedo, representante dos cristãos-novos. Em 1673, estes declararam-se prontos a suportar as custas de uma Companhia das Índias Orientais, com um exército colonial de cinco mil homens. Desencadeou-se em Portugal uma guerra de propaganda. Um antigo escrivão do Santo Ofício, passado para as fileiras do partido anti-inquisitorial, redigiu então um panfleto sensacional, intitulado, na versão impressa, *Notícias recônditas do modo de proceder da Inquisição com os seus presos*. O autor sustentava aí que maior parte dos condenados era composta de bons católicos, forçados a confessar uma heresia inexistente. Esse escrito incitou o papa Clemente X a suspender o tribunal em 3 de Outubro de 1674. Depois dessa vitória maior dos adversários do Santo Ofício, as negociações em Roma viraram-se em seu desfavor e, em 22 de Agosto de 1681, a Inquisição de Portugal foi restabelecida, ao preço de algumas reformas insignificantes. A repressão voltou em força durante dois anos, e depois acalmou bruscamente por falta de vítimas.

Em 1681, quer dizer, precisamente antes do grande impulso experimentado por esse sinistro comércio, as gentes da «Nação» perderam a administração do monopólio negreiro, que controlavam desde há séculos. A colónia brasileira, a única a ser relativamente poupada a essas perseguições, conseguiu preservar uma subcultura judaizante. No Nordeste, havia deixado marcas um judaísmo que datava do episódio holandês. No Rio de Janeiro, os cristãos-novos participaram no surto económico devido à descoberta de jazidas de ouro em Minas Gerais, em 1694. Porém, também o Santo Ofício se iria lançar na corrida ao ouro. Em 1703, foi preso o primeiro cristão-novo do Rio de Janeiro. Seguiu-se toda a elite neo-cristã da cidade, o que desferiu um golpe desastroso na economia açucareira e no comércio da região. Nos quatro grandes autos-da-fé realizados em Lisboa, entre 1709 e 1714, os brasileiros condenados eram plantadores, homens de negócios, médicos, advogados. Ao lado deles, e em número quase igual, encontramos mulheres. Havia mesmo um judeu de nascimento, «Dioguinho», nativo de Bidache, em França. Foi o

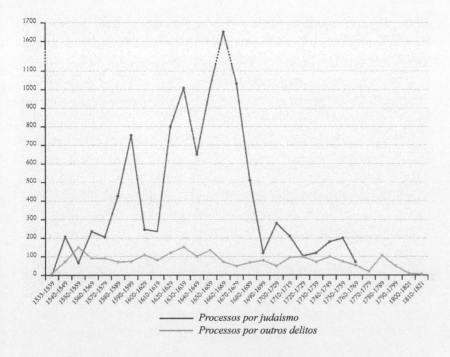

Actividade de um dos quatros tribunais inquisitoriais portugueses:
o Santo Ofício de Évora.

Fontes: António Borges Coelho, *Inquisição de Évora, dos primórios a 1688* (1987);
Michèle Janin-Thivos, *Inquisition et société au Portugal: le cas du tribunal d'Évora 1600-1821* (2001).

início de um período de repressão, no decurso do qual quinhentos brasileiros foram condenados por criptojudaísmo, dos quais 21 pereceram na fogueira. O mais célebre dos supliciados foi o advogado e autor de óperas para marionetas António José da Silva (1705-1739), *O Judeu*, que era acusado de se ter entregado, depois de ter confessado, a jejuns expiatórios na sua célula.

Depois de liquidar a grande burguesia neo-cristã do Brasil e Lisboa, o Santo Ofício virou-se para o campo. A partir de cerca de 1715, o tribunal de Lisboa dirigiu a sua acção essencialmente para as regiões interiores da Beira Baixa, onde existia uma bolsa de resistência à volta das cidades da Covilhã, Fundão, Idanha, Guarda e Celorico. No tribunal de Coimbra, a maioria dos condenados provinha de Bragança e seus arredores, com Lamego e Vila Real a fornecerem igualmente algumas vítimas. Quanto ao tribunal de Évora, as suas últimas investidas, em meados do século XVIII, tomaram por alvo as regiões de Avis, Sousel e Portalegre. De acordo com algumas opiniões, essa vaga de perseguições causou o declínio da produção tradicional de seda em Trás-os-Montes e da indústria da lã da Beira.

A inquisição valia então a Portugal o dedo apontado de toda Europa. Bayle, Montesquieu e Voltaire denunciaram um país fanático e retrógrado. O fosso que se abria rapidamente com a Europa das Luzes começou por alarmar um pequeno grupo de portugueses expatriados. A partir dos anos 1730, o embaixador em Amesterdão, D. Luís da Cunha (1662-1749) fez na sua correspondência comentários acerbos sobre as razias inquisitoriais. O doutor António Nunes Ribeiro Sanches (1699-1783), médico neo-cristão de Penamacor, que pertencera por algum tempo à comunidade judaica de Londres, redigiu em Moscovo um memorando confidencial, propondo que se acabasse com a marginalização dos cristãos-novos. Os seus escritos não reclamavam a tolerância. Contentavam-se com preconizar meios mais modernos para extirpar do reino «a cegueira judaica» e o «mau sangue» dos cristãos-novos. Um e outro sustentavam que, ao perseguir e estigmatizar os cristãos-novos, incluindo os de ascendência mista, estava-se, de facto, a incitá-los à heresia e ao exílio. Em suma, a Inquisição «fabricava judeus». Em 1756, o cavaleiro

OS CRISTÃOS-NOVOS E A SUA DIÁSPORA

Francisco Xavier de Oliveira, português emigrado em Londres e convertido ao protestantismo, exprimiu essas ideias publicamente no seu *Discours pathétique*.

A coroa veio, por fim, a alinhar por estes argumentos. A partir de 1751, as sentenças inquisitoriais e os autos-da-fé passaram a ser sujeitos à confirmação das autoridades civis. Em Lisboa, depois do terramoto de 1755 (que destruiu o palácio da Inquisição), cessaram as perseguições contra os judaizantes. A última execução capital por judaísmo teve lugar em 1760, em Évora. Em 27 de Outubro de 1765, Portugal celebrou o último auto-da-fé onde compareceram judaizantes. O todo-poderoso ministro Sebastião José de Carvalho e Melo, marquês de Pombal, que impusera o seu próprio irmão à cabeça do Santo Ofício, suprimiu os poderes autónomos do tribunal, votado daí em diante à repressão dos jesuítas e outros oponentes do regime absolutista. Em 1768, o marquês ordenou a destruição de todos os registos genealógicos que permitiam distinguir entre cristãos-velhos e novos. Por um decreto típico do despotismo esclarecido, as últimas famílias que se ufanavam de serem cristãs de pura cepa foram obrigadas a casar os filhos com descendentes de judeus. As distinções legais entre cristãos-velhos e novos foram definitivamente abolidas em 23 de Maio de 1773. Porém, essa política esclarecida não foi ao ponto de proclamar a liberdade religiosa.

5. A «vida dupla» em Castela e em França

Durante muito tempo os cristãos-novos dos dois lados dos Pirinéus formaram uma mesma comunidade, vivendo em condições muito semelhantes, na medida em que as suas práticas religiosas estavam votadas a uma mesma clandestinidade. As políticas dos dois reinos só se separaram claramente na época das Luzes, quando a tolerância religiosa foi instaurada em França. Enquanto a burguesia neo-cristã de Espanha era progressivamente arruinada e desmantelada pelas perseguições da Inquisição, os portugueses de França abandonavam pouco a pouco a sua actividade fronteiriça e integraram-se progressivamente no mundo judaico.

159

A Restauração afectou os homens de negócios portugueses em Espanha menos do que se poderia esperar. Filipe IV promulgou um decreto (de 28 de Dezembro de 1640) ordenando que fossem considerados como espanhóis e não como nacionais do reino inimigo. De facto, os cristãos-novos haviam-se tornado indispensáveis às finanças do reino, como se viu aquando da bancarrota real de 1647. As grandes casas neo-cristãs de Lisboa, relativamente às quais o monarca suspendera os pagamentos, foram então substituídas por imigrados de mais fresca data, na maior parte originários do Nordeste de Portugal. Tinham enriquecido no comércio e conseguido tomar postos chave na administração dos rendimentos reais, designadamente nas alfândegas, nas salinas e no comércio do tabaco. Aquando da guerra peninsular de 1640-1669, esses imigrados foram tão leais ao rei de Espanha que entraram com cem mil ducados por ano para financiar um batalhão especial, que combateu o exército do seu país de origem. Nem por isso deixaram de estar em contacto com os seus parentes portugueses. Durante a guerra franco-espanhola (1635-1659), importavam frequentemente tabaco do Brasil, via Portugal, depois Baiona, de onde era passado a Espanha. Ao mesmo tempo, a paz de Vestefália implicou uma aproximação entre a Espanha e o seu antigo inimigo do Norte, a República das Províncias Unidas dos Países-Baixos. Disso beneficiaram os judeus de Amesterdão; exportavam para Espanha sal francês e trigo, e importavam lã e amêndoas.

Um tal comércio teria podido conferir um novo impulso à actividade dos cristãos-novos refugiados em Espanha. Mas o Santo Ofício, animado pelo Grande Inquisidor Diego de Arce Reinoso (em funções de 1643 a 1668), perseguiu impiedosamente a vasta diáspora dos «portugueses». Tendo já arrasado as colónias de Lima e da Cidade do México, lançava-se agora duramente contra os núcleos residentes na Europa, designadamente Madrid (1655-1656), Sevilha (1660-1665) e Málaga (1666-1668). Os famosos *Avisos* de Jerónimo Barrionuevo mostram-nos o terror reinante em Madrid em 1655, e como centenas de famílias só sobreviveram fugindo para a França ou para os Países-Baixos. Os mais

OS CRISTÃOS-NOVOS E A SUA DIÁSPORA

importantes financeiros do rei foram condenados por judaísmo, entre eles Fernando Montesinos, Francisco Díaz Méndez Brito e membros da família Cortizos.

Para perseguir estes homens de negócios, o Santo Ofício espanhol utilizou informações sobre as práticas judaizantes dos seus associados na região de Baiona. Esses documentos dão-nos uma imagem muito precisa do que foi a evolução das comunidades judeo-francesas para uma prática ortodoxa: vêmo-las a organizar serviços regulares, a recorrer a um rabino de Itália, depois a um circuncidador de Amesterdão que, em Peyrehorade, em 1657, introduziu na aliança de Abraão centenas de homens, prontos a usarem daí em diante nomes judaicos (as mulheres tinham mudado de nome uns anos antes). Sempre forçada a uma semi-clandestinidade, a comunidade de Baiona, chamada doravante *Nefusot Yehudah* (Dispersão de Judá), foi criticada pelas autoridades judaicas de Amesterdão. Só no decurso da segunda metade do século XVII as comunidades de Bordéus e Baiona puderam abandonar ritos como o baptismo das crianças, pelos quais manifestavam o seu pseudo-catolicismo. 1685, o ano da expulsão dos huguenotes, foi também o da expulsão dos criptojudeus de Ruão, de Toulouse e das Antilhas francesas.

As perseguições do tempo de Arce Reinoso implicaram naturalmente uma redução importante da colónia portuguesa de Espanha (só em Sevilha, a Inquisição perseguiu 441 portugueses por judaísmo), em benefício da de França, para a qual se viravam também os cristãos-novos que fugiam de Portugal. Menos de um quarto dos judaizantes condenados em Espanha durante o reinado de Carlos II (1665-1700) eram ainda naturais de Portugal, principalmente de Trás-os-Montes. Porém, os financeiros portugueses de Madrid e de Sevilha conseguiram manter-se, mesmo depois da queda dos seus parentes de Lisboa; e só em 1689 o mais importante deles, Francisco Báez Eminente, administrador das alfândegas da Andaluzia, caiu finalmente nas malhas do Santo Ofício. A aliança hispano-holandesa durante as guerras contra Luís XIV levou alguns nobres, militares e diplomatas de Espanha a recorrer aos financeiros judeus dos Países-Baixos, cujos serviços eram por vezes remunerados com a ascensão à nobreza espanhola. O interesse económico das elites espanholas alimentou, por várias vezes, projectos de reforma anti-inquisitorial, nomeadamente em 1677 e 1679, sob o valido real D. Juan Jose de Áustria. Mas a Inquisição reagia então com extrema violência, como o testemunha o auto-da-fé de 30 de Junho de 1680, o maior de toda a história de Espanha. Esse auto-da-fé atingiu particularmente a comunidade portuguesa de Pastrana, na província de Guadalajara, que havia até aí beneficiado da protecção dos duques desse feudo e tinha prosperado graças à produção de seda destinada à exportação para o Norte. Tal como em Portugal, a prática do criptojudaísmo tinha recuado às pequenas localidades, como Morón, na Andaluzia, ou Berín, na província de Orense.

Perfeitamente inconcebível em Portugal, o projecto de readmissão dos judeus no território foi discutido por várias vezes em Espanha. Olivares teve-o em vista, desde 1634 e, em 1653, o governo dos Países-Baixos espanhóis pronunciou-se oficialmente pela criação de um bairro judeu às portas de Antuérpia. Por ocasião da paz de Rijswijk em 1697, um memorando atribuído ao embaixador D. Manuel de Lira propunha que fossem designados certos portos para o estabelecimento de grandes colónias mercantis de protestantes e judeus. Mas estes últimos acabaram por ser excluídos do convite, que apenas beneficiou os ingleses e holandeses.

As perseguições contra judaizantes diminuíram durante a guerra de sucessão, a partir de 1701, sem dúvida em parte por causa da política reformista do ministro Melchor de Macanaz. Uma vintena de famílias judaizantes agruparam-se na capital em torno do financeiro real Francisco de Miranda. Estavam ligadas às comunidades de Baiona e Livorno. A partir de cerca de 1708, os ritos foram celebrados em comum. No ano seguinte, reuniram-se regularmente na casa de D. Francisco de Córdoba, situada na Calle del Caballero de Gracia. Córdoba foi nomeado rabino com o acordo das autoridades de Livorno. Em 1711, Francisco de Miranda teria procurado obter junto de Macanaz uma espécie de tolerância oficiosa, semelhante à de que beneficiavam os judeus portugueses de França.

Porém, depois da queda de Macanaz em 1715, a Inquisição retomou as perseguições. O círculo de Madrid foi destruído e, com ele, o último refúgio dos grandes financeiros portugueses. O auto- -da-fé de 7 de Abril de 1720 deu lugar a cinco execuções e foi o ponto de partida para uma terceira grande ofensiva contra os crip- tojudeus de Espanha, que arrasou sobretudo as regiões meridionais. Entre 1721 e 1727, os tribunais espanhóis condenaram 969 judai- zantes, dos quais 75 foram queimados. Muitos eram portugueses instalados em Espanha há várias gerações. Entre os condenados, encontram-se numerosos administradores dos impostos do tabaco, artesãos e pequenos comerciantes. A proporção de pobres, de mu- lheres e pessoas idosas é considerável, sinal de um criptojudaísmo em fim de curso.

Em França, as autoridades acabaram por reconhecer oficial- mente a instalação das comunidades judaicas do Sudoeste. A orde- nação real de 1723 dirige-se pela primeira vez aos «judeus das di- tas generalidades conhecidos e estabelecidos no nosso reino sob o título de portugueses, ou, de outro modo, cristãos-novos», termos que evocam de forma emblemática os avatares do destino paradoxal dos judeus portugueses. No momento em que se via escorraçada de Espanha, a «nação portuguesa» encontrava assim, em França, uma terra de acolhimento, onde podia viver como uma verdadeira co- munidade judaica. O registo bordelês das circuncisões, conservado para todo o século XVIII, mostra que 21% das operações foram prati- cadas em adultos e que os últimos casos deste género ocorreram em 1791. Três quartos destes judeus-novos vinham de Espanha. Só uma pequena minoria era originária directamente de Portugal, de que é exemplo a opulenta família Raba, de Bragança.

O último judaizante executado pela Inquisição espanhola foi supliciado em 1745, em Valhadolide. Até à sua abolição definitiva em 1820, o tribunal conheceu ainda alguns processos. Mesmo tendo a Inquisição largamente conseguido aniquilar a comunidade neo- -cristã, os preconceitos não desapareceram, nem os medos. Até 1860, todo o candidato à academia militar tinha de fazer prova de «pureza de sangue».

6. Uma sociedade contrastada

Durante dois séculos os cristãos-novos portugueses ibéricos migraram para o Norte. Essa migração proveio, primeiro, directamente de Portugal; depois, a partir de cerca de 1660, prosseguiu maioritariamente a partir de Espanha. Os países de acolhimento também mudaram. A comunidade portuguesa de Amesterdão parece ter atingido a sua dimensão máxima pelo final do século XVII, contando então com 4500 membros. A comunidade de Hamburgo começou a agonizar desde 1697, esmagada pelo duplo fardo das discriminações religiosas e dos impostos. Alguns dos seus membros instalaram-se na cidade vizinha de Altona, situada então em território dinamarquês. A maior parte, porém, juntou-se à diáspora, sobretudo nas Caraíbas britânicas. Não ficou para trás senão meio milhar. Em contrapartida, as comunidades de Haia e de Londres ainda aumentavam; esta atingiu 1700 pessoas em 1740, ultrapassando assim a comunidade de Bordéus, que contava então com 1500. Quanto à comunidade do bairro de Saint-Esprit-lès-Bayonne, quintuplicou durante a primeira metade do século XVIII, passando de 700 a 3500 membros.

Apesar da ascensão de Londres a centro do comércio mundial, por volta de 1720, Amesterdão permaneceu o centro demográfico e organizacional da diáspora atlântica. As suas instituições religiosas (escola, academia talmúdica, orfanato) estavam ao serviço de todos os judeus portugueses. Os veredictos dos seus administradores e rabinos foram largamente respeitados, mesmo em Paramaribo ou Baiona. A diáspora portuguesa funcionou pois, de certa maneira, sempre como uma só comunidade.

A partir do fim do século XVII a participação dos judeo-portugueses no comércio mundial degradou-se. Alguns dos mais afortunados foram nobilitados e passaram a viver das suas rendas. Os outros viraram-se para a banca, a bolsa, a corretagem e os seguros, beneficiando da sua experiência nos mercados financeiros e da sua rede. Entre 1675 e 1702, quando já participavam intensamente na actividade bolsista de Amesterdão, os judeo-portugueses difundiram em espanhol, duas vezes por semana, as notícias da vida económica, na sua *Gazeta de Amsterdam*, o mais antigo periódico da história judaica. Essa gazeta não continha nenhuma notícia de carácter religioso, para não pôr em risco os leitores do outro lado dos Pirinéus. Em 1688, Joseph Penso de la Vega publicou, em forma de diálogos espanhóis, a obra *Confusión de confusiones*, que ficou como a mais antiga introdução à especulação bolsista.

O modo de vida dos financeiros favorecia a integração na alta sociedade urbana, com todos os sinais aparentes da prosperidade: moradias luxuosas, casas de campo, caleches, criados de libré, sedas, perucas, jóias, colecções de quadros e faianças, cultura literária e musical, curiosidades científicas... O espectáculo dessa elite judaica engendrou no espírito dos seus contemporâneos a imagem de uma nobreza muito singular, resumida na locução popular holandesa *zo rijk als een Pinto van Amsterdam*, «rico como um Pinto de Amesterdão». O descendente mais conhecido da família em questão, o economista Isaac Pinto, apresentou em 1762 os judeus portugueses como uma comunidade distinta e superior relativamente aos asquenazitas: «M. de Voltaire não pode ignorar a delicadeza escrupulosa dos Judeus Portugueses e Espanhóis em não se misturarem pelo casamento, aliança, ou doutra forma, com os Judeus de outras Nações. Ele esteve na Holanda, e sabe que as suas Sinagogas são separadas, e que com a mesma religião, e os mesmos artigos de Fé, as suas cerimónias muitas vezes não se assemelham. Os costumes dos Judeus Portugueses são completamente diferentes dos dos outros Judeus. Os primeiros não usam barba, e não afectam nenhuma particularidade no seu vestuário, os abastados entre eles impulsionam a procura, a elegância e o fasto neste género, levando-o tão longe quanto as outras Nações da Europa, das quais não diferem senão pelo culto»([59]).

Essa judeidade elegante impressionava os contemporâneos – judeus e não judeus –, tanto mais que afirmava ostensivamente a sua diferença religiosa. Saída da clandestinidade, a vida judaica retomava as suas fontes milenárias. Rembrandt, que vivia na Rua dos Judeus de Amesterdão, a Jodenbreestraat, já a tinha representado nos seus retratos. Em 1675, o judaísmo português encarnou-se na esplêndida sinagoga construída perto desse quarteirão. Esse edifício monumental

(36x28x19,5 metros), que pode acolher 1200 homens e 440 mulheres, foi obra de Elias Bouman, arquitecto municipal. O plano simétrico do santuário, anunciador do classicismo, inspirava-se ao mesmo tempo nas reconstituições idealizadas do templo de Salomão, sendo a mais célebre a efectuada em 1642 pelo português Judá León Templo. Essas características arquitectónicas reencontram-se em três outros edifícios judeo-portugueses que subsistem: a sinagoga Bevis Marks, de Londres (1702), a de Haia (1726) e a de Curaçao (1732). Em 1763, em contrapartida, a comunidade de Newport encarregou o arquitecto famoso Peter Harrison de edificar em estilo inglês uma pequena sinagoga, que é hoje o mais antigo santuário judaico dos Estados Unidos. Quanto à grande sinagoga de Livorno, que foi o principal centro de vida religiosa judeo-portuguesa no Mediterrâneo, foi submetida a numerosas restruturações entre a Renascença e 1789, e foi destruída durante a Segunda Guerra Mundial. A arte religiosa judeo-portuguesa ilustrou--se igualmente nos monumentos funerários, sendo os cemitérios mais notáveis os de Altona perto de Hamburgo (1611), Ouderkerk sobre o Amstel (1614) e Curaçao (1659). Os judeus portugueses desenvolveram, além disso, uma tradição litúrgica e musical própria; esta era já patente em 1628, quando a Scola Spagnola de Veneza dotou os seus serviços de um acompanhamento coral e instrumental.

É preciso, porém, relativizar este quadro idílico: este século XVIII judeo-português conheceu igualmente revéses importantes. O comércio de Amesterdão sofreu, com efeito, as consequências do craque bolsista de 1720: as comunidades sefarditas tiveram então de desenvolver um artesanato que valorizava as importações coloniais – o açúcar, o tabaco, o chocolate, os diamantes, o coral – por um tratamento de qualidade. Essa reconversão económica explica, em parte, que as comunidades italianas e francesas se desenvolvessem mais rapidamente que a de Amesterdão, onde a escolha profissional dos judeus era mais limitada. Das 1359 casas que esta contava em 1743, mais de metade dependia da assistência. Durante os períodos de recessão, designadamente nas crises económicas de 1763 e 1772, as classes médias e inferiores rebelaram-se contra o regime oligárquico da sua comunidade.

Procissão na celebração do *Sukot*,
na sinagoga portuguesa de Amesterdão.
Gravura de Bernard Picard (1723).

Em 1622 foi criado um imposto especial – a «imposta» – pelo qual o conselho comunitário de Amesterdão viria a financiar uma política sistemática de colocação dos indigentes das metrópoles nas periferias, de preferência nas colónias, onde poderiam prover às suas próprias necessidades. Em consequência da sua condição modesta e da discriminação de que eram objecto na sociedade colonial, os judeus das Caraíbas ocupavam uma posição intermédia entre brancos e negros. As camadas inferiores do grupo, constituídas por comerciantes pobres e mestiços de pai judeu e mãe escrava, eram as mais desfavorecidas. Mesmo em Amesterdão, a discriminação destes últimos foi homologada pelo estatuto comunitário de 1644, que, designando-os como membros de segunda ordem, os excluía das funções administrativas, honoríficas e religiosas, e os relegava para o fundo da sinagoga. No Surinam, os «judeus mulatos» foram suficientemente numerosos para constituir, entre 1759 e 1794, a sua própria confraria piedosa, chamada *Darkhé Yesharim* (Vias dos Virtuosos). Na secção do cemitério comunitário que lhes era reservada, o *sankofa* (símbolo em forma de coração ligado ao culto guineense dos antepassados) ainda se pode ver ao lado de letras hebraicas e da estrela de David.

7. A idade de ouro da literatura judeo-portuguesa

O êxodo dos portugueses de Espanha levou para as comunidades judaicas da diáspora refugiados de um novo tipo. Pertenciam, é certo, às famílias da Beira e de Trás-os-Montes, mas haviam passado várias décadas em Castela; a nova geração havia mesmo trocado a língua portuguesa pelo espanhol. Essa forte migração de portugueses hispanizados transformou o perfil cultural da diáspora, a tal ponto que se começou a falar dos «judeus espanhóis e portugueses de Amesterdão».

Foi assim que chegou a Livorno Rodrigo Méndez Silva, antigo cronista do rei Filipe IV e genealogista da nobreza espanhola, saído de uma família de Celorico da Beira, tal como, a Amesterdão, o banqueiro madrileno Tomás Rodrigues Pereira, *alias* Abraham Pe-

OS CRISTÃOS-NOVOS E A SUA DIÁSPORA

reira, de Vila Flor, que publicou dois tratados de ética de um asce-
tismo extremo, plagiando os modelos católicos espanhóis. O doutor
Isaac Oróbio de Castro (1617-1687), natural de Bragança, que pas-
sara a maior parte da sua vida na Andaluzia, levou o género clandestino de apologia teológica do judaísmo ao seu mais alto nível,
graças à elegância da retórica castelhana e ao modo de raciocínio
aprendido entre os neo-escolásticos de Alcalá. O seu sucessor, o pregador Abraham Gomes Silveyra (1656-1741), nascido em Arévalo
(província de Ávila), preferiu empregar um tom satírico, inspirado
em Quevedo, nos oito volumes manuscritos que constituem as *Sil-
veyradas* anticristãs.

A personagem mais representativa destes portugueses de Espanha é o capitão Miguel de Barrios, *alias* Daniel Levi de Barrios
(1653-1701). Este poeta cronista, que celebrou a glória do judaísmo
de Amesterdão, continuou, porém, nostálgico da sua aldeia natal,
Montilla, na Andaluzia, e do seu serviço no exército de Sua Ma-
jestade Católica. Votava uma admiração sem limites à aristocracia
castelhana e procurou imitar, nos seus versos, o estilo alambicado de
Luis de Góngora. Com outros versificadores judeus de Amesterdão,
também obedeceu ao gosto espanhol, aquando das reuniões nas *academias* (ou salões poéticos) a que presidiu, em 1684 e 1685, Manuel
de Belmonte, *alias* Isaac Núñez Belmonte. De 1664 até à sua morte
em 1705, este mercador foi o representante diplomático da coroa
espanhola, nobilitado pelos seus serviços; Jerónimo Nunes da Costa,
alias Moseh Curiel (1620-1697), serviu Portugal na mesma qualidade. Certos espanhóis sem ascendência judaica abraçaram com o
mesmo fervor o judaísmo amsterdamês, entre os quais o dominicano
Fray Vicente de Rocamora (1609-1684), nascido em Valência, que
fora confessor da infanta Maria, futura imperatriz da Alemanha.

Os judeus de Amesterdão foram, além disso, influenciados
por um círculo livre-pensador efémero, que se formara por volta de
1635 entre os estudantes portugueses de Alcalá, em Castela. O doutor Juan de Prado (1612-1669) aí tivera a sua participação: médico
do arcebispo de Sevilha, tornado judeu em Amesterdão, em 1655, teria atraído às suas convicções o jovem comerciante Baruch Spinoza

(1632-1677), que era judeu observante antes de se ligar de amizade com o doutor libertino. Por terem negado publicamente a autoridade da Bíblia, a imortalidade da alma e a necessidade de uma fé religiosa, os dois amigos foram excomungados em 1656. Enquanto Spinoza se separou definitivamente da sua comunidade sem por isso se tornar cristão, Prado tentou durante uma década reintegrá-la, apesar das suas opiniões anti-religiosas. Essa vontade reflecte a experiência neo-cristã, onde a solidariedade do grupo podia superar as convicções pessoais; ela anuncia o judaísmo «secular» moderno.

A fim de sancionar a passagem da «Nação» ao judaísmo, as suas autoridades combateram numerosas formas de suspensão da pertença religiosa. A comunidade de Amesterdão aplicou desde 1644 penas simbólicas a certos membros que haviam ido a Espanha ou outras «terras da idolatria», onde era necessário simular a fé católica. A supressão dessa margem de ambiguidade, que rodeava a comunidade judeo-portuguesa, pressupunha uma restruturação sócio-económica da diáspora, com o negócio ibérico a ser abandonado progressivamente a favor das trocas com os correligionários das Caraíbas.

Duas volumosas apologias do doutor Oróbio revelam a influência que o caso Prado-Spinoza exercia ainda em 1663. Essa polémica foi revezada pela crise espiritual suscitada em 1666 pelo pretendente messiânico Sabbatai Sebi. Desde que este apareceu em Esmirna, a nova percorreu a Europa como um rasto de pólvora, e as elites de Amesterdão e Hamburgo – e mesmo os criptojudeus nos confins da Andaluzia – nisso participaram entusiasticamente, tal como, depois, na depressão que resultou da conversão do pseudo-messias ao Islão. Contudo, a adesão ao falso messias não foi nunca unânime. Numa família de médicos de Trancoso, práticos na corte de Madrid, o irmão mais velho, Isaac Cardoso (1604-1681), conhecido pelas suas obras filosóficas e a sua apologia *Excelencias de los Hebreos*, foi, em Veneza como em Verona, um implacável inimigo do movimento, enquanto o mais novo, Abraham Michael Cardoso (1626-1708), se tornou, no Oriente, um dos principais teólogos da seita, depois da apostasia do falso messias.

Se os cristãos-novos reconvertidos ao judaísmo sobressaíam na transposição de conteúdos judaicos para os géneros literários da civilização hispano-portuguesa, os seus descendentes não negligenciaram a literatura rabínica tradicional. Encontravam aí, antes de mais, um interesse comercial. A imprensa hebraica, que funcionava em Amesterdão, desde 1626, e em Livorno, desde 1650, fez, com efeito, destas duas cidades os centros de difusão dos textos religiosos; Amesterdão alimentava o mercado da Europa central e oriental, ao passo que Livorno produzia para o Magrebe e o Oriente. Os estudos talmúdicos dos portugueses, cujo *curriculum* sistemático suscitou a admiração de numerosos asquenazitas, tiveram o seu centro na academia *Hes Haim* de Amesterdão, que publicou, a partir de 1699, uma revista em hebraico, a primeira a ser publicada nessa língua. Abraham Pereira – o banqueiro e moralista já mencionado – fundou em 1659 a prestigiada academia talmúdica *Hesed le-Avraham* (Graça de Abraão) em Hebron, na Palestina. As ricas famílias judeo--portuguesas de Livorno encorajavam igualmente os estudos hebraicos. Formados localmente ou vindos do Magrebe, os rabinos de Livorno – como Josef Ergas e Rafael Meldola – dirigiam academias e enriqueciam a literatura religiosa. David Nieto (1654-1728), rabino de Livorno e Londres, tornou-se o teólogo mais original desse meio, completando a sua qualificação talmúdica por uma vasta cultura científica adquirida na Universidade de Pádua. Todavia, se ele atacou duramente os cépticos e libertinos na sua apologia do Talmud *Matteh Dan* (Vara de Dan), foi ele próprio acusado de spinozismo, por causa de uma observação ousada num dos seus sermões.

A partir de meados do século XVII, os intelectuais judeo-portugueses levaram a literatura hebraica para novos caminhos. Em Hamburgo, o rabino David Cohen de Lara e o médico Benjamin Mussaphia publicaram trabalhos de linguística. Em Amesterdão, os seus contemporâneos Joseph Penso de la Vega, Moseh Zacuto e Selomoh de Oliveira escreveram em hebraico poemas e obras dramáticas segundo as regras do teatro espanhol; traduziram em métrica bíblica clássicos espanhóis, portugueses e italianos. No decurso do século seguinte, o poeta hebreu David Franco Mendes (1713-1792) juntou-se à grande corrente das Luzes judaicas. Entre as suas obras póstumas figura mesmo uma *Enciclopédia* hebraica modelada pela de Diderot e D'Alembert.

Esse regresso ao hebraico resulta do exílio dos seus falantes: à medida que secava a corrente de emigração proveniente do mundo ibérico, o português falado pelos judeus ia-se tornando uma língua fóssil, invadida por locuções francesas e holandesas, ao passo que o hebraico se mantinha, como sempre, língua de comunicação no seio do mundo judaico. Em 1816, os registos comunitários dos sefarditas de Amesterdão deixaram de ser redigidos em língua portuguesa e, depois de meados do século XIX, passou também a pregar-se em neerlandês. Os judeus portugueses transformaram-se em judeus de origem portuguesa.

Alguns deles abandonaram, ao mesmo tempo, as tradições religiosas. Por volta de 1710, um rabino asquenazita menciona uma comunidade portuguesa, cujos raros membros piedosos iam orar entre os judeus daquele rito, para evitar terem de partilhar os bancos da sua sinagoga com indivíduos que nem sequer guardavam já o *Shabbat*. Essa assimilação foi particularmente radical entre as elites sefarditas de Londres. Dois médicos podem ser citados como exemplo: o célebre Jacob de Castro Sarmento (1691-1792), originário de Bragança, que desenvolveu em Londres a terapia do quinino, afastou-se progressivamente da sua comunidade; António Nunes Ribeiro Sanches, conhecido pelos seus trabalhos sobre doenças venéreas, passou do judaísmo ao deísmo dos enciclopedistas. Em contrapartida, o educador bordelês Jacob Rodrigues Péreire (1715-1780), pioneiro da pedagogia dos surdos-mudos, defendeu os interesses dos judeus junto da corte de França e obteve, em 1777, cartas patentes outorgando aos judeo-portugueses a liberdade de escolha de domicílio em todo o reino. E o mesmo se deu com dois grandes economistas saídos deste meio: Isaac Pinto, de Amesterdão, autor do *Tratado da circulação e do crédito* (1771), procurou defender os judeus – pelo menos os judeus portugueses – contra os ataques de Voltaire, ao passo que David Ricardo, de Londres, conhecido pelos seus *Principles of Political Economy and Taxation* (1817), se fez baptizar por comodidade, como muitos representantes dessa assimilação precoce.

8. Epílogo: uma minoria modelo

Tendo já adquirido numerosas liberdades sociais, a igualdade de direitos cívicos não representava para os judeus portugueses a mesma aposta que para os grupos menos favorecidos. Em 1788, os seus representantes de Bordéus protestaram junto de Malesherbes contra a supressão da autonomia jurídica da «nação judaica portuguesa», que foi o preço a pagar pela emancipação. Quase contra a sua vontade, os sefarditas que viviam na França revolucionária tornaram-se, em 28 de Janeiro de 1790, os primeiros judeus da Europa a obter a igualdade total de direitos, ao passo que esses mesmos direitos só foram estendidos aos asquenazitas no ano seguinte, no termo de um longo debate. O bordelês Abraham Furtado (1756-1816), filho póstumo de um cristão-novo morto aquando do terramoto de Lisboa, encarna o ascendente português sobre a emancipação judaica: esse voltairiano participou na Revolução de 1789 e presidiu, em 1806, à «Assembleia de Notáveis Judeus» convocada por Napoleão para reformar o judaísmo no seu império. Henriette Herz (1764-1847), filha do médico hamburgês Benjamin de Lemos, reunia, na mesma época, os grandes espíritos da Alemanha no seu salão em Berlim.

Se a identidade judeo-portuguesa se caracterizara outrora como comunidade de sofrimento e, depois, por um singular cosmopolitismo judeo-burguês, passou a resumir-se, depois da emancipação, a um snobismo de linhagem e a um orgulho familiar avidamente cultivados. Depois dos poetas do século XVII, aparecem no século seguinte os genealogistas, os coleccionadores de documentos, livros e objectos de arte, os eruditos que, como David Franco Mendes, registaram a história gloriosa das suas comunidades. Esta fascinava mesmo os asquenazitas, que acabaram por reforçar o sentimento de superioridade dos portugueses. No espírito da época, esse grupo encarnava no mais alto grau os valores culturais, estéticos e morais das elites europeias, permanecendo sempre fiel ao judaísmo: assim o provavam os milhares de mártires da Inquisição.

«Os primeiros judeus modernos» – de acordo com a expressão de Cecil Roth ([60]) – representavam com efeito um ideal de judeidade na época em que os asquenazitas se aprontavam para integrar, por seu turno, as fileiras da sociedade burguesa. O rabino Ludwig Philippson fez escola, ao relatar os sofrimentos e os combates dos judeo-conversos ibéricos no seu romance-folhetim *Os marranos* (1837). Duas décadas mais tarde, o rabino Meyer Kayserling, que estudara em Berlim com Leopold von Ranke, será o primeiro historiador a consagrar-se a este tema. De acordo com Heinrich Graetz, os judeus portugueses «superavam os outros judeus de todos os países em cultura, rectidão e também em riqueza interior [...] eram uma classe eleita de seres humanos, a flor e a nobreza do povo judaico»[61].

Na Alemanha e na América, o movimento judaico reformado adaptou-se por vezes ao rito português: pregação regular do rabino, solenidade dos ofícios e composições musicais. Mas os próprios judeus portugueses não eram atraídos pela reforma religiosa. Nas suas comunidades já fortemente misturadas, a procura de um modernismo harmonioso exprimiu-se na escolha de um estilo neoclássico para as sinagogas de Bordéus (1812, acidentalmente incendiada em 1873) e de Baiona (1837); em Charleston, nos Estados Unidos (1840), a sinagoga foi construída sob o modelo de um templo grego. A adopção da identidade sefardita permitiu mesmo a certos judeus alemães – em Filadélfia, o rabino David Einhorn falava de «Portugueses de Schnotzebach» – reivindicar um tradicionalismo aristocrático contra os imigrantes mais recentes. Em reacção contra os rabinos reformistas deste último grupo, Sabato Morais, um oficiante judeo-português imigrado de Livorno para Filadélfia, fundou, em 1887, o Jewish Theological Seminary, por via do qual se espalhou pelos Estados Unidos a corrente conservadora.

Na época do apagamento da sua identidade comunitária, algumas personalidades de ascendência judeo-portuguesa continuaram a ilustrar-se nos domínios que os seus antepassados haviam explorado desde a Idade Média: a economia política e a medicina. Dois judeus bordeleses, os irmãos Émile e Isaac Péreire, tornaram-se os principais financeiros do Segundo Império francês; praticaram um capitalismo reformador, criando redes de caminhos-de-ferro, um banco popular e um urbanismo moderno. José Marcelino de Sá Vargas, um

O médico António Nunes Ribeiro Sanches.

dos seus parentes que continuaram cristãos em Portugal e com quem eles mantinham relações, acedeu ao posto de ministro. Pela mesma altura, nos Países-Baixos, o médico Samuel Sarphati, higienista e planificador de Amesterdão, lançou as redes populares de crédito. Judah P. Benjamin, nascido nas Ilhas Virgens, tornou-se ministro da Guerra e dos Negócios Estrangeiros da Confederação americana durante a guerra de secessão; personalidade fortemente controversa pelas suas origens, afastou-se do judaísmo e casou-se com uma francesa cristã. Este é também o período de glória de Benjamin Disraeli, que foi primeiro-ministro britânico de 1874 a 1880. Este descendente de judeus livorneses, que reivindicava orgulhosamente as suas origens portuguesas, não tinha na realidade senão três bisavôs sefarditas. Ele ilustra, assim, a dimensão irrisória dessa lusomania aristocrática...

Em política, os judeo-portugueses tiveram também a sua ala esquerda. Abraham Mendes Chumaceiro (1841-1902), advogado em Curaçao, foi um dos primeiros a militar pelo direito de voto dos negros. Daniel de Leon (1852-1914), operário activista de Curaçao imigrado em Nova Iorque, alçou-se à presidência do partido socialista americano; foi o chefe de fila dos marxistas radicais, que estabeleceram em 1895 o seu próprio sindicato. O artista mais conhecido de origem judeo-portuguesa, o pintor impressionista francês Camille Pissaro (1830-1903), nascido na ilha de Saint Thomas, nas Antilhas, afirmou-se como ateu e anarquista, ainda que jamais tenha renegado as suas origens «semitas» face à propaganda antijudaica. Depois da Segunda Guerra Mundial, a restauração da economia e a descolonização francesas foram iniciadas pelo político de esquerda Pierre Mendès-France, saído de uma família bordelesa, membro do governo de 1945 a 1955 e, por um tempo, presidente do Conselho. Os anais do movimento sionista mencionam David Shaltiel, chefe dos serviços de informação da *Haganah* (milícia judaica clandestina), e depois comandante militar de Jerusalém, aquando da guerra da Independência de Israel em 1948.

O seu irmão, Joseph Sealtiel, último presidente da comunidade judeo-portuguesa de Hamburgo, morreu vítima da Shoah, que

OS CRISTÃOS-NOVOS E A SUA DIÁSPORA

exterminou, com os seis milhões de judeus do continente europeu, os descendentes da pequena «diáspora no interior da diáspora». Dos quatro mil judeus portugueses que viviam em Amesterdão no momento da invasão alemã, apenas duzentos sobreviveriam às deportações de 1942-1944. Os últimos membros das sinagogas portuguesas de Bordéus, Hamburgo, Livorno e Salonica pereceram nas câmaras de gás de Auschwitz.

No judaísmo actual, os descendentes dos cristãos-novos sobreviveram, enquanto grupo, antes de tudo graças às suas tradições litúrgicas. O seu rito «espanhol e português» distingue-se do rito sefardita normal pela sua solenidade, pelas suas melodias particulares, pelas variantes do texto hebraico e, enfim, por algumas fórmulas em língua portuguesa que integraram o ritual ao longo dos séculos. Essa liturgia continua a ser entoada, muitas vezes por judeus de outras origens, numa quinzena de sinagogas do mundo, entre as quais a da rue Buffault em Paris. A memória colectiva destas comunidades concentra-se na oração pelas almas dos judeus supliciados pela Inquisição, que se recita três vezes por ano, bem como no ofício nocturno que relembra a destruição do Templo de Jerusalém e as catástrofes do exílio. A antiga cerimónia deste serviço manteve-se na sinagoga «espanhola e portuguesa» de Nova Iorque: para cantar as lamentações bíblicas, os fiéis sentam-se na sala escura, recoberta em parte por telas negras, e iluminada por velas – iluminação que é actualmente substituída, a pedido dos bombeiros, por lanternas de bolso.

III

O Portugal Contemporâneo

A. Sob a monarquia

1. A imigração marroquina

Em Portugal, a propaganda inquisitorial da época moderna introduziu na consciência popular uma imagem do judaísmo muito negativa. Numerosos provérbios e estrofes foram recolhidos pelos etnógrafos; a língua portuguesa inventou mesmo o verbo *judiar*, com o significado de «fazer pirraça, causar danos». A repulsa foi tal que, nos séculos XVII e XVIII, nenhum reformista português teve a coragem de reclamar publicamente a readmissão do judaísmo no reino. Surgido na sequência da Revolução Francesa, o liberalismo português manifestou a vontade de romper com os valores do passado, impondo o regresso dos judeus como condição necessária à transformação de Portugal num Estado moderno.

Em 1797, os judeus portugueses do Surinam acolheram generosamente os marinheiros portugueses que um corsário depusera na sua costa. Emocionado pela solidariedade de que haviam feito prova esses compatriotas esquecidos, o príncipe regente D. João (futuro rei D. João IV) assegurou-lhes que seriam bem-vindos à terra dos seus antepassados; porém, teve de lhes confessar que as leis em vigor em Portugal não lhes poderiam garantir ainda a liberdade de culto. Uma tradição oral pretende que os judeus imigrados eram forçados a mudar de nome, se este tivesse uma consonância demasiado bíblica. Mas trata-se talvez de um falso rumor: na realidade, a coroa portuguesa sempre autorizou, apesar do decreto de expulsão, a entrada de certos diplomatas ou negociantes judeus estrangeiros, reconhecíveis pelo seu nome e por um sinal distintivo. A partir do final do século XVII, essas autorizações de permanência foram sobretudo concedidas a sefarditas de Tânger, Tetuão, Mogador e outras cidades do Norte de Marrocos, que não estavam sob a alçada da justiça inquisitorial, porque não tinham sido baptizados. As suas visitas a Lisboa tornaram-se mais frequentes depois da conquista britânica de Gibraltar em 1704. Com efeito, esse enclave, submetido a um bloqueio terrestre pela Espanha, era abastecido, a partir de África e Portugal, por mercadores judeus marroquinos, que representavam cerca de um terço dos habitantes de Gibraltar; aí fundaram, em 1724, uma comunidade chamada *Sha'ar Hashamayim* (Porta dos Céus), o nome da sinagoga de Londres da qual dependiam.

A partir do governo do marquês de Pombal, os judeus de Gibraltar tinham agentes permanentes em Lisboa, onde celebravam serviços religiosos em privado sem serem incomodados. Os primeiros testemunhos de uma vida judaica organizada datam da época das guerras napoleónicas, por ocasião da aliança luso-britânica. Essa vida judaica limitava-se a algumas actividades e associações paracomunitárias, sendo a fundação de uma comunidade oficial impedida pelas restrições legais. Em 1801, os judeus de Lisboa alugaram, a título privado, uma pequena secção do cemitério inglês, no n.º 6 da Rua da Estrela; entre os túmulos que subsistem, o mais antigo data de Fevereiro de 1804. Por volta de 1810, contavam-se cerca de 500 judeus em Lisboa, que frequentavam lugares de oração improvisados em casas particulares. Abraham Dabella fundou em 1813, em sua casa (no n.º 194 da Rua do Ouro) uma sinagoga chamada «Porta dos Céus», como a de Gibraltar; conseguiu em seguida adquirir um local no Beco da Linheira. Duas outras congregações, ambas chamadas *Ets Haim* (Árvore da Vida), nasceram em 1860 e 1880, tendo a primeira por mestre espiritual um oficiante de Tânger, Jacob Toledano. Para apreciar na sua justa medida este regresso espiritual precoce do judaísmo português, é preciso lembrar que a primeira sinagoga madrilena data de 1949.

Os judeus marroquinos de Lisboa pertenciam a uma nova diáspora atlântica, que se estendia de Londres a Belém, no Nordeste brasileiro, onde uma comunidade sefardita, chamada também ela «Porta dos Céus», foi fundada em 1824. Mantinham trocas comerciais com o Reino Unido, para onde exportavam frutas e de onde importavam têxteis e outros produtos industriais. Algumas das suas acções benéficas, tais como a introdução do milho em Portugal, durante a fome de 1810, e o desenvolvimento da exportação da cortiça, valeram-lhes a benevolência das autoridades. Em 1821, quando a Inquisição foi abolida e o decreto de expulsão revogado, um deputado liberal da assembleia constituinte (Cortes) propôs mesmo que o reino lançasse um apelo oficial à imigração judaica. No seu artigo 6.º, a Carta constitucional de 1826 adoptou um compromisso muito amortecido, que iria permanecer em vigor até à queda da monarquia: «A Religião Católica Apostólica Romana continuará a ser a Religião do Reino. Todas as outras Religiões serão permitidas aos Estrangeiros com seu culto doméstico, ou particular, em casas para isso destinadas, sem forma alguma exterior de Templo». A liberdade constitucional de religião não se aplicava, pois, senão aos imigrantes; e mesmo estes não podiam formar uma comunidade oficialmente reconhecida.

A «economia da laranja», na qual participou a imigração judaica marroquina, abriu novos horizontes ao Algarve e às Ilhas do Atlântico. A partir de 1815, duzentos judeus instalaram-se nas ilhas dos Açores, donde exportavam cereais, vinho e sobretudo citrinos; em contrapartida, os imigrantes importavam mercadorias inglesas, encarregando-se eles próprios da venda. A família Bensaúde, proprietária de uma sociedade de comércio marítimo e, mais tarde, de navegação, era a mais próspera; ainda hoje, a Bensaúde, S.A., transmitida aos descendentes católicos, é a maior empresa do arquipélago. Os judeus da capital regional de Ponta Delgada, na ilha de São Miguel, instalaram em 1836 a sua sinagoga – igualmente chamada «Porta dos Céus» – num pequeno imóvel elegante, que ainda hoje se pode ver. Estabeleceram-se sinagogas privadas em

Angra, na ilha Terceira, e na Horta, na ilha do Faial. No último quartel do século XIX, a produção de citrinos, já sinistrada por epidemias, desapareceu por efeito da concorrência beneficiada pela redução no custo dos fretes. Os judeus açorianos juntaram-se então aos insulares, que, nos navios da empresa Bensaúde, chegavam a Portugal e ao Brasil.

Em Faro, no Algarve, duas sinagogas passaram a funcionar, a primeira, desde 1830, e a segunda, desde 1836, em salas de oração arranjadas em espaços contíguos a casas privadas. No cemitério adquirido em 1851, uma centena de túmulos são ainda visíveis, sendo o mais recente de 1932. A presença judaica no Algarve não durou, com efeito, mais de um século. A quase totalidade dos judeus de Portugal instalou-se depois na capital.

O pensamento liberal modificara profundamente Portugal, que pôde medir a amplitude das perseguições históricas através da obra magistral de Alexandre Herculano sobre as origens da Inquisição e os romances de Camilo Castelo Branco (1825-1890), que reivindicava a sua ascendência neo-cristã. A nova visão duma cultura comum manifesta-se, em 1854, na visita solene do rei D. Pedro V à sinagoga portuguesa de Amesterdão. Vários factos revelam, além disso, o reconhecimento implícito da nova presença luso-judaica pelas autoridades civis: a aprovação oficial da associação caritativa *Somej Nophlim* (Apoio dos Empobrecidos), em 1865, e a autorização concedida em 1868 aos judeus de Lisboa para adquirirem o seu próprio cemitério, perto da actual Calçada D. Afonso III. Na véspera do século XX, os judeus lisboetas, repartidos em três congregações, tentaram agrupar-se, elaborando um programa em várias etapas: a fundação de uma sociedade funerária comum chamada *Guemilut Hassadim* (Beneficência, 1892), a organização centralizada do abate ritual por uma assembleia plenária dos judeus de Lisboa (1894), a eleição de um comité para a construção de um sinagoga comum (1897) e a abertura de uma cozinha *casher* económica (1899). Em 1901, foi eleito um primeiro comité da Comunidade Israelita de Lisboa (CIL), sem que essa «comunidade» tivesse já recebido reconhecimento jurídico.

A sinagoga Shaaré Tikvá de Lisboa.
Fotografia cedida pela Comunidade Israelita de Lisboa.

A tarefa prioritária desse comité era a construção de uma casa de oração que pudesse reunir os fiéis da cidade. Conforme ao modelo de Amesterdão e também à lei portuguesa, que proibia a exposição de santuários não católicos visíveis na paisagem urbana, a primeira pedra da sinagoga foi colocada em 1902 no quintal do n.º 59 da Rua Alexandre Herculano. Um arquitecto cristão de renome, Miguel Ventura Terra, concebeu o edifício sobre um plano rectangular de dois andares, sendo o vestíbulo sobrelevado por um terceiro. A fachada é neo-romana, mas a sala é rodeada por uma galeria em forma de U, assente em oito colunas clássicas. À parte a balaustrada de madeira dessa galeria, a comunidade não conseguiu financiar o interior sumptuoso previsto pelo arquitecto. O templo foi entretanto inaugurado em 18 de Maio de 1904 e recebeu o nome de *Shaaré Tikvá* (Portas da Esperança).

2. O judaísmo clandestino depois da Inquisição

No período que se segue às perseguições dos judaizantes levadas a cabo pela Inquisição, o extermínio da religião iniciado por D. Manuel não estava ainda acabado. Grupúsculos isolados de cristãos-novos, fiéis a uma das variantes da observância mosaica, sobreviviam em lugares recuados de Trás-os-Montes e da Beira. A supressão do Santo Ofício e o regime constitucional não puseram fim à sua clandestinidade. Com efeito, a Carta constitucional de 1826 reafirma que os portugueses baptizados são obrigados a participar nos ritos católicos com uma frequência precisada na lei; quanto ao código penal de 1886, considera que todo o proselitismo não católico é passível de prisão e da perda de direitos cívicos. No curso dos conflitos políticos que marcaram o século XIX português, a ala mais conservadora fez prova de uma hostilidade militante: os cristãos-novos de Bragança e da Covilhã, suspeitos de simpatias jacobinas, napoleónicas ou liberais, tornaram-se objecto de agressão da parte do clero e do povo. Essa religião minoritária, marginalizada no meio rural, refugiou-se então no segredo. Além da atitude prudente imposta pelas circunstâncias, a clandestinidade acabou por constituir um elemento essencial das práticas religiosas proscritas, uma segunda natureza do judaísmo português.

O folclore regional apregoa lendas, umas vezes vagas, outras monstruosas, e sempre hostis, sobre essa vida secreta. A mais célebre pretende que os criptojudeus praticavam uma espécie de eutanásia: os «abafadores», oficiantes de ambos os sexos, estariam encarregados de asfixiar os seus correligionários agonizantes, antes da chegada do padre que viria dar-lhes a extrema-unção. Poucas fontes esclarecem as origens destas fábulas. Faltam os arquivos inquisitoriais a partir de 1765, quando o Santo Ofício cessa de perseguir os judaizantes; e é preciso esperar pelas descobertas etnográficos do início do século XX para obter novas informações fiáveis.

Apesar da raridade das fontes e do seu carácter equívoco, a existência permanente de famílias judaizantes em Portugal não pode ser posta em causa. São disso prova material os numerosos rituais, que foram copiados e transmitidos no seio dessas famílias, remontando os mais antigos ao final do século XVIII. A tradição litúrgica que emana desses documentos surpreende pela sua riqueza: de geração em geração elabora-se uma criação original à volta dos vestígios do ritual sefardita. Os processos do Santo Ofício, os manuscritos clandestinos e as investigações etnográficas permitem, assim, reconstruir a história acidentada, mas ininterrupta, desses poemas litúrgicos.

No início do século XX, o centro de resistência criptojudaica era uma zona pobre de Bragança, a Rua dos Quartéis. Os fiéis aí se encontravam numa sinagoga improvisada, na casa do seu chefe espiritual, J. Albino Lopes Borges. A endogamia praticada nesses círculos muito restritos de cristãos-novos – para quem os cristãos--velhos eram os «goios» (goím) – favorecia a sobrevivência das suas tradições. Muitos dos seus ritos eram estranhos ao judaísmo normativo: as rondas dançadas na noite de Páscoa, o ritual singular da noite de São João, onde se lançava um boneco de palha e ramos de árvores aos rios, gritando: «Aí vai o Messias!» (ou, segundo outra testemunha, «Lá vem o Messias»). Contudo, essas aparentes extravagâncias saíam de tradições antigas, atestadas desde há séculos nas actas do Santo Ofício. As convicções religiosas destes judeus dão também testemunho de originalidade; por exemplo, o grupo de Bragança acreditava que as almas voltavam para junto de Deus depois da morte, mas negava a existência do inferno e do diabo, considerando a ideia de danação eterna inconciliável com a bondade divina.

Nos arredores de Bragança, estavam instalados criptojudeus em Vimioso e nas duas aldeias vizinhas, Carção e Argozelo, onde trabalhavam o couro. Outros círculos, cujos membros se entregavam principalmente ao comércio, tinham-se formado ao longo da fronteira espanhola em lugares bem conhecidos da história judaica e neo-cristã: no Norte, em Chaves, Macedo de Cavaleiros, Rebordelo e Vinhais; no Leste, em Miranda do Douro, Mogadouro, Vilarinho dos Galegos e na antiga vila de Freixo de Espada à Cinta. Além disso, famílias isoladas estavam dispersas pela província.

Uma região de difícil acesso, a Serra da Estrela, abrigava o segundo centro do criptojudaísmo português. Por volta de 1900, dez famílias da Covilhã reuniam-se ainda todos os anos para celebrar o *Yom Kippur*; um círculo nascido na mesma cidade estabelecera-se em Belmonte, e um terceiro em Penamacor, onde os cristãos-novos exerciam a profissão de ferreiro. As cidades da Guarda, Pinhel e Vila Nova de Foz Côa contavam também com algumas famílias judaizantes.

Mesmo nas regiões onde a sua prática se havia extinguido há muito tempo, o criptojudaísmo deixou marcas na religião popular, nas tradições musicais e mesmo na vida quotidiana. Afirma-se, por exemplo, que um prato típico da região de Trás-os-Montes, as alheiras (enchidos à base de frango e farinha), deve a sua origem aos judaizantes, que com elas substituíam os chouriços de porco. Em Castelo Branco, certos bordados refinados do artesanato local fariam alusão a cenas do Antigo Testamento ou a outros significados escondidos. As especulações sobre este tema multiplicaram-se nos últimos anos: o facto de não serem, na prática, verificáveis acrescenta-lhes ainda maior atractivo.

Seja como for, o facto é que os descendentes cristianizados do judaísmo português medieval viveram num universo cultural e religioso desligado das sinagogas fundadas em Lisboa. É certo que o regresso do judaísmo a Portugal não passou despercebido aos criptojudeus. Em 1819, dois visitantes da província participaram anonimamente num serviço em Lisboa, prosternaram-se com fervor face à Arca sagrada e informaram-se das datas festivas, antes de desaparecerem discretamente. Durante um século, os encontros entre os dois judaísmos portugueses iriam manter esse carácter fortuito e passageiro.

B. República e ditadura
(1911-1974)

1. A Comunidade Israelita de Lisboa

A separação da Igreja e do Estado – consequência imediata da queda da monarquia – foi promulgada em 20 de Abril de 1911. Esse acontecimento decisivo na história religiosa do país deveria conduzir à aprovação governamental da Comunidade Israelita de Lisboa (CIL) em 9 de Maio de 1912. Em dez anos, a unificação institucional e o reconhecimento público haviam modificado totalmente o perfil da comunidade judaica em Portugal.

Apesar de um efectivo reduzido apenas a 600 almas, numerosos judeus lisboetas evidenciaram-se nas letras, nas ciências e nas artes durante a primeira metade do século xx. Os mais conhecidos foram o historiador Joaquim Bensaúde, o médico Augusto de Esaguy, o arabista José de Esaguy e o fotógrafo Joshua Benoliel (1873--1932), que introduziu em Portugal a fotografia de imprensa. Fiéis a uma tradição de mediadores interculturais, vários judeus lisboetas fizeram nome nos estudos filológicos e no ensino de línguas estrangeiras, como foram os casos de José Benoliel, professor de francês e hebraico, e tradutor oficial do Ministério dos Negócios Estrangeiros, e Adolfo Benarus (1863-1950), pintor, escritor e professor de inglês na Faculdade de Letras.

Como todas as comunidades judaicas, a CIL é administrada por um comité executivo eleito, mas os seus estatutos conferem um poder particular ao presidente desse conselho, que é de certa forma o representante do judaísmo em Portugal. Os seis presidentes que se sucederam desde há um século foram sempre escolhidos entre as antigas famílias de origem marroquina. Em 1926, começou a era de Moses Bensabat Amzalak (1892-1978), que presidiu à comunidade até 1977. A esse economista de renome, reitor da Universidade Técnica, presidente da Academia de Ciências e dirigente da Associação Comercial de Lisboa (Câmara de Comércio e Indústria Portuguesa), incumbia a tarefa de administrar o judaísmo português sob a ditadura de António de Oliveira Salazar, que, de 1932 a 1968, governou Portugal. Amzalak foi um autor prolixo, não apenas na sua especialidade, mas também nos domínios da política, da música e da história judaico-portuguesa. Desde a época dos seus estudos universitários que se ligara de amizade ao futuro ditador e vários outros altos quadros do regime. Cultivando discretamente as suas relações, impediu os poderes portugueses de adoptarem a política antijudaica então praticada pelos regimes de extrema-direita. Mas, como contrapartida dessas concessões, foi obrigado a adaptar-se à linha política do governo, até mesmo quanto às relações com Alemanha, e a participar na repressão das tendências esquerdistas (ou como tal julgadas) no seio da comunidade. Amzalak teve igualmente uma influência duradoura na vida religiosa, pela sua perseverança em fazer respeitar uma ortodoxia sem falhas.

Os oficiantes da sinagoga não tinham, em geral, o título de rabinos. A partir de 1911, Abraham Castel, de Hebron, desempenhou as funções de *shohet* (degolador ritual), circuncidador e chantre. Em 1944, sucedeu-lhe um jovem de Tânger, Abraham Assor (1920-1993), que tinha estudado numa academia talmúdica da sua cidade natal e viria a exercer uma grande influência na vida comunitária. Ordenado rabino em 1973, inaugurou o rabinato moderno de Lisboa.

A CIL sempre desenvolveu actividades culturais e caritativas de amplitude desproporcionadamente superior face ao número restrito dos seus aderentes. Uma benfeitora memorável, Hannah Sequerra, fundou em 1909 casas de costura para as jovens israelitas de famílias desfavorecidas. Em 1912, a comunidade começou a editar um boletim periódico e criou uma associação de estudos rabínicos; constitui-se em 1915 uma biblioteca, e um pequeno hospital abriu as suas portas em 1916. Durante a ditadura, a vida social organizou-se em torno de dois centros: a associação de juventude *Hehaber* (O Camarada), fundada em 1925, e a Escola Israelita, inaugurada em 1929, na Travessa do Noronha. A escola, que administrava o ensino primário e secundário, foi criada pelo professor Banarus. A 14 de Maio de 1948, dia da Independência de Israel, a associação *Hehaber* inaugurou a sua nova sede social no n.º 10 da Rua Rosa Araújo. Pouco depois, a escola e a biblioteca da comunidade mudaram-se para o mesmo local – desde então chamado Centro Israelita de Portugal –, onde algumas salas foram igualmente reservadas a actividades sociais, culturais e desportivas.

Na vida pública da época salazarista – onde o catolicismo reencontrou em 1951 a dignidade constitucional de religião de Estado –, a minoria judaica quedou-se discreta. Depois da Segunda Guerra Mundial, alguns membros da CIL integraram o comité *Pro Palestina*, que militava a favor da criação do Estado judaico. A comunidade declinou a partir de 1961, quando a mobilização de jovens para a guerra colonial em África desencadeou um movimento de emigração para o Brasil e Israel.

2. A redescoberta dos criptojudeus e a «Obra do Resgate»

A sobrevivência de certas tradições judaicas no Portugal rural poderia ter sido considerada uma simples curiosidade etnográfica. Contudo, o conflito de identidade vivido pelos marranos hispano-portugueses e a sua resolução no seio das comunidades da diáspora moderna haviam adquirido, na consciência histórica judaica do século XIX, um significado emblemático. A descoberta de que os heróis dos romances marranos viviam ainda nas montanhas de Portugal não podia deixar de entusiasmar o público judaico europeu. Já em 1903 o luso-bordelês Jean-Léon Cardozo de Béthencourt propusera a reintegração destes irmãos escondidos no seio da Sinagoga [62]. O projecto era discutível, pois numa perspectiva judaica tradicional o criptojudaísmo não era um comportamento louvável – ou mesmo heróico, nos momentos de perseguição –, a não ser que viesse a dissolver-se perante a prática normativa.

O capitão Artur Carlos de Barros Basto (1887-1961), um republicano de Amarante que se dizia cristão-novo, foi a Tânger em 1920 para se fazer circuncidar, e tornou-se um prosélito do judaísmo. Tendo casado com uma mulher da CIL, Lea Azancot, instalou-se no Porto e criou em 1923 uma comunidade com alguns judeus de diversas origens, que aí residiam. Dotou-a de uma escola religiosa, uma bolsa de emprego e um grupo sionista. A partir do Porto, lançou a «Obra do Resgate», com o objectivo de levar os seus irmãos, dispersos por uma trintena de locais no país profundo, à afirmação pública e organizada das suas práticas judaizantes. Mesmo exigindo, também ele, um regresso ao judaísmo ortodoxo, Barros Basto deu provas de grande respeito pelas tradições sincréticas dos marranos, entre os quais recolhia orações insólitas. Pensava que, depois de haverem reivindicado publicamente a sua identidade judaica, os judeus-novos acabariam por se aproximar das práticas normativas.

Belmonte, segundo refúgio do criptojudaísmo português, teve a sua própria história. Em 1911, pouco depois da proclamação da República, os anticlericais atribuíram a presidência da Câmara Municipal ao chefe dos criptojudeus, José Henriques Pereira de Sousa, activo defensor da educação laica. Os marranos de Belmonte rapidamente se deram a conhecer a um engenheiro de minas de origem polaca, Samuel Schwarz (1880-1953), que trabalhava desde 1917 nessa região. De educação asquenazita tradicional, Schwarz havia adquirido, como autodidacta, uma certa erudição. Em 1925 reuniu as suas observações numa publicação que ficou célebre, *Os Cristãos--Novos em Portugal no século xx*, onde provava a antiguidade das tradições de Belmonte, sublinhando numerosas coincidências destas com os ritos e orações registados, em 1674, nas confissões de uma prisioneira da Inquisição. A emoção suscitada por esse opúsculo tocou também a CIL, então presidida por Adolfo Benarus. Este sugeriu a James A. Rothschild e à *Anglo-Jewish Association* que financiassem um pensionato lisboeta onde seriam educados no judaísmo crianças e adolescentes marranos.

A Páscoa em Belmonte.
Fotografia de Samuel Schwarz, c. 1925.
M. Ehrenpreis, *Das Land zwischen Orient und Okzident,* Berlim, 1928.

Dois projectos de «resgate» disputaram a partir daí as almas dos marranos e os fundos dos doadores judeus britânicos. Estes enviaram em Janeiro de 1926 um emissário a Portugal, na pessoa do jornalista e historiador Lucien Wolf (1857-1930), que passou quatro semanas com os judeus do Porto e com os que tinham sido redescobertos na Beira. Espírito independente, Wolf apoiava Barros Basto, que lhe transmitira o seu entusiasmo e que, geográfica e psicologicamente, lhe parecia mais próximo dos marranos do que os dirigentes da CIL.

Em Londres, a missão de Wolf conduziu à formação do *Portuguese Marranos Comittee*, com a finalidade de financiar as actividades de Barros Basto. Em 1927, este fundou o periódico *Ha-Lapid* (O facho), órgão simultaneamente da comunidade judaica do Porto e da «Obra do Resgate», consagrado à história do criptojudaísmo e às suas práticas vigentes. A sua primeira missão na província de Trás-os-Montes concluiu-se em 8 de Outubro de 1927 pela fundação de uma comunidade israelita em Bragança, que foi colocada sob a presidência de um dos seus amigos, José António Furtado Montanha. Graças ao reconhecimento do governo do distrito e à entrada de fundos do estrangeiro, a comunidade pôde inaugurar, em Junho de 1928, a sinagoga *Shaaré Pidion* (Portas do Resgate). Ao fim de quatro anos, esta contava com 139 membros, alguns deles vivendo em Valpaços, em Vilarinho dos Galegos ou em Miranda do Douro. O abandono da clandestinidade foi ostensivo: alguns judeus-novos gravaram grandes estrelas de David nas soleiras das suas casas, e a pedido de Montanha a Câmara Municipal deu à Rua dos Quartéis o seu actual nome de Rua Oróbio de Castro. Entretanto, Barros Basto tinha estendido a sua actividade à Beira, onde foi fundada em 5 de Maio de 1929 a comunidade *Shaaré Kabbala* (Portas da Tradição) da Covilhã. Nesse mesmo ano, o «apóstolo dos marranos» fundou, no Porto, um instituto teológico israelita, *Yeshivah Rosh Pinna*, onde um rabino da Palestina, Jacobo Shebabo, formava jovens que poderiam vir a tornar-se oficiantes. Barros Basto lançou também o empreendimento de construção de uma sinagoga no Porto, digna de servir de «catedral» aos judeus – tanto clandestinos como proclamados – dispersos pelo país.

O PORTUGAL CONTEMPORÂNEO

Em 1932, duas publicações – a *História dos Marranos*, de Cecil Roth, e os *Judeus exóticos*, de Esriel Carlebach – fizeram a promoção da «Obra do Resgate» no mundo judaico. Mas, mergulhando Portugal em plena ditadura, Barros Basto compreendeu que a Igreja se opunha claramente à sua iniciativa. Em paragens muito católicas, um fiel do judaísmo que ousasse romper o seu segredo era social e profissionalmente banido da comunidade local; os judeus-novos dependiam então completamente dos comités de apoio – salvo se emigrassem. Enfraquecido pela morte de Wolf, o *Marranos Comittee* de Londres passou o testemunho ao *Nederlandsch Marranen Comité*, fundado em Amesterdão, em Março de 1930, pela agência local do *B'nai B'rith*. O presidente do Comité, o engenheiro Mordehai van Son, começou por se separar de Barros Basto, que lhe haviam descrito como uma personagem preguiçosa, corrupta e pouco ortodoxa. A CIL, aliando-se à atitude igualmente circunspecta do seu presidente Amzalak, desconfiava do movimento de semi-prosélitos que o capitão havia lançado, e que fazia correr o risco de atrair sobre a comunidade judaica de Portugal a ira do clero e a desconfiança do novo regime. Barros Basto foi efectivamente afastado da direcção da «Obra do Resgate». Para purificar a sinagoga de Bragança das suas flores artificiais e outros costumes marranos, os holandeses para aí enviaram, em 1932, o rabino Shebabo, que, mesmo sendo «grosseiro, inculto, supersticioso e cúpido»[63], tinha o mérito de ser um ortodoxo disposto a viver num canto retirado da Europa. Exacerbou-se o conflito entre o capitão português, o rabino palestino e os mecenas holandeses, que Barros Bastos considerava «umas figuras nojentas, que suscitam o anti-semitismo por toda a parte»[64]. Ao cabo de três anos, Shebabo abandonou o seu posto; o judaísmo de Bragança e da Covilhã, que havia sobrevivido a três séculos de Inquisição, apagava-se no clima de ditadura saído da Constituição de Março de 1933. Não houve, aparentemente, intervenção imediata do Estado Novo de Salazar contra a «Obra do Resgate», cujas querelas internas indubitavelmente prepararam o seu fracasso.

Hitler e Salazar acederam ao poder em época muito próxima: em Portugal, como na Alemanha, o medo reinava nos espíritos.

A comunidade judaica foi consumida por tarefas mais urgentes; por vezes, até mesmo os papéis se inverteram. Mais de um refugiado do nazismo, de viagem para Lisboa, foi surpreendido pelo auxílio discreto que lhe era trazido por presumíveis correligionários na província. Uma família de refugidos alemães encorajou a obra de Barros Basto. Jehuda Leon Cassuto, da pequena comunidade judeo--portuguesa de Hamburgo – um homem «que unia a cultura alemã à fidelidade sefardita» – assumiu a presidência da comunidade do Porto no Verão de 1933, enquanto o seu filho, o jovem Alfonso Cassuto, sucedia a Shebabo na direcção do seminário *Rosh Pinna*.

Criticado até mesmo no seu próprio campo, o capitão Barros Basto, activista republicano, não tardou a atrair as suspeitas da polícia política. Em Abril de 1936, uma carta anónima acusa-o de ter abusado sexualmente de estudantes da *Rosh Pinna*; e parece que os Cassuto, em desavenças com ele, teriam caucionado a acusação. Mesmo tendo esta sido julgada sem fundamento por um tribunal militar reunido em 1937, o escândalo que manchou o capitão arrastou a sua exclusão do exército e a perda das honras militares. Por ironia do destino, foi por essa época que Barros Basto pôde acabar a obra da sua vida. Em 16 de Janeiro de 1938, foi ele a inaugurar no Porto, no n.º 340 da Rua Guerra Junqueiro, a esplêndida sinagoga *Mekor Haim* (Fonte da Vida), graças a um donativo do milionário judeu Sir Elly Kadoorie, de Xangai. Por recomendação do capitão, os três arquitectos cristãos responsáveis pelo projecto da sinagoga dotaram o edifício de uma sumptuosa decoração oriental em mármore e com douraduras, ornada de símbolos judaicos muito acentuados. Hoje a sinagoga é raramente frequentada, não contando a comunidade com mais de um punhado de pessoas.

3. *Os refugiados europeus*

O primeiro judeu asquenazita de notoriedade pública em Portugal foi o agrónomo Wolf Terló, em 1904, que veio a ser membro da direcção agrícola de Coimbra. Na sequência da revolução de 1910, Terló apresentou ao governo provisório um projecto audacioso: para compensar a perda que Portugal havia tido com a expulsão das for-

Partida de refugiados judeus, de Portugal para a América, nos navios da Companhia Colonial de Navegação (1942). Fotografia cedida pela Comunidade Israelita de Lisboa.

ças produtivas judaicas, sugeria que se reservasse o alto planalto angolano para colonização por judeus russos em fuga dos *pogroms*. O projecto, apoiado pelo deputado de origem neo-cristã Amílcar da Silva Ramada Curto, foi acolhido favoravelmente pelo governo, pela comissão colonial, pelo parlamento e pela opinião; mas a deflagração da Primeira Guerra Mundial impediu a sua realização. Durante a Primeira República, apenas 650 judeus da Europa Oriental encontraram refúgio nas margens do Tejo.

Esse debate mostra que Portugal havia conservado o seu optimismo liberal face ao movimento anti-semita que agitava a Europa desde o final do século XIX. Em Portugal, essa mensagem de ódio permaneceu acantonada no movimento monárquico Integralismo Lusitano, fundado em 1914 por António Sardinha e Mário Saa. Este último publicou em 1925 um livro intitulado *A invasão dos judeus*, onde apresentava a República como uma criação da hegemonia semita. Os principais republicanos eram, afirmava ele, judeus de religião, ou pelo menos de «raça»: «Entrar no Parlamento Portuguez o mesmo é que entrar numa sinagóga!»[65]. A imprensa portuguesa foi igualmente terreno para algumas expressões de anti-semitismo: aí foram traduzidos em 1923 os *Protocolos dos sábios do Sião* e, em 1938, o jornal efémero *A Voz* lançou campanhas contra as actividades proselitistas de Barros Basto e Samuel Schwarz.

Enquanto uma corrente pró-nazi havia tomado conta da polícia secreta e se exacerbava na colónia alemã, alguns jornais, como o *Diário de Notícias*, mostravam-se, desde a subida de Hitler ao poder, solidários com os perseguidos do nazismo e pronunciavam-se a favor do acolhimento de refugiados. O doutor Augusto de Esaguy fundou em 1933 a «Comassis» (Comissão de Assistência aos Judeus Refugiados em Portugal), iniciativa reconhecida pelo governo salazarista e financiada pelo *Joint*, o comité caritativo unificado dos judeus americanos. Essa associação, de que eram presidentes honorários Amzalak e Benarus, apoiava-se em parte na infra-estrutura da CIL, para dar assistência aos emigrados judeus alemães admitidos em Portugal, que assim recebiam vistos de entrada e de trânsito. Em 1935, eram 600, acolhidos especialmente em Lisboa. Mas no ano se-

N.º 104   PORTO — Luas de Março e Abril — 5701 (1941 e. v.)   ANO XV

Tudo se ilumina para aquêle que busca a luz.
BEN-ROSH

... alumia-vos e aponta-vos o caminho.
BEN-ROSH

(HA-LAPID)
O FACHO

DIRECT. E EDITOR — A. C. DE BARROS BASTO (BEN-ROSH)
Redacção na Sinagoga Kadoorie Mekor Haim
Rua Guerra Junqueiro, 340 – PÔRTO

COMPOSTO E IMPRESSO NA IMPRENSA MODERNA, L.DA
Rua da Fábrica, 80
PÔRTO

Os judeus refugiados na cidade do Pôrto

organizaram os trabalhos de manipulação e cozedura do «pão ázimo», que deverá ser comido durante a Páscoa dos hebreus

Coincidindo com o começo da lua-cheia, celebrar-se-á em todo o mundo israelita, de 11 a 18 do próximo mês de Abril, a quadra festiva e soleníssima da Páscoa dos hebreus—que, para os prosélitos daquela crença religiosa, constitue também um acontecimento deveras notável, sob os pontos de vista histórico, social, familiar e agrícola. Relembram-se, assim, numa tradição multissecular e com um ritual caprichosamente votivo, as tormentosas vicissitudes do duro cativeiro e da escravidão servil que o povo hebraico suportou no Egito, até o advento glorioso da hora suprema do seu resgate, da sua liberdade e da sua independência...

Segundo a narrativa bíblica, os inimigos dos israelitas sofreram depois o terrível flagelo das *dez pragas*, que, num cortejo apocalíptico, devastaram e cobriram de luto e de miséria o antigo reino dos Faraós. Baixou, então, à Terra o «*anjo exterminador*», que, numa só noite, feriu de morte todos os primogénitos das famílias egípcias. A intervenção dêsse poder sobrenatural favoreceu ainda o povo hebreu, quando, sob o comando de Moisés, pôde evitar a ira dos seus perseguidores, atravessando a pé o leito do Mar Vermelho — cujas águas se afastaram, miraculosamente, abrindo caminho para a margem oposta... Nesta quadra pascal, reúniam-se antigamente, em Jerusalém, milhares de judeus espalhados pelos mais distantes pontos do Universo — que, à semelhança do lendário Ashaverus, pareciam condenados pela maldição duma vida errante e tormentosa. E confortavam-se

Cliché gentilmente cedido por *O Primeiro de Janeiro*.

Judeus refugiados no Porto, em 1941.
Página do jornal *Ha-Lapid*.

guinte Portugal juntou-se aos países que fechavam as fronteiras aos judeus perseguidos, passou a recusar qualquer título de estadia aos judeus apátridas e, depois, a partir de 1938, aos judeus alemães. Em 10 de Maio de 1939, o governo desmentia rumores que circulavam a propósito da admissão de judeus refugiados em Angola.

A pressão exercida sobre Portugal aumentou depois do começo das hostilidades. Em Junho de 1940, várias dezenas de milhares de judeus puseram-se em fuga face ao avanço das tropas alemãs em França. A obtenção de um visto de trânsito português era a sua única esperança de escapar à deportação. O consulado português de Bordéus, sob intensa pressão dos requerentes, recebeu de Lisboa ordens estritas que o intimavam a respeitar as leis de imigração em vigor. É então que o cônsul Aristides de Sousa Mendes (1885-1954) tem um gesto corajoso, sem igual na história da Shoah. No decurso de uma longa conversa com um rabino refugiado de Antuérpia, Chaim Krueger, este cristão praticante mediu a gravidade da situação e decidiu «estar antes com Deus contra os homens, do que com os homens contra Deus». A 17 de Junho de 1940, ordenou a concessão de vistos portugueses a todos aqueles que os pedissem. O governo salazarista destituiu-o imediatamente das suas funções e tentou travá-lo. Em vão: ao longo dos 11 dias que restavam até à chegada dos alemães, o «Anjo de Bordéus» e os seus funcionários apuseram vistos nos passaportes de cerca de 30 mil requerentes (dos quais 10 mil judeus), que conseguiram assim passar a fronteira espanhola e esperar em Portugal pelo embarque para a América.

Durante os anos do genocídio, a neutralidade de Portugal conferiu aos seus diplomatas um poder de vida e de morte. Em 1943, a Embaixada de Portugal em Berlim arrancou ao Reich 245 judeus, a pretexto de que tinham nacionalidade portuguesa. Em 1944, Carlos Branquinho e Carlos Sampaio Garrido, embaixadores portugueses na Hungria, forneceram passaportes provisórios a um milhar de judeus húngaros, para os subtrair à deportação para Auschwitz. Em contrapartida, os seus homólogos da Roménia entregaram 769 judeus aos seus carrascos, ao recusarem-se a pôr o pavilhão português numa embarcação clandestina.

O PORTUGAL CONTEMPORÂNEO

Portugal terá salvado a vida a 40 ou 50 mil judeus perseguidos pelo nazismo; algumas estimativas duplicam ou triplicam mesmo o número. Os refugiados à espera de embarque eram internados, por ordem do governo, em centros turísticos transformados em «zona de residência fixa» (Ericeira, Caldas da Rainha, Curia, Figueira da Foz, São Julião da Barra); não as podiam deixar sem autorização policial e eram alimentados graças ao apoio das organizações judaicas. Para tornar essa ajuda mais eficaz, a Comassis foi substituída em 1941 por uma secção de assistência aos refugiados na dependência da CIL. Outros refugiados foram acolhidos por particulares em Lisboa e alimentados pela «cozinha económica» da CIL. Entre os que recebiam assistência, encontrava-se o cônsul Sousa Mendes, que o governo excluíra da função pública, com a sua família. Mas esse meio era infiltrado por agentes nazis, que conseguiram, por exemplo, extraditar para a Alemanha o escritor pacifista Berthold Jacob, e depois assassiná-lo.

A estadia dos refugiados limitava-se geralmente a alguns meses: em 1942, os navios da Companhia Colonial de Navegação, transbordando de passageiros, fizeram várias idas e voltas através do Atlântico em guerra. Apesar do seu grande número, os refugiados judeus em trânsito não tiveram tempo de deixar marcas culturais em Portugal; as suas iniciativas mais duradouras foram a criação da Associação de Judeus Polacos, de uma secção da *Women's International Zionist Organization* (WIZO) e de um círculo para a cultura da língua hebraica. Porém, o pequeno número de refugiados que se instalou no país bastou para aumentar a componente asquenazita no seio da CIL, que estabilizou, depois da guerra, em torno dos mil membros, dos quais menos de metade pertenciam às famílias tradicionais de origem marroquina. Entre os asquenazitas, as personalidades mais conhecidas em Portugal são o bioquímico Kurt Jacobsohn (1904-1991), natural de Berlim, vice-reitor da Universidade de Lisboa, e Ilse Losa (nascida Ilse Lieblich, 1913-2006), uma das autoras mais populares da literatura juvenil portuguesa.

C. Depois de 1974

1. Lisboa e Jerusalém

Depois da Revolução dos Cravos de 25 de Abril de 1974, as lutas pelo poder desencadearam, entre outras reivindicações e ressentimentos, um anti-semitismo que apenas se exprimiu abertamente em *graffitis* anónimos traçados em instituições judaicas. Os ataques não vieram apenas de neo-fascistas e integristas católicos, mas também de revolucionários, que praticamente não contavam com judeus nas suas fileiras. O médico Samuel Ruah, que teve dificuldade em conservar o seu posto de director de hospital, revela uma situação paradoxal: «[N]a Faculdade de Medicina, durante os cinco anos da II Guerra Mundial, nunca senti discriminação por ser judeu. Isso só me pareceu sentir no seguimento do 25 de Abril de 1974»([66]).

A sangria demográfica judaica iniciada pela guerra colonial agravou-se com a expropriação de numerosas empresas em Março de 1975, e a crise económica resultante. Em pouco tempo, a população judaica reduziu-se a 200 ou 300 indivíduos, que pertenciam geralmente às famílias mais antigas. A entrada de Portugal na Comunidade Europeia (1986) e a multiplicação das ligações externas, nos domínios económico e tecnológico, trouxeram (ou fizeram regressar) ao país judeus de diferentes origens, sobretudo do Brasil. De acordo com uma estimativa efectuada em 2004, a população judeo-portuguesa contava então com 1200 indivíduos, dos quais um milhar viveria na capital; entre eles, 500 são filiados na CIL. Mas estes números não reflectem a realidade do judaísmo português, pois incluem residentes temporários instalados na Linha do Estoril, zona abastada situada a oeste da capital, nas margens do Tejo.

De acordo com um estudo sociológico de Marina Pignatelli realizado em 2000, baseado em 53 entrevistas, os judeus de Lisboa constituem uma população bem enraizada (sendo metade dos entrevistados portugueses de há três gerações ou mais), abastada (quadros, profissões liberais, tecnológicas ou académicas, dos quais

O PORTUGAL CONTEMPORÂNEO

cerca de metade reside nos bairros «nobres» do centro da cidade) e com bom nível de educação (três quartos dos entrevistados possuem diploma universitário). Porém, o futuro dessa pequena colectividade está ameaçado pelo recuo da natalidade e pelas uniões mistas, com mais de metade dos homens e um quarto das mulheres entrevistadas a escolherem o cônjuge fora da comunidade ([67]).

Jorge Sampaio, presidente da República entre 1996 e 2006, é de origem judaica pela sua mãe, uma descendente da família Bensaúde convertida ao catolicismo. Em 2002, prefaciou uma bela colecção de cinquenta biografias de judeus que vivem actualmente em Portugal. Esse retrato colectivo, fortemente contrastado, deixa uma mensagem optimista sobre a criatividade cultural e a solidariedade desenvolvidas pelos membros deste grupo escasso, mas ligado à conservação de uma identidade judaica frequentemente à margem das normas tradicionais da judeidade. Em consequência da sua pequena dimensão demográfica, a comunidade recruta geralmente os seus oficiantes no seio da população judaica do Brasil, cem vezes mais numerosa.

Foram eleitos para a presidência da comunidade, em 1978, o cirurgião Joshua-Gabriel Benoliel Ruah, em 2000, Samuel Sequerra Levy e, em 2006, José Oulman Carp. Desde o mandato do doutor Ruah, a CIL aderiu à democratização do país e manifesta-se com bastante frequência na vida pública. Publica uma revista, *Tikvá*, e anima um *site* na Internet (www.cilisboa.org). Os seus representantes, interlocutores das autoridades, participaram em numerosos encontros intercomunitários, designadamente com o papa João Paulo II e os dignitários da Comunidade Islâmica em Portugal. A sua vice-presidente, Esther Mucznik, tal como outros porta-vozes, participam nos debates transmitidos pela comunicação social sobre questões relativas ao judaísmo e, especialmente, sobre o Médio Oriente. Admite-se que o anti-semitismo não é um problema em Portugal e que, presentemente, ser judeu e ser português deixou de ser contraditório. Como disse o doutor Ruah, a ligação simultânea à civilização portuguesa e à tradição judaica é, pelo contrário, susceptível de libertar uma sinergia original ([68]).

Seguindo os exemplos de Espanha e do Vaticano, Portugal salazarista recusou-se a reconhecer o Estado de Israel, que, de resto, se aliara na ONU às moções africanas anti-colonialistas e apoiava militarmente a guerrilha angolana. Mas essa posição escondia mal a ambiguidade da situação: por intermédio de países terceiros, a ditadura adquiria armas israelitas. Para o fim do regime colonial, a política portuguesa para o Médio Oriente fez um realinhamento indirecto. O país, sujeito à pressão americana por causa das suas colónias africanas, foi o único Estado europeu a vir em auxílio de Israel, atacado pelos seus vizinhos árabes em Outubro de 1973: o armamento americano para lá foi encaminhado, via Açores. Depois da Revolução dos Cravos, sob o governo de extrema-esquerda, Portugal foi o único país da Europa Ocidental a votar favoravelmente, em 1975, a famosa resolução da ONU que condenou o sionismo, considerando-o uma forma de racismo. Fazendo uma inversão completa, o governo socialista de Mário Soares, no poder a partir de 1976, aproximou-se do governo trabalhista de Israel, estabelecendo relações diplomáticas com o país em 1977. Para acalmar a opinião árabe, o governo de Soares multiplicou igualmente as tomadas de posição pró-palestinas; assim, o presidente da OLP, Yasser Arafat, foi recebido em Lisboa, em 1979, com honras de chefe de Estado. Mas os esforços para manter boas relações com os dois campos não impediram que Portugal se tornasse um terreno de batalha. Algumas semanas depois da visita de Arafat, o embaixador de Israel foi alvo de um atentado perpetrado por um terrorista, no coração de Lisboa.

As relações com Israel só se normalizaram quando Portugal escolheu claramente o campo ocidental. No início dos anos 1980, foram fundadas associações de amizade luso-israelita em ambos os países. As ligações aéreas directas estabeleceram-se em 1984, quando a emigração operária portuguesa descobriu esse pequeno Estado do Médio Oriente. O comércio entre os dois países arrancou modestamente em 1959, para atingir em 1998 o seu mais alto nível, com um volume de 170 milhões de dólares. Hoje, Portugal exporta para Israel têxteis, cortiça e máquinas; importa produtos electrónicos e plásticos. Do lado português, as trocas, de início fortemente deficitárias, tornaram-se excedentárias na última década.

Na crise do Médio Oriente aberta em 2000-2004 pela insurreição palestina contra Israel, a política do governo português foi descrita como uma *«tactful diplomacy»*[69]. Alguns movimentos de oposição de esquerda apoiaram a *intifada*. Em Abril de 2002, o escritor José Saramago, laureado com o prémio Nobel da literatura, suscitou uma polémica internacional ao condenar severamente a reacção militar israelita. Essa polémica mostrou que os argumentos e as emoções face ao conflito se tinham desde então mundializado.

2. A segunda surpresa de Belmonte

Depois do colapso da «Obra do Resgate», a prática do criptojudaísmo regrediu. Dos numerosos pólos descritos na *Etnografia* de José Leite de Vasconcelos, só o de Belmonte perdurou. Essa sobrevivência deveu-se em parte à família de Elias Diogo Henriques, com quem um membro da CIL, o jornalista Inácio Steinhardt, havia estabelecido um primeiro contacto em 1964.

Os «judeus» de Belmonte viviam na parte oriental da cidade, num bairro cujo nome – Marrocos – alimentou a falsa lenda da sua origem magrebina. Exerciam maioritariamente as profissões de comerciante e tendeiro. Os seus ritos, de que o mais notável era o da Páscoa, exerciam-se no círculo familiar e eram transmitidos secretamente pelas mulheres. A pequena comunidade praticava a endogamia; o que explicaria, diz-se, os problemas de vista – hemeralopia ou daltonismo – de que os seus membros sofriam com frequência.

Progressivamente, os cristãos-novos de Belmonte foram convidando para os seus rituais visitantes judeus, que vinham com cada vez maior frequência de Lisboa ou do estrangeiro. Os seus testemunhos e os livros que tratavam do assunto, como o conto *Um Shabbat em Portugal,* de Isaac Bashevis-Singer, tiveram uma repercussão considerável. Mas a vida secreta de Belmonte tornou-se célebre sobretudo com o documentário *Os últimos marranos*, que o fotógrafo francês, Frédéric Brenner, introduzido nas redes estabelecidas por

Steinhardt, rodou em 1988-1989. Para poder filmar os rituais, até aí mantidos em segredo, Brenner fingiu que ia produzir um documento confidencial, que seria conservado nos arquivos do Museu da Diáspora, de Telavive ([70]). As imagens, de uma grande qualidade estética e etnográfica, foram, porém, apresentadas na televisão francesa em 1990, o que provocou certa perturbação entre os habitantes de Belmonte. Os seus visitantes, em contrapartida, esperavam o momento catártico em que os clandestinos seriam forçados a adoptar, face à sua judeidade, uma identidade pública sem medo nem complexos.

Aquando de uma estadia em Belmonte, em Novembro de 1987, um rabino liberal de Portland (Oregon), Joshua Stampfer, foi o primeiro a celebrar ofícios, em que participou meia centena de pessoas. A normalização do judaísmo de Belmonte beneficiou designadamente do empenhamento da embaixadora de Israel, Colette Avital, e depois da CIL, que aí enviou, em Maio de 1988, uma delegação importante. Nesse mesmo ano, foi oficialmente fundada uma associação, que seria transformada, em Janeiro de 1989, em «Comunidade Judaica de Belmonte», cujos aderentes se submeteram a diversos ritos ortodoxos, por vezes mesmo à circuncisão.

As contribuições do estrangeiro tornaram possível, em 1990, a consagração de uma sala de orações e a vinda de um rabino. Joseph Sebagh, israelita de origem marroquina, organizou instituições religiosas (abate, banho ritual, etc.) e a instrução da comunidade sobre o modo de vida sefardita ortodoxo. A sua assistência começou por ser composta de 50 a 60 fiéis, e depois uma centena, na maior parte jovens. Alguns mais idosos preferiram manter-se à margem, para conservarem as tradições locais, enquanto outros jovens se sentiam mais atraídos pelo judaísmo liberal americano ou pelo sionismo secular. Essas diferenças relativas à nova ortodoxia apagaram-se no clima mais liberal dos últimos anos, que favorece, no seio da comunidade como no exterior, a coexistência de atitudes muito diversas.

Graças à contribuição de um homem de negócios marroquino, Salomon Azoulay, pôde ser erguida uma sinagoga num terreno da família Henriques. *Bet Eliahu*, construída segundo o projecto do arquitecto Neves Dias, foi inaugurada na data simbólica de 4 de

O PORTUGAL CONTEMPORÂNEO

Dezembro de 1996, dia do quinto centenário do decreto de expulsão do rei D. Manuel. Mas a comunidade de Belmonte, confrontada com dificuldades financeiras, viu-se na impossibilidade de manter um chefe espiritual; beneficiou durante algum tempo dos serviços do rabino chileno Elisha Salas, ligado à associação *Amishav*, com a missão de fazer reviver a religião dos criptojudeus nas diferentes zonas ibéricas. A sua abordagem, continuando a ser ortodoxa, foi mais pragmática do que a dos seus antecessores.

O renascimento judaico exprimiu-se, em 2000, na inauguração de um cemitério e, em 2001, na criação de um centro de estudos judaicos na Universidade da Beira Interior, na cidade vizinha da Covilhã; nessa mesma cidade, uma exploração vinícola *casher* apresentou a sua primeira colheita engarrafada com a data de 2004. Passou já o tempo em que, aquando dos actos oficiais judaicos, as únicas línguas faladas eram o francês ou o hebraico; as autoridades civis colaboraram de bom grado nessa evolução. A Câmara de Belmonte abriu mesmo, em 2005, um museu consagrado à «grande história» judaica ([71]).

Desde que o judaísmo português deixou de ser sinónimo da CIL, foi equacionada a possibilidade de se criar uma federação das comunidades judaicas portuguesas, com o objectivo de coordenar os interesses da maioria lisboeta com os das comunidades do Porto, Belmonte e Portimão, no Algarve, onde uma pequena comunidade começou a celebrar ofícios em 1992. No resto de Portugal, o movimento de regresso ao judaísmo conta com algumas personalidades prestigiadas, como o juiz João Oliveira Guerra; tem tantas motivações e formas quantos os indivíduos a que respeita. Não reconhecidos pela CIL, judeus-novos instalados em Lisboa oram na antiga sinagoga asquenazita *Ohel Jacob*, que pertence à comunidade *Beit Israel* do movimento conservador, fundada em Lisboa, em 2006.

A sobrevivência das tradições judeo-portuguesas na Serra da Estrela é um fenómeno espantoso, mas não único. Em regiões retiradas da América, certas famílias mantêm práticas religiosas secretas, que relembram as da diáspora neo-cristã. No Novo México, um criptojudaísmo residual é desde há vários anos objecto de publicidade mediática e investigações académicas, que terão conseguido reconstituir a continuidade do movimento desde a época colonial hispânica. Uma outra bolsa de resistência provável é o Nordeste brasileiro, onde costumes judaizantes incompreendidos se teriam transmitido em fazendas muito isoladas. Grupos de descendentes constituíram recentemente comunidades marranas em Natal e no Recife. Nesta última cidade, a «Associação religiosa sefardita *Bnei Anussim*», fundada em 1995 por Odmar Pinheiro Braga, tenta – em vão, até agora – obter reconhecimento das autoridades ortodoxas, pois recusa submeter-se ao cerimonial de conversão pelo qual os habitantes de Belmonte oficializaram a sua judeidade. A ascendência, genealógica ou espiritual, dos cripto-sefarditas coloniais é também reivindicada por certas comunidades de índios e mestiços, que praticam cerimónias judaicas ou sincréticas no Chile, Argentina e México.

3. Portugal face ao seu passado judaico

Nos anais da historiografia, aos judeus portugueses atribui-se uma forte personalidade. Estes «primos» de Spinoza, que se distinguem pela sua resistência à perseguição e pelo espírito de inovação, seriam os artesãos de uma primeira modernidade judaica, mais respeitosa das tradições do que o movimento assimilacionista posterior. Em contrapartida, uma corrente que remonta ao economista anti-semita Werner Sombart (1911) exagerou e separou do contexto a participação dos judeo-portugueses no começo da dominação capitalista e colonial, particularmente na escravatura dos negros.

Estes lugares comuns só circularam tardiamente em Portugal, que tem um olhar original sobre a história judaica. O imaginário dos portugueses elaborou-se, com efeito, depois de uma experiência singular, em que dezenas de milhares de cristãos-novos se misturaram com a população, e onde o judaísmo não pertence apenas à tradição cultural da nação, mas também à sua genealogia. Da suspeita das origens judaicas, que os estudos genéticos actuais parecem confirmar [72], nem a própria casa real se salvou. Uma lenda do século XVI pretendia que Inês Peres, amante em 1370 do futuro rei D. João I (antepassado da dinastia ducal e, mais tarde, real de Bragança), era judia. Teria sido filha de um sapateiro alcunhado *O Barbadão*, cuja casa alguns localizam na antiga judiaria da Guarda.

No imaginário da mestiçagem, o judeu é um antepassado inquietante. O desejo de recalcamento foi simbolizado pela violência com que a polícia secreta de Salazar se lançou contra duas páginas de uma obra publicada em 1938, que afirmava a origem neo-cristã do ditador: pôs-se à procura dos exemplares vendidos, até em casas privadas, para lhes amputar essas páginas comprometedoras.

Nem por isso Salazar desdenhou inaugurar em pessoa o Museu Luso-Hebraico, aberto em 1939 em Tomar. Por maioria de razão, a corrente liberal sublinhou o contributo dos cristãos-novos para a génese da nação portuguesa, a quem esta deveria, designadamente, a sua lucidez crítica e faculdade de abstracção. É como um homem «magro e um pouco tendente a curvar-se», «cara [...] entre o branco e moreno, tipo vagamente de judeu português», que o poeta Fernando Pessoa descreve Álvaro de Campos, um dos seus três «heterónimos», que ele imagina engenheiro naval algarvio, impulsivo e viajante, «o mais histericamente histérico de mim». Pessoa e outros atribuíam a origens judaicas a melancolia, o sentimento de exílio, o espírito messiânico e a saudade, que caracterizam o temperamento português. De resto, historiadores como Luís de Bívar Guerra pretenderam que a ascendência judaica era demonstrável e quantificável graças às genealogias da Inquisição, o que desencadeou exercícios de auto-análise. Assim, fala do seu amigo Dr. Eugénio de Freitas, outro historiador português, «também, tal como eu, descendente de marranos»: «Curioso é que ambos somos estruturalmente liberais. Morfologicamente eu tenho o tipo semita-sefardim do judeu transmontano (apesar de ter apenas 12% de sangue semita) [...] eu sou caracterizado – dizem-no os amigos de antes – por um espírito intelectualmente judaico como estudioso.»([73])

A população portuguesa procurava, com toda evidência, uma explicação racional para o seu labirinto identitário. Disso é prova o sucesso do livro de António José Saraiva, *Inquisição e cristãos-*

-*novos*, que vendeu vinte mil exemplares logo no ano da primeira edição, em 1969. De acordo com Saraiva, o particularismo étnico neo-cristão e a religião marrana são «mitos» inventados pela sociedade feudal para ostracizar a burguesia cristã, à qual os judeus baptizados cedo se assimilaram. Ao forçar os seus prisioneiros a confessar heresias inexistentes, o Santo Ofício encarregava-se de denegrir e de espoliar ao mesmo tempo esse inimigo da ordem feudal. O próprio Saraiva também aceita a tese de um potencial crítico superior entre os intelectuais cristãos-novos, mas atribui-o ao espírito burguês e à situação de perseguição; idênticas motivações materiais explicariam o regresso ao judaísmo dos que tiveram de emigrar. Esta tese materialista inspirou durante largo tempo as interpretações portuguesas do tema. A peça *O judeu* (1966), de Bernardo Santareno, e o romance *Um bicho da terra* (1984), de Agustina Bessa-Luís, participam dessa valorização da alteridade neo-cristã, minimizando a sua dimensão judaica.

Depois de uma visita a Jerusalém, António José Saraiva confessou que revira as suas ideias acerca do judaísmo. Outros portugueses se deixaram igualmente tentar pela introspecção histórica, ao contactarem com as populações israelitas. Em 1969, o escritor António Quadros revelou que a primeira reflexão, que um encontro com israelitas contemporâneos lhe sugeriu, foi «a vergonha pelo que nós, portugueses, pelo que nós, cristãos, fizemos sofrer a este povo, a quem afinal tanto ficámos a dever nos séculos XV e XVI»([74]). A integração europeia trouxe um novo vocabulário, que valoriza as manifestações de diferença cultural relevantes do passado. Sob influência da mundializção, o discurso histórico recorda o pluralismo medieval e colonial, e evoca os defensores das minorias, como o Padre António Vieira e o cônsul Sousa Mendes, cuja reabilitação foi votada pelo parlamento português em 1988, no termo de uma controvérsia memorável. Os aniversários históricos e a restauração de monumentos criaram uma tradição da comemoração, onde se juntam ritualmente os representantes de instituições herdeiras da história judeo-portuguesa: a República, a CIL e o Estado de Israel. Em 1989, num discurso pronunciado na judiaria restaurada de Castelo de Vide,

o presidente Mário Soares pediu perdão aos judeus pelas perseguições que sofreram em Portugal ([75]). A serenidade com a qual essa
culpabilidade é aqui evocada tem a ver com o facto evidente de ela
já não manchar nenhuma pessoa ou instituição do Portugal de hoje.
Caso excepcional, uma comissão de inquérito, de 1999, examinou (e
desmentiu) rumores segundo os quais o Banco de Portugal teria administrado durante a guerra reservas de ouro do regime hitleriano.

Contrariamente a Espanha, onde os *Estudios Judíos y Sefardíes*
se fazem há várias gerações a um elevado nível, o rico património
judeo-português ainda não deu origem a uma cultura de investigação nesse domínio. Várias instituições académicas do país contam,
todavia, com investigadores que, como historiadores, hispanistas
ou sociólogos, trabalham de maneira individual, sem visarem um
hebraísmo científico. Até aqui, a única universidade lusófona que
prepara candidatos a um doutoramento em Estudos Judaicos é a de
São Paulo, no Brasil.

Essa lacuna foi notada, e iniciativas privadas tendem a colma-
tá-la. Fundada em 1994 pelo empresário Roberto Bachmann, a Associação Portuguesa de Estudos Judaicos publica a revista *Estudos
Judaicos* e organiza conferências públicas e colóquios. Na Faculdade
de Letras da Universidade de Lisboa, a Cátedra Alberto Benveniste
de Estudos Sefarditas, criada em 1997 graças a uma doação privada,
fundou uma biblioteca de investigação, arquivos históricos e outra
revista, os *Cadernos de Estudos Sefarditas*. Assim, a inclinação dos
estrangeiros por essa história e, em particular, pela epopeia marrana
– objecto de *best-sellers* como o romance policial *O último cabalista de Lisboa*, de Richard Zimler, ou numerosas declinações literárias da heroína Grácia Nasi –, acabou por ganhar Portugal. Aqui e
ali, neste país poupado pelas grandes guerras e consciente dos seus
trunfos turísticos, são valorizados monumentos judaicos medievais.
Os mais visitados são a sinagoga de Tomar, o cemitério de Faro e os
antigos bairros judaicos de Castelo de Vide, Évora, Guarda, Óbidos,
Porto e Trancoso. O lugar de memória do judaísmo em Portugal é,
por excelência, a sinagoga de Lisboa, classificada como monumento nacional em 1977, e visitada anualmente por cinco mil alunos

das escolas portuguesas. Para as festividades do centenário de 2004, o edifício foi restaurado e dotado de uma exposição. Em Portugal, onde certas casas têm ainda nos lintéis os traços de uma *mezuza* medieval, as recordações do passado judaico pertencem à cultura geral, e belos gestos simbólicos evocam a reconciliação. Recentemente, um descendente nova-iorquino do grande Abravanel foi convidado, em Lisboa, a visitar o empresário imobiliário Duarte Pio, portador actual do título de duque de Bragança, que o recebeu nestes termos: «Há 500 anos que estou à sua espera.»[76]

A consciência intensa do mútuo envolvimento das histórias nacional e judaica não pode dissimular o facto de as representações do judaísmo terem um referente distante, e até mesmo ausente: em Israel, nas Américas, no tempo passado. Tal como outros países europeus, Portugal contará em breve com mais museus judaicos do que comunidades judaicas, mais turistas judeus do que cidadãos judeus. Mas o judaísmo português não desaparece sob o peso da sua história. Entre os países da diáspora, Portugal soube demonstrar de maneira espectacular que a memória das gerações passadas é capaz de se renovar e ressurgir em continentes longínquos, como nas ruelas de outrora.

Notas

1. Samuel Usque, *Consolação às tribulações de Israel* [1533]. Edição fac-similada com estudos introdutórios por Yosef Hayim Yerushalmi e José V. de Pina Martins, Fundação Calouste Gulbenkian, 1989, t. II, livro III, f. xxiii.
2. António Vieira, *História do Futuro*, ed. de Maria Leonor Carvalhão Buescu, Lisboa, INCM, 1982, p. 323.
3. Abraham Marmorstein, «Neues Material über Joseph ben Isak Satanas», *Monatschrift für Geschichte und Wissenschaft des Judentums* 67 (1923), p. 59.
4. Joaquín María de Navascues, «El Rebbi Jacob, hijo del Rebbi Senior: su epitafio», *Sefarad* 19 (1959), p. 78-91.
5. Gerson D. Cohen, *A Critical edition with a translation and notes of the Book of Tradition (Sefer ha-Qabbala) by Abraham ibn Daud*, Filadélfia, Jewish Publication Society of America, 1967, p. 59.
6. Manuel Augusto Rodrigues, «A presença de judeus no território português nos séculos XI-XII à luz do *Livro preto da Sé de Coimbra*», em *Em nome da fé: estudos in memoriam de Elias Lipiner*, ed. de Nachman Falbel et al., São Paulo, Perspectiva, 1999, p. 157-171.
7. Salomon Alami, *Igueret Mussar*, ed. de Adolf Jellinek, Leipzig, J. Fischel, 1854, p. 27. Traduzimos do hebraico.
8. Elias Lipiner, *O Tempo dos judeus segundo as ordenações do reino*, São Paulo, Nobel, 1982, p. 82.

9. Elias Lipiner, *O Tempo dos judeus*, p. 216.

10. Lipiner, *O Tempo dos judeus*, p. 134.

11. Joaquim Mendes dos Remédios, *Os judeus em Portugal*, Coimbra, Coimbra editora, 1928, t. II, p. 317.

12. Abraham Saba, *Comentário ao Pentatêuco* (hebraico), Veneza, Marco Antonio Giustiniani, 1545, fol. 142v.

13. Mendes dos Remédios, 1895, t. I, p. 240.

14. Lipiner, *Tempo dos judeus*, p. 133.

15. Extracto de *Itinerário do Dr. Jerónimo Munzer*, ed. de Basílio de Vasconcelos, Coimbra, 1932, recolhido em *Lisboa antes do Terramoto: Grande vista da cidade, entre 1700 & 1725*, Lisboa, Chandeigne-Gótica, 2004, p. 39-40.

16. Estes imóveis situam-se em Lisboa, Alfama (Beco das Barelas, n.º 8), no Porto intramuros (Rua de S. Miguel, n.º 9), em Évora (Largo do Barão, n.º 18-20), em Castelo de Vide (esquina da Rua da Judiaria com a Rua da Fonte), na Guarda, em Trancoso, Óbidos e Castelo Mendo.

17. Alami, *Igueret Mussar*, op. cit., p. 26-27, 30-31.

18. *The Book of Ezekiel with the commentary of Rabbi Joseph Hayyun* (em hebraico), ed. de Avraham Shoshana e Moshe A. Zipor, Jerusalém, Makhon Ofek, 2006, 2 vols.

19. Immanuel Aboab, *Nomologia o Discursos legales*, [Amesterdão,] 1629, p. 220; Maria José Pimenta Ferro Tavares, *Os Judeus em Portugal no século XV*, Lisboa, 1984, t. I, p. 367.

20. Alami, *Igueret Mussar*, op. cit., p. 10-11.

21. Ferro Tavares, *Século XV*, t. I, p. 413.

22. Citado, com outros textos semelhantes, por Avraham Gross, *R. Yosef ben 'Avraham Hayyun* (hebraico), Ramat-Gan, 1993, p. 12-13; Arie Schippers, «Moses ibn Habib, poet and migrant», *Studia Rosenthaliana* 35, 2 (2001), p. 172-183, ver p. 175.

23. Reservamos, com I. S. Révah, o termo «conversos» para os judeo-conversos espanhóis e o de «cristãos-novos» para os portugueses.

24. Andrés Bernáldez, *Memorias del reinado de los Reyes Católicos*, ed. de Manuel Gómez Moreno e Juan de M. Camazo, Madrid, Real Academia de la Historia, 1962, p. 256.

NOTAS

25. *Description de la côte occidentale d'Afrique (Sénégal au Cap de Monte, Archipels) par Valentim Fernandes: 1506-1510*, ed. de Th. Monod, A. Teixeira da Mota e R. Mauny, Bissau, Centro de Estudos da Guiné Portuguesa, 1951, p. 118.

26. Gaspar Correia, *Lendas da Índia*, Porto, Lello & Irmão, 1975, t. I, p. 261-265. Há entre os historiadores actuais uma tendência clara para duvidar da narrativa de Correia, «cujas "dicas" são sempre tão interessantes quanto suspeitas». Ver Jean Aubin, *Le latin et l'astrolabe: études inédites sur le règne de D. Manuel 1495-1521*, Paris, FCG, 2006, p. 41, 267-268.

27. *Edicto da expulsão dos judeus de Portugal*, recolhido em Mendes dos Remédios, 1895, t. I, p. 431.

28. Jerónimo Osório, *De rebus Emmanuelis Lusitaniae regis*, Colónia, Birckmannus, 1586, p. 13-14.

29. Texto publicado por Yeshayahu Tishby, *Messianism in the time of the expulsion from Spain and Portugal* (hebraico), Jerusalém, Merkaz Zalman Shazar, 1985.

30. Avraham David, «A migração dos exilados espanhóis para Terra Santa» (hebraico), em *Moreshet Sepharad*, ed. Haim Beinart, Jerusalem, Zalman Shazar, 1992, t. I, p. 452.

31. Yosef Hayim Yerushalmi, «Le massacre de Lisbonne en 1506 et l'image du roi dans *Shebet Yehudah*», em *Sefardica*, Paris, Chandeigne, 1998.

32. Usque, *Consolação*, op. cit., livro III, f. xxxii-v.

33. Elias Lipiner, *Gonçalo Anes Bandarra e os cristãos-novos*, Trancoso, Câmara Municipal, 1996, p. 34.

34. ANTT, Inq. de Lisboa, proc. 5206, sessões de 12 e 13 de Dezembro de 1597. Transcrição original.

35. Carl Gebhardt, *Die Schriften des Uriel da Costa*, Amesterdão, 1922, p. xix.

36. I. S. Révah, «Les Marranes», *Revue des études juives* 118 (1959-1960), p. 55.

37. P. Genard, «Personnes poursuivies judiciairement à Anvers, au XVIᵉ siècle, pour le 'faict de religion'», *Bulletin des Archives d'Anvers*, 7 [c. 1871], p. 215.

38. Padre António de Herédia, em *Documenta indica*, vol. III: 1553-1557, ed. de Iosephus Wicki, Roma, Monumenta Historica Societatis Jesu, 1954, p. 104.

39. *Talmud da Babilónia, Sanedrin* 44a.

40. Sam Levy, «O retornado», em *Os judeus portugueses entre os descobrimentos e a diáspora*, catálogo de exposição, Lisboa, 1994, p. 219.

41. Avram Galante, *Histoire des Juifs de Turquie*, Istambul, s. d., t. IX, p. 72.

42. Genard, *ibid.*, p. 436-438.

43. Fernand Braudel, *La Méditerranée et le monde méditerranéen à l'époque de Philippe II*, Paris, Arthaud, 1990, t. II, p. 562-563.

44. António Borges Coelho, *Inquisição de Évora*, Lisboa, Caminho, 2002, p. 486.

45. Daniel Swetschinski, *Reluctant Cosmopolitans*, Londres, Littman, 2000, p. 68.

46. I. S. Révah, «Le premier règlement imprimé de la 'Santa Companhia de Dotar Orfans e Donzelas Pobres'», em *Boletim Internacional de Bibliografia Luso-Brasileira*, vol. IV, n.º 4 (Outubro-Dezembro de 1963), Fundação Calouste Gulbenkian, Lisboa, pp. 668 e 674.

47. Solange Alberro, *Inquisición y sociedad en México 1571-1700*, México, FCE, 1996, p. 525.

48. Borges Coelho, *Évora*, p. 364-365.

49. Michèle Escamilla-Colin, *Crimes et châtiments dans l'Espagne inquisitorial*, Paris, Berg, 1992, t. I, p. 292.

50. Bernardo López Belinchón, *Honra, Libertad y Hacienda*, Madrid, Universidad de Alcalá, 2001, p. 193.

51. Herman P. Salomon, *Portrait of a New Christian*, Paris, FCG, 1982, quadros genealógicos V e VI.

52. *Obstaculos y Opoçiçiones contra la religion xptiana*, manuscrito de Amesterdão, Seminário Israelita Português «Ets Haim», cota 48-D-38. Traduzido do original.

53. Miriam Bodian, «Men of the Nation: The shaping of converso identity in early modern Europe», *Past and Present* 143 (1994), p. 48-76.

NOTAS

54. S. W. Baron, *A social and religious history of the Jews*, Nova Iorque, 1973, t. xv, p. 98.

55. A expressão foi proposta por Yirmiyahu Yovel, «Marranisme et dissidence», *Cahiers Spinoza* 3 (1979-1980), p. 69; Salomon, *Portrait*, op. cit., p. 39; Yosef Kaplan, *Les Nouveaux-Juifs d'Amsterdam*, Paris, Chandeigne, 1999.

56. Jacob Meijer, «Hugo Grotius' Remontrantie», *Jewish Social Studies* 17 (1955), p. 98.

57. Peter Mark e José da Silva Horta, «Two Early Seventeenth-Century Sephardic Communities on Senegal's Petite Côte», *History in Africa* 31 (2004), p. 231-256.

58. Carsten Wilke, *Jüdisch-christliches Doppelleben im Barock*, Francoforte, 1994, p. 249.

59. Abbé Guénée, ed., *Lettres de quelques Juifs portugais et allemands, à M. de Voltaire*, 2.ª ed., Paris, 1769, p. 14-15.

60. Cecil Roth, *History of the Marranos*, 4.ª ed., NY, Schocken, 1974, p. 235.

61. Graetz, *Geschichte der Juden*, Leipzig, Oskar Leiner, 1866, t. ix, p. 12-13.

62. Jean-Léon Cardozo de Béthencourt, «The Jews in Portugal from 1772 to 1902», em *The Jewish Quarterly Review* 15 (1903), p. 251-274.

63. Peter Cohen, «De geschiedenis van het "Nederlandsch Marranen Comité", 1930-1938», *Studia Rosenthaliana* 25, 1 (1991), p. 15-30.

64. Elvira Mea, «Du marranisme au judaïsme: rêve ou réalité? La problématique de la renaissance judaïque au xxᵉ siécle au Portugal», em *Les juifs portugais 1496-1996: exil, héritage, perspectives*, Montréal, Mediaspaul., 1998, p. 134.

65. Mário Saa, *A Invasão dos Judeus*, Lisboa, L. da Silva, 1925, p. 152.

66. *Judeus em Portugal: O testemunho de 50 homens e mulheres*, dir. de José Freire Antunes, Versalhes, 2002, p. 562-563.

67. Marina Pignatelli, *A Comunidade Israelita de Lisboa: O passado e o presente na construção da etnicidade dos judeus de Lisboa*, Lisboa, ISCSP, 2000. Ver também da mesma autora,

Interioridades e exterioridades dos judeus de Lisboa, Lisboa, ISCSP, 2008.

68. *Judeus em Portugal*, op. cit., p. 301.

69. Jacob Abadi, «Constraints and adjustments in Portugal's policy toward Israel», *Middle Eastern Studies* 40, 5 (2004), p. 83-108, ver p. 103.

70. David Augusto Canelo, *Os últimos cripto-judeus em Portugal*, Belmonte, Centro de Cultura Pedro Álvares Cabral, 1987, 2ª ed., 2001, p. 195.

71. www.cm-belmonte.pt.

72. Susan M. Adams et al., «The Genetic Legacy of Religious Diversity and Intolerance: Paternal Lineages of Christians, Jews, and Muslims in the Iberian Peninsula», *The American Journal of Human Genetics* 83, 6 (2008), p. 725-736.

73. Carta datada de 27 de Março de 1960, dirigida ao historiador francês I. S. Révah, arquivos da família Révah.

74. «Jerusalém, Jerusalém», *Diário Popular*, de 9 de Setembro de 1969.

75. «Soares pede perdão a judeus perseguidos», *Diário de Notícias*, de 18 de Março de 1989.

76. *Público*, de 28 de Junho de 2001 (*Judeus em Portugal*, op. cit., p. 161).

Bibliografia Essencial

Por várias vezes tentaram os historiadores fazer o ponto da situação dos nossos conhecimentos sobre os judeus em Portugal. O rabino alemão Moritz Meyer Kayserling apoiou-se essencialmente em fontes judaicas para a sua *Geschichte der Juden in Portugal* (1867), da qual uma tradução, com actualização bibliográfica e notas por Anita Novinsky, foi publicada no Brasil, com o título *História dos Judeus em Portugal* (1971). Menos conseguida e mais carregada de preconceitos, a história de Joaquim Mendes dos Remédios, *Os Judeus em Portugal* (2 vols., 1895 e 1928), apoia-se em documentação portuguesa, tal como a apreciável obra de vulgarização de Maria José Pimenta Ferro Tavares, *Los Judíos en Portugal* (1992), que vai até ao início do século XVII. A tese de Jorge Martins, *Portugal e os Judeus* (3 vols., 2006) põe, em contrapartida, o acento na época contemporânea. Entre as obras colectivas, citemos o esplêndido catálogo de exposição da Fundação Calouste Gulbenkian *Os judeus portugueses entre os descobrimentos e a diáspora* (1994) e o número especial da revista *Oceanos*, vol. 29 (Janeiro-Março de 1997). Sob a direcção de Lúcia Liba Mucznik, Esther Mucznik, Elvira Mea e José Alberto Rodrigues Tavim, foi publicado um *Dicionário do Judaísmo Português* (2009).

Recolhem-se algumas indicações sobre a Lusitânia pré-monárquica nos estudos de Luis García Iglesias, *Los judíos en la España antigua* (1978), e de Eliyahu Ashtor, *The Jews of Moslem Spain*

(3 vols., 1973/79/84). A época medieval foi estudada em detalhe na trilogia de Maria José Pimenta Ferro Tavares, *Os judeus em Portugal no século xiv* (1970), *Os judeus em Portugal no século xv* (2 vols., 1982-1984) e *Judaísmo e Inquisição* (1987). Ferro Tavares também publicou uma obra ilustrada, *A herança judaica em Portugal* (2004). Os textos legais da Idade Média foram apresentados e estudados por Elias Lipiner, *O tempo dos judeus* (1982), os documentos epigráficos por Samuel Schwarz, *Inscrições hebraicas em Portugal* (1923), os códices iluminados por Gabrielle Sed-Rajna, *Manuscrits hébreux de Lisbonne* (1970) e por Thérèse Metzger, *Les manuscrits hébreux copiés et décorés de Lisbonne* (1977). Na literatura biográfica respeitante às personalidades do século xv, retenhamos Benzion Netanyahu, *Don Isaac Abravanel, Statesman and Philosopher* (1953), os dois estudos de Avraham Gross, *Rabbi Joseph Hayyun, leader of the Lisbon Jewish Community, and his works* (em hebraico, 1993), *Iberian Jewry from Twilight to Dawn: The World of Rabbi Abraham Saba* (1995), e ainda Elias Lipiner, *Two Portuguese Exiles in Castile: Dom David Negro and Dom Isaac Abravanel* (1997). Sobre o reinado de D. Manuel, que põe termo ao tempo dos judeus em Portugal e prepara os três séculos de perseguição que se seguirão, François Soyer, *King Manuel I and the End of Religious Tolerance 1496-7* (2007).

Como introdução à história dos cristãos-novos, há a escolha entre o estudo erudito, mas anti-semita, de João Lúcio de Azevedo, *História dos christãos-novos portugueses* (1922), a celebração hagiográfica de Cecil Roth, *A History of the Marranos* (1932), e o tratado polémico de António José Saraiva, *Inquisição e cristãos-novos* (1969), reescrito depois da sua morte em inglês com o título *The Marrano Factory: The Portuguese Inquisition and its New Christians, 1536-1765* (2002), por H. P. Salomon e I. S. D. Sassoon. O leitor que procure algum recuo ideológico utilizará com proveito as recolhas de artigos de I. S. Révah, publicadas postumamente, *Études portugaises* (1975) e *Des Marranes à Spinoza* (1995). Os trabalhos de Elias Lipiner sobre o mesmo tema foram reunidos sob o título *Os baptizados em pé* (1998) e os de Yosef Hayim Yerushalmi, em francês, em *Sefardica* (1998).

BIBLIOGRAFIA ESSENCIAL

À falta de uma obra de síntese sobre a actividade dos cristãos-novos portugueses no comércio mundial do século XVI ao século XVIII, reenviamos o leitor para as recolhas de artigos de Jonathan I. Israel, *Empires and Entrepots: The Dutch, the Spanish Monarchy and the Jews, 1585-1713* (1990), *Diasporas within a Diaspora: Jews, Crypto-Jews, and the World Maritime Empires, 1540-1740* (2002). Sobre os cristãos-novos na medicina, os estudos de Maximiano Lemos, do século XIX, têm ainda autoridade, apesar do volume de Alfredo Rasteiro, *Medicina judaica lusitana. Século XVI* (2000). Sínteses especulativas sobre a criação intelectual dos judeus e cristãos-novos portugueses são devidas a Jesué Pinharanda Gomes, *A filosofia hebraico-portuguesa* (1981), a Gabriel Albiac, *La sinagoga vacía: un estudio de las fuentes marranas del espinosismo* (1987) e a Yirmiyahu Yovel, *Spinoza e outros heréticos* (1993, para a edição portuguesa), *The Other Within: the Marranos, Split Identity and Emerging Modernity* (2009).

A obra clássica de Alexandre Herculano, *Da origem e estabelecimento da Inquisição em Portugal* (3 vols., 1854-1859 e reedições) é acessível também em inglês. Sobre a repressão inquisitorial, António Baião publicou os seus *Episódios dramáticos da Inquisição portuguesa* (3 vols., 1919). Entre os estudos mais recentes, mencionemos António Borges Coelho, *Inquisição de Évora, dos primórdios a 1668* (2 vols., 1987, 2ª ed. 2003), Francisco Bethencourt, *História das Inquisições: Portugal, Espanha e Itália* (1994); Elvira Cunha de Azevedo Mea, *A Inquisição de Coimbra no século XVI* (1997) e Michèle Janin-Thivos, *Inquisition et société au Portugal: le cas du tribunal d'Évora 1660-1821* (2001).

Estudos de carácter local são devidos a Amaro Neves, *Judeus e cristãos-novos de Aveiro e a Inquisição* (1997), João Manuel Andrade, *Confraria de S. Diogo: Judeus secretos na Coimbra do séc. XVII* (1999), I. S. Révah, *Uriel da Costa et les Marranes de Porto* (2004), António Júlio Andrade e Maria Fernanda Guimarães, *Carção, a capital do marranismo* (2008). Sobre os cristãos-novos do Brasil português, existe a síntese de José Gonçalves Salvador, *Os cristãos-novos: povoamento e conquista do solo brasileiro, 1530--1680* (1976), e vários estudos regionais, designadamente devidos a

Anita Novinsky, *Cristãos-novos na Bahia, 1624-1654* (1972); Lina Gorenstein Ferreira da Silva, *Heréticos e Impuros: Inquisição e os cristãos-novos do Rio de Janeiro, século XVIII* (1995); Bruno Feitler, *Inquisition, juifs et nouveaux-chrétiens au Brésil: le Nordeste aux XVIIe et XVIIIe siècles* (2003). José Alberto Rodrigues da Silva Tavim estudou a história dos judeus na expansão portuguesa do Oriente: *Os judeus na expansão portuguesa de Marrocos* (1997) e *Judeus e cristãos-novos em Cochim* (2004).

A história dos portugueses em Espanha é bastante bem conhecida, graças a numerosos estudos de Antonio Domínguez Ortiz e aos três volumes de Julio Caro Baroja, *Los Judíos en la España moderna y contemporánea* (1962). Encontrar-se-á um resumo conciso em Henri Méchoulan, *Les Juifs du silence au siècle d'or espagnol* (2003). A investigação recente interessou-se pelo papel económico das colónias portuguesas; veja-se, nomeadamente, Markus Schreiber, *Marranen in Madrid 1600-1670* (1994) ; e Bernardo López Belinchón, *Honra, Libertad y Hacienda: Hombres de negocios y judíos sefardíes* (2001). Aos estudos clássicos de José Toribio Medina, de Boleslao Lewin e Seymour B. Liebman sobre os criptojudeus da América espanhola, juntaram-se recentemente as obras de Nathan Wachtel, *A Fé da Lembrança: Labirintos Marranos* (2003), e Daviken Studnicki-Gizbert, *A Nation upon the Ocean Sea: Portugal's Atlantic Diaspora and the Crisis of the Spanish Empire, 1492-1640* (2007).

A diáspora dos judeus portugueses é de costume tratada no quadro de trabalhos colectivos consagrados ao judaísmo sefardita em geral, dos quais os mais úteis são Richard D. Barnett, ed., *The Sephardi Heritage* (2 vols., 1971-1989); Henry Méchoulan, ed., *Les juifs d'Espagne: histoire d'une diaspora* (1992), e Haim Beinart, ed., *Moreshet Sepharad, The Sephardi Legacy* (2 vols., 1992). Dois ensaios de vulgarização são devidos a Yosef Kaplan, *The Western Sephardi Diaspora* (em hebraico, 1994) e António Carlos Carvalho, *Os Judeus do desterro de Portugal* (1999).

Os estudos locais estão centrados em Amesterdão, como os de Miriam Bodian, *Hebrews of the Portuguese Nation: Conversos and Community in Early Modern Amsterdam* (1997), Yosef Kaplan,

BIBLIOGRAFIA ESSENCIAL

Les Nouveaux-Juifs d'Amsterdam (1999), e Daniel M. Swetschinski, *Reluctant Cosmopolitans: The Portuguese Jews of Seventeenth Century Amsterdam* (2000). Os trabalhos de investigação sobre outras comunidades judaicas fundadas por cristãos-novos incluem Michael Studemund-Halévy, *Biographisches Lexikon der Hamburger Sepharden* (2000); Gérard Nahon, *Juifs et judaïsme à Bordeaux* (2003); Edgar Samuel, *At the end of the earth: Essays on the history of the Jews of England and Portugal* (2004). Sobre a Itália, mencionemos Renzo Toaff, *La Nazione Ebrea a Livorno e a Pisa (1591-1700)* (1990), Aron di Leone Leoni, *La nazione ebraica spagnola e portughese negli stati estensi* (1992), Lionel Lévy, *La Nation juive portugaise: Livourne, Amsterdam, Tunis, 1591-1951* (1999). As primeiras comunidades judaicas do Novo Mundo foram estudadas por Arnold Wiznitzer, *Jews in Colonial Brazil* (1960), por Mordechai Arbell, *The Jewish Nation of Caribbean* (2001) e no volume colectivo *The Jews and the Expansion of Europe to the West, 1450 to 1800* (dir. de P. Bernardini e N. Fiering, 2001).

Várias personagens da diáspora portuguesa foram objecto de biografias, de que podemos dar como exemplos Yosef Hayim Yerushalmi, *From Spanish Court to Italian Ghetto: Isaac Cardoso* (1971), Yosef Kaplan, *Do Cristianismo ao Judaismo: a história de Isaac Oróbio de Castro* (2000, para a edição portuguesa), Carlos Ascenso André, *Um judeu no desterro: Diogo Pires e a memória de Portugal* (1992); Lionel Ifrah, *L'Aigle d'Amsterdam: Menasseh ben Israël* (2001), Natalia Muchnik, *Une vie marrane: les pérégrinations de Juan de Prado dans l'Europe du XVIIe siècle* (2005), e Marc Saperstein, *Exile in Amsterdam: Saul Levi Morteira's Sermons to a Congregation of «New Jews»* (2005). Encontram-se visões de conjunto da literatura e música judeo-portuguesa em Harm den Boer, *La literatura sefardí de Amsterdam* (1996) e Israel Adler, *Musical Life and traditions of the Portuguese Jewish community of Amsterdam* (1974).

Para os séculos XIX e XX português, é conveniente recorrer à bibliografia exaustiva de Michael Studemund-Halévy, «Bibliographia luso-judaica: 19. und 20. Jahrhundert», *Lusorama* 59-60 (2004), p. 120-185. Mencionemos em particular a compilação de histórias familiares devida a José Maria Abecassis, *Genealogia hebraica: Portugal e Gibraltar sécs. XVII a XX* (5 vols., 1990-1991). Actor e cronista da história judaica em Portugal no século XX, Moses Bensabat Amzalak escreveu *A Sinagoga Portuguesa Shaaré Tikvá, As Portas da Esperança* (1954). A investigação etnográfica sobre os criptojudeus começa pelos estudos célebres de Samuel Schwarz, *Os Cristãos-Novos em Portugal no século XX* (1925), de Francisco Manuel Alves, abade de Baçal, *Memórias Arqueológico-Históricas do Distrito de Brgança*, t. V (1925) e de José Leite de Vasconcelos, *Etnografia portuguesa*, t. IV (1958). A comunidade de Belmonte foi estudada por David Augusto Canelo, *Os últimos cripto-judeus em Portugal* (1987) e por Maria Antonieta Gomes Baptista Garcia, *Os Judeus de Belmonte: os caminhos da memória* (1993).

Uma obra sobre os refugiados em Portugal é devida a Irene Flunser Pimentel, *Judeus em Portugal durante a II Guerra Mundial: em fuga de Hitler e do Holocausto* (2006). Foram escritas biografias por Rui Afonso, *Um homem bom: Aristides de Sousa Mendes* (1995), por Elvira de Azevedo Mea e Inácio Steinhardt, *Ben-Rosh: biografia do capitão Barros Basto, o apóstolo dos marranos* (1997), e por António Louçã e Isabelle Paccaud, *O segredo da Rua d'O Século: Ligações perigosas de um dirigente judeu com a Alemanha nazi (1935-1939)* (2007), num registo polémico dirigido contra M. B. Amzalak. Foi publicada uma recolha de retratos sob a direcção de José Freire Antunes, *Judeus em Portugal: O testemunho de 50 homens e mulheres* (2002).

Índice Remissivo

Índice Onomástico

Abaz (família), 134.
Abbas (médico, rabi-mor), 28.
Aben Menir, Judá (rabi-mor), 25, 26.
Aben Menir, Reina, 25.
Abenatar Melo, David, 138.
Abet, Abraão, 29.
Aboab (família), 134.
Aboab, Immanuel, 52, 140.
Aboab, Isaac (rabino), 49, 57, 59.
Aboab da Fonseca, Isaac, *alias* Simão da Fonseca (rabino), 144.
Abraão (patriarca), 161.
Abravanel (família), 27, 33, 69, 74.
Abravanel, Isaac b. José, 108.
Abravanel, Isaac b. Judá, 27, 28, 34, 50, 52, 53, 210.
Abravanel, Judá b. Isaac, dito Leão Hebreu, 53, 60, 70.
Abravanel, Judá b. Samuel, 27.
Affaitadi, Giancarlo, 98.

Afonso Henriques (rei), 23.
Afonso II (rei), 24, 36.
Afonso III (rei), 24, 43.
Afonso IV (rei), 24, 30, 31.
Afonso V (rei), 26, 27, 28, 33, 34, 42, 44, 49, 61, 62, 69.
Aguilar, Moseh Rephael d' (rabino), 144.
Alami, Salomão, 21, 48, 53.
Alantansi, Eliezer, 54.
Albotini, Judá (rabino), 69.
Albuquerque, Francisco de, 100.
Alcobaça, João de (frei), 41.
Alexandre VI (papa), 65.
Amatus Lusitanus, *alias* João Rodrigues Castelo Branco (médico), 111.
Amzalak, Moses Bensabat, 188, 193, 196.
António (prior do Crato), 87, 118.
António (mestre), 41.
Antunes, Heitor, 114.

Arafat, Yasser, 202.
Arama, José (mestre), 27.
Ardutiel, Abraão, 63, 67.
Ario, 15.
Aristóteles, 52.
Assor, Abraham (rabino), 188.
Assunção, Diogo da (Frei), 128.
Astori, Vidal, 27.
Augusto (imperador), 12.
Austria, Juan José de (infante), 162.
Aveiro, Pantaleão d' (Frei), 103--104.
Avicena, 34.
Avital, Colette, 204.
Azambuja, Jerónimo de, dito Oleastro, 78.
Azancot, Lea, 190.
Azevedo, Francisco de, 156.

Bachmann, Roberto, 209.
Baeça (família), 57.
Baeça, Pêro de, 145.
Barbadão (O), 207.
Barlaeus, Gaspar, 61.
Baron, Salo W., 136.
Barrionuevo, Jerónimo, 160.
Barrios, Miguel de (capitão), *alias* Daniel Levi de Barrios, 169.
Barros, João de, 80, 82.
Baruch (tecelão), 12, 16.
Basto, Artur Carlos de Barros (capitão), 190, 192, 193, 194, 196.
Bashevis-Singer, Isaac, 203.
Bayle, Pierre, 158.
Beja, Abraão de (rabino), 29.

Belmonte, Manuel de, *alias* Isaac Núñez Belmonte, 169.
Bemtalhado, Diogo, 95.
Bemtalhado, Henrique, 95.
Ben Elias, Salomon Azoulay, 204.
Ben Israel, Menasseh, *alias* Manuel Dias Soeiro (rabino), 139, 141, 144, 150.
Ben Senior, Jacob (rabino), 16.
Benarus, Adolfo, 187, 189, 190, 196.
Benazo, Samuel, 29.
Benjamin, Judah P., 176.
Benoliel, José, 187.
Benoliel, Joshua, 187.
Bensaúde (família), 181, 201.
Bensaúde, Joaquim, 187.
Benveniste, Alberto, 209.
Benzamerro, Abraão, 101.
Berab, Jacob (rabino), 104.
Bernáldez, Andrés, 58.
Bessa-Luís, Agustina, 208.
Béthencourt, Jean-Léon Cardozo de, 189.
Bolívar, Símon, 152.
Borges, J. Albino Lopes, 185.
Bouman, Elias, 166.
Brachelam, Isaac, 29.
Braga, Isaac ben Salomão de, 54.
Braga, Salomão de, 54.
Braga, Odmar Pinheiro, 206.
Bragança, Duarte Pio (duque de), 210.
Bragança, Fernando (duque de), 28, 52.

ÍNDICE REMISSIVO

Brandão, Ambrósio Fernandes, 114.

Branquinho, Carlos, 198.

Braudel, Fernand, 116.

Brenner, Frédéric, 203, 204.

Brito, Francisco Díaz Méndez, 161.

Brito, Heitor Mendes de, dito *o Rico,* 117.

Brudo, Dinis Rodrigues (médico), 76.

Bugalho, Gil Vaz, 91, 92.

Calvo da Silva (família), 155.

Caminha, Álvaro de (capitão), 60, 61.

Campanton, Isaac (rabino), 49.

Capão, Rui, 24.

Capsali, Elias, 64, 67.

Cardoso, Abraham Michael, 170.

Cardoso, Isaac, 170.

Cardoso, Jacob Uziel (rabino), 138.

Cardoso, Jerónimo, 76.

Carlebach, Esriel, 193.

Carlos II (rei de Espanha), 161.

Carlos V (imperador), 86, 91, 98, 99, 106.

Caro, Isaac (rabino), 49, 58, 65.

Caro, Yosef (rabino), 58, 69.

Carp, José Oulman, 201.

Carvajal, António Fernandes, 150.

Carvajal, Luís de, dito o Moço, 125.

Carvajal y de la Cueva, Luís de, 125.

Casseres, Francisco de, 138.

Cassuto (família), 194.

Cassuto, Alfonso, 194.

Cassuto, Jehuda Léon, 194.

Castel, Abraham, 188.

Castelo Branco, Camilo, 182.

Castro, Isaac Oróbio de, 169, 170.

Castro, Pedro de, 67.

Castro, Rodrigo de (médico), 119.

Catarina (rainha), 80.

Cellorigo, Martín González de, 129.

Chaves (família), 155.

Chaves, Simão Rodrigues, 155.

Chavirol, Moisés, 25.

Chumaceiro, Abraham Mendes, 176.

Clemente VII (papa), 80, 82, 91, 107.

Clemente X (papa), 156.

Cohen, Judá (rabi-mor), 26.

Colombo, Cristóvão, 60, 62.

Córdoba, Francisco de (rabino), 162.

Cordovero, Moisés (cabalista), 104.

Coronel, Nicolau (médico), 67, 76.

Correia, Gaspar, 62.

Cortizos (família), 161.

Cosme I (grão-duque da Toscana), 106.

Costa, Duarte Nunes da, 146.

Costa, Gabriel da, 78.

Costa, James Lopes da, *alias* Jacob Tirado, 120.

Costa, Jerónimo Nunes da, *alias* Moseh Curiel, 169.

Costa, Uriel da, 38, 140, 141.
Costanilha, Diogo de Leão da, 91.
Coutinho, Fernando (bispo), 65.
Covilhã, Pêro da, 29.
Cromwell, 150.
Cresques, Judá ben Abraão, dito Jácome de Maiorca, 26, 27.
Cunha, Lopo Dias da (médico), 95.
Cunha, Luís da, 158.
Curiel (família), 134.
Curto, Amílcar da Silva Ramada, 196.

Dabella, Abraham, 180.
D'Alembert, 172.
David (rei), 168, 192.
Delgado, João Pinto, 140
Depas, Michel Lopez (médico), 148.
Dias, Estêvão, 140.
Dias, Luís, 91, 92.
Dias, Neves, 204.
Diderot, 172.
Dinis (mestre), 91, 92.
Dinis (rei), 20, 30, 36, 44.
Dioguinho, 156.
Disraeli, Benjamin, 176.
Duarte (rei), 26, 27, 38.

Eanes, Gonçalo, dito *o Bandarra*, 91.
Einhorn, David (rabino), 174.
Elvas, Luís Gomes d', 99.
Eminente, Francisco Báez, 161.

Enríquez Gómez, Antonio, 136, 140.
Erasmo, 140.
Ercole II, duque d'Este, 107.
Ergas, Josef (rabino), 171.
Esaguy, Augusto de (médico), 187, 196.
Esaguy, José de, 187.
Ester (rainha), 95, 140.
Eulália (santa), 14.
Évora, Rodrigues de (família), 116, 135.
Évora, Simão Rodrigues de, 99.

Fayam (família), 33.
Fernandes, Diogo, 112, 114.
Fernandes, João, 92.
Fernandes, Jorge, 88.
Fernandes, Valentim, 61.
Fernando I (rei), 20, 25, 31, 37, 52.
Ferrer, Vicente (Frei), 7, 38.
Fez, José de (rabino), 108.
Filipe II (de Espanha, rei), 86, 87, 114, 115, 123, 124, 125.
Filipe III (de Espanha, rei), 115.
Filipe IV (de Espanha, rei), 128, 130 160 168.
Fonseca, Álvaro da, *alias* Jacob Jessurun Alvarez, 151.
Fonseca, Lopo da (médico), 134.
Fonseca, Rodrigo Enríquez de (médico), 127.
Franco (família), 59.
Freitas, Eugénio de, 207.
Fugger (família), 116.

ÍNDICE REMISSIVO

Furtado, Abraham, 173.

Gabriel (mestre), 88.
Gacon, Samuel, 54.
Galeno, 76.
Galite (família), 33.
Galite, Jacob (rabino), 48.
Gama, Gaspar da, 100.
Gama, Vasco da, 62.
Garrido, Carlos Sampaio, 198.
Gebhardt, Carl, 96.
Gerlach, Stefan, 97.
Góis, Damião de, 58, 66.
Gomes, Álvaro, 78.
Gomes, Fernão, *alias* Daniel
    Franco, 128.
Gomes, Guiomar, 134, 135.
Gomes, Violante, 87.
Góngora, Luis de, 169.
Gouveia, Francisco Velasco de,
    146.
Gradis, Abraham, 148.
Gramont (duque de), 129.
Graetz, Heinrich, 174.
Gregório IX (papa), 36.
Grotius, Hugo, 120, 140.
Guedelha, Judá, 69.
Guerra, João Oliveira, 205.
Guerra, Luís de Bívar, 207.
Guimarães (conde de), 28.
Gutenberg, Johannes, 56.

Halbwachs, Maurice, 106.
Halevi, Uri, *alias* Phoebus
    Joosten, 120.

Haquim, José, 54.
Harrison, Peter, 166.
Hayyun, José (rabino), 49, 50,
    69, 70.
Hayyun, Moisés (rabino), 50.
Hebreo, Crescente, 19.
Henrique II (rei de França), 106.
Henrique IV (rei de França), 142.
Henrique, o Navegador (infante),
    26, 27.
Henrique, (cardeal, Inquisidor
    Geral), 82, 83, 85, 86.
Henriques (família), 204.
Henriques, António Vaz, *alias*
    Moisés Cohen, 143.
Henriques, Elias Diogo, 203.
Henriques, Inês, 95, 96.
Henriques, Isabel, 95.
Henriques, Luís, 40.
Herculano, Alexandre, 182.
Herrera, Abraham Cohen
    (cabalista), 138.
Heyn, Piet (almirante), 143.
Herz, Henriette, 173.
Hipócrates, 76.
Hitler, Adolf, 193, 196.
Homem, António, 128.

Ibn Abitur, José ben Isaac, 16.
Ibn al-Bālia (família), 16.
Ibn Bilia, David ben Yomtov, 50.
Ibn Daud, Abraão, 12, 16.
Ibn Habib (família), 111.
Ibn Habib, Hayim ben Moisés
    (rabino), 68.

Ibn Habib, Jacob (pregador), 69.
Ibn Habib, Levi (rabino), 69, 104.
Ibn Habib, Moisés ben Shemtov, 56.
Ibn Hayim, Abraão ben Judá, 53.
Ibn Hayyat, Judá ben Jacob (rabino), 60.
Ibn Musa, Samuel ben Samuel, 54.
Ibn Shemtov, Levi ben Shemtov, 64.
Ibn Verga, Salomão, 27, 41, 58.
Ibn Yahya, *alias* Negro (família), 23, 24, 26, 54, 69, 70, 74, 102.
Ibn Yahya, Abraão b. Guedelha (rabi-mor), 27, 28.
Ibn Yahya, David b. Guedelha, 25, 26, 52.
Ibn Yahya, David b. José , 53, 69, 70.
Ibn Yahya, David b. Salomão I, 69.
Ibn Yahya, David b. Salomão II, 69.
Ibn Yahya, Guedalia b. José, 70.
Ibn Yahya, Guedelha (rabi-mor), 24.
Ibn Yahya, Guedelha b. Abraão, 28.
Ibn Yahya, Guedelha b. David (médico), 27.
Ibn Yahya, Guedelha b. Judá (rabi-mor), 24.
Ibn Yahya, Guedelha b. Moisés (rabi-mor), 27.
Ibn Yahya, Guedelha b. Salomão (médico), 26.
Ibn Yahya, José, 24.

Ibn Yahya, José b. David I, 27, 57, 69.
Ibn Yahya, José b. David II, 70.
Ibn Yahya, Judá b. David, 52.
Ibn Yahya, Judá b. Guedelha (rabi-mor), 24.
Ibn Yahya, Reina, 28.
Ibn Yahya, Salomão b. David, 26.
Ibn Yaish, Yahya, 23, 24.
Inocêncio VIII (papa), 57.
Isaac do Cairo, 100.
Isabel (infanta de Aragão e Castela, rainha de Portugal), 62, 63, 68.

Jacob, Berthold, 199.
Jacobsohn, Kurt, 199.
Jeremias (profeta), 140.
João I (rei), 25, 26, 27, 37, 44, 47, 207.
João I (rei de castela), 25.
João II (rei), 7, 28, 29, 34, 52, 57, 59, 60, 61.
João III (rei), 76, 78, 80, 82, 83, 86, 90, 91, 98, 99.
João IV (rei), 142, 146, 147, 179.
João Paulo II (papa), 201.
José (filho do patriarca Jacob), 28.
Justinus, 12.

Kadoorie, Elly, 194.
Kaplan, Yosef, 122.
Kayserling, Moritz Meyer (rabino), 174.
Krueger, Chaim (rabino), 198.

Lara, David Cohen de (rabino), 171.

Latam (família), 33.

Leão, Diogo de, 90, 92.

Leão, Duarte Nunes de, 87.

Leão, João Pacheco de, 127.

Lemos, Benjamin de (médico), 173.

Lencastre, Filipa de (rainha), 52.

Leon, Daniel de, 176.

Leonor (rainha), 25.

Levi, Salomão ben Isaac (rabino), 105.

Levi, Salomão ben José, 105.

Levy, Sam, 105.

Levy, Samuel Sequerra, 201.

Lira, Manuel de, 162.

Lopes, Débora, 153.

Lopes, Rodrigo (médico), 118.

Lopez, Aaron, 151.

Losa, Ilse, 199.

Luís (infante), 87.

Luís IX (santo, rei de França), 36.

Luís XIII (rei de França), 132.

Luís XIV (rei de França), 161.

Luís, António, dito o Grego (médico), 76.

Lumbroso, Samuel, 104.

Luna, Brianda de, 99.

Macanaz, Melchor de, 162, 163.

Machado, Francisco, 82.

Maimónides, Moisés (rabino), 70.

Malesherbes, 173.

Manuel (mestre), 88.

Manuel I (rei), 41, 60, 61, 62, 63, 64, 65, 66, 67, 68, 70, 71, 74, 75, 76, 79, 80, 99, 108, 184, 205.

Maria (imperatriz da Alemanha), 169.

Mascarenhas, João Rodrigues, 76, 79.

Massona (bispo), 14.

Mattos, Vicente da Costa, 131.

Medeiros, Francisco Mendes, *alias* Isaac Franco, 120.

Médicis, Catarina de (rainha de França), 76.

Médicis, Maria de (rainha de França), 119.

Meimi, Simão (rabino), 49, 67.

Meldola, Rafael (rabino), 171.

Mendes (Benveniste, família), 98, 99, 102.

Mendes, Álvaro, *alias* Salomão Ibn Yaish, duque de Mitilene, 103.

Mendes, Aristides de Sousa, 198, 199, 208.

Mendes, David Franco, 171, 173.

Mendes, Diogo, 98, 99.

Mendes, Francisco, 98, 99.

Mendes, Francisco, *alias* Jacob Ibn Yaish, 103.

Mendes, Heitor, dito *o Rico*, 117.

Mendès-France, Pierre, 176.

Mendonça, Heitor Furtado de, 113.

Mesa, Juan Rodríguez, 145.

Micas, Agostinho Henriques, *alias* Samuel Nasi, (médico), 76.

Milão, Grabriel, 149.

Milão, Henrique Dias, 134, 135.

Miranda, Francisco de, 162.

Mizrahi, Elia, 102.

Moço, David, 104.

Mogadouro (família), 155.

Moisés (mestre), 29.

Molkho, Salomon, *alias* Diogo Pires, 90, 91.

Montalto, Elias de, *alias* Filipe Rodrigues de Luna (médico), 119, 134, 140.

Montanha, José António Furtado, 192.

Montemayor, Jorge de, 110.

Montesinos, António, 144.

Montesinos, Fernando, 161.

Montesquieu, 158.

Morais, António Rodirgues de, 146.

Morais, Sabato, 174.

Mortera, Saul Levi (rabino), 121, 138, 140.

Mucznik, Esther, 201.

Münzer, Jerónimo, 46, 67, 68.

Mūsā ibn Nus*air (general), 15.

Mussaphia, Benjamin (médico), 171.

Naar (família), 134.

Nabucodonosor (rei), 11.

Nacim (mestre), 27.

Napoleão, 173.

Nasi (família), 104.

Nasi, Grácia, *alias* Beatriz de Luna, 99, 103, 107, 108, 209.

Nasi, José, duque de Naxos, *alias* João Micas, 76, 99, 102, 103.

Nasi, Reina, *alias* Ana Mendes, 99, 102.

Naum (profeta), 111.

Navarro (família), 24, 25.

Navarro, Judá (rabi-mor), 26.

Navarro, Moisés (rabi-mor), 25, 26.

Navarro, Moisés II, dito Moisés de Leiria (rabi-mor), 26.

Nayas, Samuel, 58.

Nedivot, Samuel ben Isaac, 69.

Negro (família), ver Ibn Yahya.

Nicolau IV (papa), 36.

Nieto, David (rabino), 171.

Noé, 11.

Nogueira, Duarte Nunes, 113.

Noronha, António de, 99.

Noronha, Fernão de, 75, 112.

Nunes, Lucrécia, 88.

Nunes, Luís (médico), 76.

Nunes, Pedro, 76, 77.

Nunes, Rui, 76, 99.

Olivares (conde-duque de), 130, 131, 132, 144, 162.

Oliveira, Francisco Xavier de, 159.

Oliveira, Jorge de, 76.

Oliveira, Selomoh de, 171.

Orange, Guilherme III de (rei de Inglaterra), 150.

Orange, príncipe de, 116.

ÍNDICE REMISSIVO

Orta, Abraão d', 54.
Orta, Garcia de, 59, 100.
Orta, Samuel d', 54.
Osório, Bento, 120.
Osório, Jerónimo, 67.

Pagnini, Sante, 110.
Palaçano (família), 33, 59.
Palaçano, Guedelha, 34, 49.
Palafox y Mondoza, Juan de (bispo), 145.
Paparrobalo, António Dias, 143.
Parra, Juan Adán de la, 131.
Paulo (mestre), 42.
Paulo III (papa), 82, 83, 107.
Paulo IV (papa), 107.
Paz, Duarte da, 80.
Pedro I (rei), 24, 37.
Pedro V (rei), 182.
Pellicer, José de, 131.
Penso (família), 155.
Peralta, Tomás Núñez de, 127.
Pereira, Abraham Israel, *alias* Tomás Rodrigues Pereira, 168, 169, 171.
Pereira, Bento, 78.
Pereira, Manuel Lopes, 130.
Péreire, Émile, 174.
Péreire, Isaac, 174.
Péreire, Jacob Rodrigues, 172.
Peres, Inês, 207.
Pérez, Manuel Bautista, 145.
Pessoa, Fernando, 207.
Pestana (família), 155.
Petrarca, 111.

Philippson, Ludwig (rabino), 174.
Pignatelli, Marina, 200.
Pimentel (família), 118.
Pinto, Gonçalo Mendes, 93.
Pinto, Isaac, 165, 172.
Pinto, José, 102.
Pinto, Josias (rabino), 104.
Pinto, Lionel Mendes, 93.
Pires, Diogo, *alias* Isaías Cohen, 110.
Pissaro, Camille, 176.
Pombal (marquês de), 159, 180.
Prado, Juan de (médico), 169, 170.

Quadros, António, 208.
Quevedo, Francisco de, 133, 169.
Quiñones, Juan de, 131.

Raba (família), 163.
Rada, Rodrigo Jiménez de, 15.
Ramires, Jerónimo Nunes (médico), 134.
Ranke, Leopold von, 174.
Recaredo (rei), 15.
Reina, Casiodoro de, 110.
Reinoso, Diego de Arce (G. Inquisidor), 160, 161.
Reinoso, Rodrigo de (médico), 76.
Reis Católicos, 7, 27, 28, 56, 57, 60, 62, 99.
Rembrandt, 165.
Reubéni, David, 90, 91.
Révah, Israel Salvador, 94, 96, 134.
Ribeiro, Bernardim, 110.

Ricardo, David, 172.

Richelieu (cardeal), 132.

Rocamora, Vicente de, 169.

Rodriga, Daniele, 117, 118.

Rodrigues, Manuel, 99.

Rodrigues, Pêro (médico), 134.

Rossi, Azaria de, 108.

Roth, Cecil, 173, 193.

Rothschild, James A. de, 190.

Ruah, Joshua-Gabriel Bonoliel (médico), 201.

Ruah, Samuel (médico), 200.

Sá, Manuel de, 78.

Saa, Mário, 196.

Saadia Gaon, 16.

Saba, Abraão (rabino), 40, 59, 64, 66, 67, 68, 74.

Sabóia (duque de), 155.

Salas, Elisha (rabino), 205.

Salazar, António de Oliveira, 188, 193, 207.

Salomão (rei), 11, 166.

Sampaio, Jorge, 201.

Sanches, António Nunes Ribeiro (médico), 158, 172, 175.

Sancho I (rei), 24.

Sancho II (rei), 36.

Sandelin, Jeronimus, 98.

Santa Fé, Jerónimo de, 41.

Santareno, Bernardo, 208.

Sarmento, Jacob de Castro (médico), 172.

Sapateiro, José, 29.

Saraiva, António José, 207, 208.

Saraiva, Henrique Nunes, 132.

Saraiva, João Nunes, 132.

Saralbo, José, 108.

Saramago, José, 203.

Sardinha, António, 196.

Sarphati, Samuel (médico), 176.

Schwarz, Samuel, 190, 196.

Sealtiel, Joseph, 176.

Sebagh, Joseph (rabino), 204.

Sebastião (rei), 86.

Sebi, Sabbatai, 170.

Selim II (sultão), 103.

Sequerra, Hannah, 188.

Sevilla, Simón Váez, 145.

Shakespeare, William, 118.

Shaltiel, David, 176.

Shebabo, Jacobo (rabino), 192, 193, 194.

Silva, Francisco Maldonado da (médico), 145.

Silva, António José da, *O Judeu*, 158.

Silva, Diogo da (Inquisidor Geral), 82.

Silva, Duarte da, 146.

Silva, Rodrigo Méndez, 168.

Silveyra, Abraham Gomes, 169.

Silveyra, Miguel (médico), 140.

Sisebuto (rei), 15.

Sisto V (papa), 114.

Soares, Mário, 202, 209.

Solis, Duarte Gomes, 129.

Sombart, Werner, 206.

Sousa, José Henriques Pereira de, 190.

ÍNDICE REMISSIVO

Spinoza, Baruch, 95, 169, 170, 206.
Stampfer, Joshua (rabino), 204.
Steinhardt, Inácio, 203, 204.
Suasso, Francisco Lopes, 150.
Sueiro, Simão, 117.

T&āriq (general), 15
Tartas, Isaac de Castro, 147.
Tavares, Maria José Pimenta Ferro, 22, 58.
Távora, Francisco de, 78.
Távora, Manuel Álvares de, *alias* Zacutus Lusitanus (médico), 119.
Teixeira, Bento, 92, 93, 94, 114, 141.
Teixeira, Marcos, 113.
Templo, Judá León, 166.
Terló, Wolf, 194.
Terra, Miguel Ventura, 184.
Teves, Diogo Fernandes, 93.
Toledano, Eliezer, 54, 69.
Toledano, Jacob, 180.
Toledano, Judá, 34.
Tomar, José de (rabino), 20.
Tomás (mestre), 88.
Torquemada, Tomás de (Grande Inquisidor), 57.
Treviño de Sobremonte, Tomás, 145.
Tubal, 11.

Usque, Abraão, *alias* Duarte Pinel, 108, 110, 111.

Usque, Salomão, *alias* Duarte Gomes, 111.
Usque, Samuel, 66, 67, 85, 97, 111.
Urbino (duque de), 107.
Urraca (rainha), 24.

Valença, António de (médico), 90.
Valensi (família), 90.
Van Son, Mordehai, 193.
Vargas, José Marcelino de Sá, 174.
Vasconcelos, José Leite de, 203.
Vega, Joseph Penso de la, 165, 171.
Vega, Lope de, 143.
Veiga (família), 118.
Veiga, Rodrigues da (família), 134.
Veiga, Rodrigo da (médico), 99.
Veiga, Tomás Rodrigues da (médico), 76.
Vicente, Gil, 34, 41.
Vieira, António (Padre), 12, 146, 155, 208.
Vila Real, Manuel Fernandes, 146.
Vilasante, Manuel Cortizos de, 132.
Villadiego, Juan Bautista de, 123.
Vizinho, José (mestre), 62.
Voltaire, 158, 165, 172.
Vuysting, Joahnnes, *alias* Jean de la Foix, 98.

Wolf, Lucien, 192, 193.

Ximenes (família), 116.
Ximenes, Fernão, 99.

Ya'abets, José ben Hayim
(rabino), 48, 70.

Zacarias (profeta), 111.

Zacuto, Abraão, 54, 58, 59, 61,
62, 68.
Zacuto, Moseh, 171.
Zimler, Richard, 209.

Índice Toponímico

Acapulco, 126.

Açores, 113, 181, 202.

Adrianópolis, 102.

Adur, 129.

África, 33, 68, 86, 113, 124, 142, 180, 189.

Norte de África, 17, 60, 68.

Albânia, 102.

Albuquerque, 59.

Alcácer do Sal, 23, 76.

Alcácer Quibir, 86.

Alcalá, 169.

Aldeia dos Negros, 23.

Alemanha, 122, 169, 173, 174, 188, 193, 199.

Alentejo, 12, 13, 15, 44, 58, 102; Alto Alentejo, 31.

Alepo, 152.

Alexandria, 97, 103.

Algarve, 15, 20, 31, 44, 54, 65, 68, 69, 90, 112, 181, 182, 205.

Al-Gharb, 15, 16.

Aljubarrota, 25.

Alkmaar, 120.

Alpes, 98.

Altona, 164, 166.

Amarante, 190.

América, 124, 143, 148, 174, 195, 198, 205, 210; América espanhola, 124, 125, 145, 148, 150; América do Norte, 151; América do Sul, 145.

Amesterdão, 56, 95, 96, 118, 119, 120, 121, 122, 128, 129, 130, 133, 138, 140, 141, 142, 143, 144, 145, 147, 149, 150, 155, 158, 160, 161, 164, 165, 166, 167, 168, 169, 170, 171, 172, 176, 177, 182, 184, 193; Rua dos Judeus (Jodenbreestraat) 165;

Amstel, 166.

Ançã, 145.

Ancona, 91, 107.

Andaluzia, 15, 17, 56, 68, 123, 127, 161, 162, 169, 170.

Andes, 126, 144.

Angola, 113, 147, 198.

Angra do Heroísmo, 182.

Antilhas francesas, 161, 176; Antilhas holandesas, 149.

Antuérpia, 76, 97, 98, 99, 100, 106, 111, 116, 117, 118, 133, 134, 135, 140, 162, 198.

Aragão, 7, 20, 24, 54, 62.

Arecheixada Iudaeorum, 19.

Arévalo, 169.

Argentina, 206.

Argozelo, 186.

Arménia, 11.

Arzila, 28, 48.

Astúrias, 17.

Atlântico (Oceano), 113, 124, 148, 181, 199.

Atouguia, 20.

Auschwitz, 177, 198.

Aveiro, 112.

Ávila, 169.

Avinhão, 37.

Avis, 158.

Ayllón, 38.

Azamor, 101.

Azurara, 46, 88, 120.

Badajoz, 16.

Baena, 16.

Bahia, 92, 112, 113, 114, 143.

Balcãs, 69, 102.

Baranquilla, 152.

Barbados (ilha dos), 150, 151, 153.

Barcelona, 41.

Barcelos, 65.

Baiona, 129, 160, 161, 162, 164, 174;
 Saint-Esprit-lès-Bayonne, 129, 164.

Beira, 20, 21, 44, 58, 88, 123, 134, 158, 168, 184, 192;
 Beira Alta, 31;
 Beira Baixa, 158;
 Beira Interior, 205.

Beja, 15, 16, 24, 74, 90, 128.

Belém, 181.

Belmonte, 20, 186, 190, 191, 203, 204, 205, 206;
 Marrocos (bairro), 203.

Berín, 162.

Berlim, 173, 174, 198, 199.

Berna, 53.

Bidache, 129, 156.

Bolívia, 126.

Bordéus, 107, 119, 131, 136, 148, 161, 164, 173, 174, 177, 198.

Braga, 37.

Bragança, 20, 24, 31, 58, 115, 128, 132, 158, 163, 169, 172, 184, 185, 186, 192, 193;
 Rua dos Quartéis (Oróbio de Castro), 185, 192.

Brasil, 75, 92, 112, 113, 114, 115, 116, 126, 128, 141, 142, 143, 144, 146, 147, 150, 155, 158, 160, 182, 189, 200, 201, 209;
 Nordeste, 114, 143, 156, 181, 206.

Bridgetown, 151.

Bristol, 99.

Bruxelas, 98.

Buenos Aires, 126.

Burgos, 123.

Cabo Verde, 113, 124, 135, 142.

Caiena, 149.

Cairo, 104.

Caldas da Rainha, 199.

Camaragibe, 114.

Canadá, 148.

Canárias, 113.

Caraíbas (ilhas das), 150, 151, 152, 164, 168, 170.

Carção, 186.

Cartagena das Índias, 124, 125, 145.

Castela, 7, 20, 21, 24, 25, 27, 28, 32, 37, 41, 49, 52, 62, 90, 123, 134, 135, 168, 169.

ÍNDICE REMISSIVO

Castela a Nova, 123.
Castelo Branco, 119, 134, 145, 186.
Castelo de Vide, 47, 59, 100, 208, 209.
Castelo Rodrigo, 20.
Castro Daire, 144.
Celorico da Beira, 140, 158, 168.
Charleston, 151, 174.
Charlestown, 151.
Chaves, 20, 186.
Chile, 144, 150, 206.
Chipre, 103.
Cidade do México, 125, 126, 160;
   Rua de Santo Domingo, 126.
Cochim, 100.
Coiança, 19.
Coimbra, 16, 17, 19, 36, 37, 41, 76, 77, 78, 82, 83, 85, 88, 96, 108, 119, 128, 134, 145, 158, 194;
   São Martinho do Bispo, 19.
Colónia, 98, 116.
Colômbia, 144, 152.
Congo, 113.
Constantinopla, 50, 56, 70, 78, 102, 103, 154.
Córdova, 15, 16, 17.
Córdoba (Argentina), 126.
Corfu, 50, 118.
Coro, 152.
Covilhã, 20, 22, 40, 44, 134, 158, 184, 186, 192, 193, 205.
Croácia, 117.
Curaçao, 148, 149, 150, 166, 176.

Curia, 199.
Cuzco, 126.
Damasco, 104.
Danzig, 122.
Dinamarca, 129, 149.
Dordrecht, 117.
Douro, 112.
Dublin, 150.

Elba, 129.
Elvas, 20, 32, 37, 58, 137.
Elvira, 14, 16.
Emden, 120.
Entre-Douro-e-Minho, 44.
Ericeira, 199.
Esmirna, 105, 152, 170.
Espaldão, 20.
Espanha, 7, 21, 22, 26, 33, 52, 56, 58, 59, 62, 66, 68, 71, 86, 95, 103, 116, 119, 122, 123, 124, 129, 130, 132, 136, 137, 142, 143, 147, 148, 152, 159, 160, 161, 162, 163, 164, 168, 169, 170, 180, 202.
Espiche, 14.
Estremadura espanhola, 12, 58, 59, 123;
   Estremadura portuguesa, 44.
Estremoz, 20, 22, 40, 41, 65, 145.
Estados Unidos, 166, 174.
Estoril, 200.
Europa, 8, 12, 29, 32, 33, 41, 90, 98, 126, 127, 148, 149, 158, 160, 165, 170, 173, 193, 196;
   Central, 171;

do Norte, 38, 115, 116, 118, 119, 147, 152, 160, 162, 164;
Ocidental, 22, 202;
Oriental, 171, 196;
do Sul, 116.
Évora, 16, 21, 22, 33, 38, 39, 44, 47, 49, 64, 76, 78, 82, 83, 85, 87, 90, 91, 92, 105, 110, 128, 137, 157, 158, 159, 209;
Porta da Palmeira, 38;
Rua dos Mercadores, 38;
Rua do Tinhoso (actual Rua da Moeda) 38.

Faial (ilha do), 182.
Faro, 20, 22, 44, 54, 69, 90, 182, 209.
Ferrara, 92, 98, 99, 107, 108, 110, 111, 138.
Fez, 56, 68, 69, 101.
Figueira da Foz, 199.
Filadélfia, 151, 174.
Filipinas, 126.
Flandres, 111, 122.
Florença, 69, 118, 119.
Fort Saint George (actual Madras), 151.
França, 22, 103, 106, 119, 122, 131, 132, 134, 135, 146, 147, 148, 155, 156, 159, 160, 161, 162, 163, 172, 173, 198;
Sudoeste, 129, 131, 163.
Francoforte, 38.
Freixo de Espada à Cinta, 186.
Frielas, 24.

Fronteira, 140.
Fundão, 88, 150, 158.

Galileia, 103.
Galiza, 54.
Gibraltar, 180.
Glückstadt, 129.
Goa, 83, 85, 100, 135, 154.
Gouveia, 62, 80.
Granada, 14, 15, 57.
Guadalajara, 57, 162.
Guarda, 20, 22, 40, 42, 158, 186, 207, 209.
Guiana, 149.
Guimarães, 40, 59, 64.
Guiné, 33, 113.

Haarlem, 120.
Haia, 164, 166.
Hamburgo, 118, 119, 120, 121, 129, 133, 135, 140, 146, 164, 166, 170, 171, 176, 177, 194.
Havana, 126.
Hebron, 171, 188.
Híjar, 54.
Holanda, 120, 135, 165.
Horta, 182.
Hungria, 103, 198.
Huancavelica, 126.

Idanha, 158.
Império Britânico, 150.
Império Germânico, 22.
Império Otomano, 90, 97, 99, 100, 101, 103, 107, 117.

ÍNDICE REMISSIVO

Índia, 29, 62, 64, 75, 83, 100, 103,
116, 135, 151, 154.
Índico (oceano), 29.
Inglaterra, 22, 87, 99, 118, 119,
122, 129, 149, 150.
Iraque, 16.
Israel, 16, 176, 189, 202, 203,
204, 208, 210.
Itália, 41, 60, 69, 70, 95, 97, 102,
106, 107, 108, 110, 119, 125,
135, 155, 161.

Jamaica, 150.
Jodensavanne, 149.
Jerusalém, 11, 12, 69, 91, 104,
176, 177, 208.
Joal, 142.
Judeia, 11

Kingston, 150.

La Coruña, 54.
La Guardia, 41.
La Plata, 126.
Labastide-Clairence, 129.
Lagos, 14, 40.
Lambaia, 142.
Lamego, 22, 38, 76, 82, 158.
Latrão, 35, 37.
Leão (reino), 17, 58.
Leiria, 54, 62, 128.
Lieblich, 199.
Lima, 124, 126, 145, 160;
Calle de Judíos, 126.

Lisboa, 11, 17, 21, 22, 23, 24,
27, 28, 31, 33, 37, 38, 40,
42, 43, 44, 46, 47, 48, 49,
50, 53, 54, 55, 56, 57, 58,
59, 60, 62, 64, 65, 66, 67,
69, 70, 74, 75, 76, 78, 79,
80, 81, 83, 84, 85, 87, 88,
90, 91, 92, 96, 97, 98, 99,
100, 105, 108, 111, 112,
113, 114, 115, 117, 119,
124, 128, 130, 131, 133,
134, 141, 143, 146, 147,
148, 155, 156, 158, 159,
160, 161, 173, 180, 181,
182, 183, 186, 187, 188,
194, 196, 198, 199, 200,
201, 202, 203, 205, 209,
210;
Beco da Linheira, 180;
Calçada D. Afonso III, 182;
Judiaria Grande, 38, 42;
Rossio (Praça do), 67, 79;
Rua Alexandre Herculano, 184;
Rua da Estrela, 180;
Rua do Poço da Fotea, 49;
Rua Nova, 38, 75;
Rua do Ouro, 180;
Rua do Poio, 49;
Rua Rosa Araújo, 189;
Terreiro do Paço, 38;
Travessa do Noronha, 189.
Livorno, 118, 121, 127, 152, 154,
155, 162, 166, 168, 171, 174,
177.
Llerena, 90.

Lombardia, 98.
Londres, 99, 118, 149, 150, 154, 155, 158, 159, 164, 166, 171, 172, 180, 181, 192, 193.
Loulé, 20, 68.
Lovaina, 110.
Luanda, 142.
Lucena, 16.
Lusitânia, 11, 12, 15.
Lyon, 107.

Macedo de Cavaleiros, 186.
Madeira, 33, 99, 112, 113.
Madrid, 123, 130, 131, 132, 133, 136, 143, 145, 148, 160, 161, 163, 170;
    Calle de las Infantas 131;
    Calle del Caballero de Gracia, 162;
    Puerta del Sol, 123.
Magrebe, 33, 154, 171.
Mainz, 117.
Maiorca, 26.
Malaca, 97.
Málaga, 15, 60, 160.
Malta, 107.
Mancha, 136.
Manila, 126.
Mantoim, 114.
Mântua, 91.
Mar Adriático, 152.
Mar Báltico, 115, 155.
Mar Mediterrânico, 12, 98, 101, 120, 152, 166.
Mar Vermelho, 11.

Marrocos, 69, 101, 140, 180.
Marraquexe, 101, 140.
Marselha, 154.
Martinica, 148.
Marvão, 58.
Médio Oriente, 29, 201, 202, 203.
Mérida, 12, 14, 16.
Mértola, 12, 13.
México, 125, 127, 135, 145, 206.
Midelburgo, 98, 143.
Minas Gerais, 156.
Miranda do Douro, 58, 91, 186, 192.
Mogador, 180.
Mogadouro, 20, 88, 125, 186.
Monchique, 47.
Mondego, 19.
Monforte, 20.
Monterrey, 125.
Montilla, 169.
Montreal, 151.
Morón, 162.
Moscovo, 158.
Muge, 63.
Múrcia, 54.

Nablus, 12.
Nantes, 118.
Nápoles, 53, 56, 70, 118, 140.
Natal, 206.
Navarra, 20, 25.
Neves (ilha de), 151.
Newport, 151, 166.
Nice, 155.
Nordeste de Portugal, 160.

ÍNDICE REMISSIVO

Noroeste de Portugal, 42.
Nova Iorque (antiga Nova Amesterdão), 56, 148, 151, 176, 177.
Nova Orleães, 148.
Novo México, 125, 205.
Nuevo León, 125.

Óbidos, 209.
Odivelas, 155.
Olinda, 112, 114.
Olivença, 20, 80.
Oregon, 204.
Orense, 162.
Orleães, 135.
Ormuz, 100.
Osuna, 16.
Ouderkerk, 166.
Oxford, 54.

Pachuca, 125, 126.
Pádua, 171.
País Basco, 119, 123.
Países-Baixos, 98, 99, 112, 116, 120, 122, 123, 127, 129, 137, 146, 147, 149, 160, 161, 162, 176.
Palestina, 12, 103, 171, 192.
Pampelona, 129.
Panamá, 126, 150, 152.
Paramaribo, 149, 164.
Paris, 36, 76, 78, 110, 119, 177; rue Buffault, 177.
Pastrana, 162.
Penamacor, 158, 186.

Pernambuco, 112, 114, 135.
Peru, 95, 123, 125, 126, 144.
Pérsia, 100.
Pesaro, 107.
Peyrehorade, 129, 161.
Pinhel, 20, 29, 88, 186.
Pirinéus, 159, 165.
Pisa, 106, 118, 140.
Pó, 108.
Polónia, 23.
Ponta Delgada, 181.
Portalegre, 20, 158.
Portimão, 205.
Portland, 204.
Porto, 21, 32, 33, 37, 38, 42, 44, 46, 47, 57, 59, 64, 75, 82, 88, 92, 95, 112, 114, 118, 120, 128, 133, 134, 135, 140, 190, 192, 194, 197, 205, 209; Campo do Olival, 37, 38; Rua Guerra Junqueiro, 194; Praça da Ribeira, 75.
Porto Seguro, 112.
Portobelo, 150.
Porto de Ale, 142.
Potosí, 126.
Praga, 37.
Puebla, 126, 145.

Ragusa (actual Dubrovnik), 106, 110, 138.
Ratisbona, 91.
Rebordelo, 186.
Recife, 143, 144, 147, 148, 206.
Reino Unido, 181.

Reno, 98.

Rhode Island, 151.

Richmond, 151.

Rijswijk, 162.

Rio de Janeiro, 156.

Rio Livre, 20.

Roma, 38, 65, 80, 82, 86, 90, 91, 108, 110, 115, 118, 156.

Roménia, 198.

Rosmaninhal, 134.

Roterdão, 120.

Ruão, 118 131, 132, 136, 140, 142, 146, 161.

Safed, 103, 104, 138.

Safim, 101.

Saint-Domingue (ilha de, actual Haiti), 148.

Saint-Jean-de-Luz, 122, 123, 129.

Saint Thomas (Ilhas Virgens), 149, 176.

Salamanca, 61, 78, 100, 110, 111, 123.

Santo Eustáquio (Sint Eustatius, ilha de), 149.

Salé, 143.

Salonica, 56, 69, 70, 91, 102, 103, 105, 106, 152, 177.

Salum, 142.

Samaria, 11, 12.

Santa Comba Dão, 134.

Santarém, 16, 22, 23, 25, 41, 44, 63, 76, 80, 90.

Santiago do Cacém, 20.

Santiago do Chile, 127, 145.

São Julião da Barra, 199.

São Miguel (ilha de), 181.

São Paulo, 209.

São Tomé (ilha de), 60, 113.

Saragoça, 64.

Savannah, 151.

Segóvia, 49, 67, 123.

Segura de la Orden, 28.

Senegal, 142.

Serpa, 20, 115.

Serra da Estrela, 186, 205.

Setúbal, 11, 20, 64, 91, 92, 112.

Sevilha, 16, 20, 27, 123, 124, 126, 141, 160, 161, 169;

Calle Sierpes, 123.

Silves, 20.

Sintra, 57.

Sousel, 158.

Split, 117.

Sudoeste de Portugal, 20.

Sura, 16.

Surinam, 149, 168, 179.

Tampico, 125.

Tânger, 64, 180, 188, 190.

Tarshish, 11.

Tavira, 20, 31, 90, 103.

Taxco, 126.

Tejo, 28, 196, 200.

Telavive, 204.

Terceira (ilha), 182.

Terra Santa, 103, 111, 120.

Tetuão, 180.

Tiberíades, 104.

Tobago (ilha de), 149.

ÍNDICE REMISSIVO

Toledo, 15, 25, 28, 49, 52, 53, 58.
Tomar, 45, 47, 82, 131, 207, 209.
Torre de Moncorvo, 44.
Toscana, 106, 118, 129.
Toulouse, 161.
Trancoso, 20, 88, 91, 132, 170, 209.
Trás-os-Montes, 21, 44, 58, 59,
    88, 91, 123, 134, 158, 161,
    168, 184, 186, 192.
Trento, 41.
Trujillo, 12.
Tucumán, 126, 145.
Tunis, 152.
Turquia, 98, 152.
Tyburn, 118.

Uolofe, 142.

Valência, 27, 169.
Valencia de Alcántara, 59.
Valhadolide, 163.
Valona (actual Vlora), 102.
Valpaços, 192.
Vaticano, 202.
Venezuela, 152.
Veneza, 38, 56, 62, 76, 99, 103,
    106, 110, 111, 117, 121, 140,
    152, 166, 170;

Ghetto Nuovissimo, 118;
    Ghetto Nuovo, 117.
Veracruz, 124, 126.
Verona, 170.
Vestefália, 160.
Viana do Castelo, 112, 128.
Viena, 35.
Vila do Conde, 88, 112.
Vila Nova de Foz Côa, 186.
Vila Flor, 59, 144, 169.
Vilar Formoso, 58.
Vila Real, 158.
Vilarinho dos Galegos, 186, 192.
Villamesías, 12.
Vimioso, 186.
Vinhais, 186.
Viseu, 20, 44, 76, 83.
Vitória do Espírito Santo, 112.

Willemstad, 149.

Xangai, 194.

Zacatecas, 126.
Zamora, 49, 59, 69.

Índice

Introdução 7

I. *A Comunidade Judaica Medieval*

   A. Antes da formação do reino

      1. Lendas das origens 11

      2. Na Lusitânia romana e germânica 12

      3. No Gharb dos Árabes 15

      4. No reino de Leão 17

   B. Sob a protecção dos reis de Portugal (1147-1492)

      1. Geografia do judaísmo português 19

      2. Reis e altos funcionários judeus 23

      3. Os judeus na economia e face ao fisco 29

      4. Progressos e fracassos da segregação social 35

      5. Autonomia jurídica e organização comunitária 43

      6. A criação literária e artística 49

   C. A religião judaica condenada à morte (1492-1497)

      1. A imigração dos judeus espanhóis 56

      2. Da expulsão à conversão forçada 61

      3. Os escapados ao baptismo 67

II. *Os Cristãos-Novos e a sua Diáspora*

A. Nos Impérios Português e Otomano (1497-1580)

   1. Integração forçada e ascensão social 71

   2. Forças adversas: do massacre à Inquisição 78

   3. Sinagogas e messias clandestinos. 87

   4. Nascimento do «marranismo». 92

   5. Antuérpia e a rota da Índia 96

   6. Portugueses no Levante 101

   7. Os portos de abrigo ameaçados de Itália 106

B. A «Nação» entre dois fogos (1580-1640)

   1. O açúcar brasileiro e a grande razia 112

   2. O novo judaísmo do Mar do Norte 116

   3. Castela e a América espanhola 123

   4. Mercadores de tréguas, agentes de guerra 127

   5. Laços de sangue, de aliança e crença 133

   6. A reaprendizagem cultural 138

C. Da Emigração à Separação (1640-179)

   1. A tragédia do judaísmo americano 141

   2. O Atlântico holandês e britânico. 147

   3. Livorno e o seu Mediterrâneo 152

   4. Triunfo e declínio da Inquisição portuguesa. 155

   5. A «vida dupla» em Castela e em França 159

   6. Uma sociedade contrastada 164

   7. A idade de ouro da literatura judeo-portuguesa 168

   8. Epílogo: uma minoria modelo 173

III. *O Portugal Contemporâneo*

    A. Sob a monarquia

        1. A imigração marroquina 179

        2. O judaísmo clandestino depois da Inquisição 184

    B. República e ditadura (1911-1974)

        1. A Comunidade Israelita de Lisboa 187

        2. A redescoberta dos criptojudeus e a «Obra do Resgate» 189

        3. Os refugiados europeus 194

    C. Depois de 1974

        1. Lisboa e Jerusalém 200

        2. A segunda surpresa de Belmonte 203

        3. Portugal face ao seu passado judaico 206

Notas 211

Bibliografia Essencial 217

Índice Remissivo

    Índice Onomástico.................................. 223

    Índice Toponímico................................. 235